재산세제의 이해:

양도소득·상속증여

2025

Property Tax Lecture

이선표 · 이성구 · 김범건 공저

도서출판
어울림
www.aubook.co.kr

머리말

    본 교재는 재산과 관련된 주요 세법인 양도소득세와 상속·증여세에 대한 기초 학습을 위하여 집필하였습니다. 양도소득세는 자산을 유상으로 양도함에 따라 발생하는 양도차익에 대하여 조세부담을 공평하게 부담하도록 하는 것이며, 상속·증여세는 재산을 무상으로 이전함에 따라 얻게되는 소득에 대하여 과세하고, 변칙적인 상속·증여를 통해 부당한 부의 세습을 방지하기 위하여 완전포괄주의 과세를 채택하고 있는 것으로 요약할 수 있습니다. 하지만 재산가들의 반발과 조세저항이 나타날 수 있기에 각종 공제·감면·비과세 등과 같은 세제 혜택을 부여하고, 조세 형평성, 조세제도의 합리화 등의 이유로 세법 개정이 매년 이루어지고 있어 법 적용을 위해서는 해당 세법에 대한 정확한 이해가 필수적입니다. 따라서 본 교재는 독자들이 양도소득세, 상속·증여세를 쉽게 학습 및 이해하고 실무에서 적용할 수 있도록 다음과 같은 의도로 집필하였습니다.

    첫째, 내용의 구성을 법조문의 순서가 아닌 세액계산의 흐름에 맞추어 집필하여 세액계산을 자연스럽게 따라갈 수 있도록 하였습니다.

    둘째, 각 부문의 내용을 이해하는데 필요한 예제 및 사례를 가능한 한 많이 수록하여 복잡하고 어려운 법조문의 이해를 높일 수 있도록 하였습니다. 특히, 문제를 별도로 묶지 않고, 각 상황에 맞도록 배치함으로써 세법의 규정에 대한 이해를 높여 실무에 활용할 수 있도록 하였습니다.

    셋째, 2025년 주요 개정사항으로는 혼인으로 인한 1세대 2주택 특례 적용기간 확대, 증여받은 자산에 대한 이월과세 적용대상 자산 확대 등이 있습니다.

    저자들의 노력에도 불구하고 여전히 본 교재의 부족한 부분이 있으리라 생각하며, 지속적으로 수정·보완해 나갈 것입니다. 끝으로 본 교재가 나오기까지 여러모로 도와준 가족들에게 감사하며, 또한 본 교재가 출간되기까지의 끊임없이 격려해 주신 동료 교수, 세무사 그리고 허병관 사장님을 비롯한 편집부 여러분에게 감사드립니다.

2025년 2월
저 · 자

차 례

Part. 2 상속세 및 증여세

Part. 1

양도소득세

양도소득의 이해

제1절 │ 양도소득 관련 개념

1. 양도(讓渡) 관련 용어

(1) 양도

"양도"란 자산에 대한 등기 또는 등록과 관계없이 매도, 교환, 법인에 대한 현물출자 등을 통하여 그 자산을 유상(有償)으로 즉, 대가를 지급하고 사실상 이전하는 것을 말한다. 이 경우 부담부증여(負擔附贈與)의 채무액에 해당하는 부분은 양도로 보며, 법률에 따른 환지처분 등에 해당하는 경우에는 양도로 보지 아니한다.

(2) 주식 등

"주식 등"이란 주식 또는 출자지분을 말하며, 신주인수권과 「자본시장과 금융투자업에 관한 법률」의 지분증권을 예탁 받은 자가 그 증권이 발행된 국가 외의 국가에서 발행한 것으로서 그 예탁 받은 증권에 관련된 권리가 표시된 증권예탁증권을 포함한다.

(3) 주권상장법인

"주권상장법인"이란 「자본시장과 금융투자업에 관한 법률」에 따른 주권상장법인을 말한다.

(4) 주권비상장법인

"주권비상장법인"이란 3)에 따른 주권상장법인이 아닌 법인을 말한다.

(5) 실지거래가액

"실지거래가액"이란 자산의 양도 또는 취득 당시에 양도자와 양수자가 실제로 거래한 가액으로서 해당 자산의 양도 또는 취득과 대가관계에 있는 금전과 그 밖의 재산가액을 말한다.

(6) 1세대

"1세대"란 거주자 및 그 배우자(법률상 이혼을 하였으나 생계를 같이 하는 등 사실상 이혼한 것으로 보기 어려운 관계에 있는 사람을 포함)가 그들과 같은 주소 또는 거소에서 생계를 같이 하는 자와 함께 구성하는 가족단위이지만 일정한 사유1)가 있으면 배우자가 없어도 1세대로 본다.

(7) 주택

"주택"이란 허가 여부나 공부상의 용도구분에 관계없이 세대의 구성원이 독립된 주거생활을 할 수 있는 구조2)로서 사실상 주거용으로 사용하는 건물을 말한다. 이 경우 그 용도가 분명하지 아니하면 공부상의 용도에 따른다.

(8) 농지

"농지"란 논밭이나 과수원으로서 지적공부의 지목과 관계없이 실제로 경작에 사용되는 토지(농지의 경영에 직접 필요한 농도 등에 사용되는 토지를 포함)를 말한다. 이 경우 농지의 경영에 직접 필요한 농막, 퇴비사 양수장, 지소, 농도 및 수로 등에 사용되는 토지를 포함한다.

(9) 조합원입주권

"조합원입주권"이란 「도시 및 주거환경정비법」에 따른 관리처분계획의 인가 및 「빈집 및 소규모주택 정비에 관한 특례법」에 따른 사업시행계획인가로 인하여 취득한 입주자로 선정된 지위를 말한다. 이 경우 「도시 및 주거환경정비법」에 따른 재건축사업 또는 재개발사업, 「빈집 및 소규모주택 정비에 관한 특례법」에 따른 자율주택정비사업, 가로주택정비사업, 소규모재건축사업 또는 는 소규모재개발사업을 시행하는 정비사업조합의 조합원으로서 취득한 것(그 조합원으로부터 취득한 것을 포함한다)으로 한정하며, 이에 딸린 토지를 포함한다.

---

1) 배우자가 없어도 1세대로 보는 경우
 ① 해당 거주자의 나이가 30세 이상인 경우
 ② 배우자가 사망하거나 이혼한 경우
 ③ 소득이 「국민기초생활 보장법」에 따른 기준 중위소득의 40% 수준 이상으로서 소유하고 있는 주택 또는 토지를 관리·유지하면서 독립된 생계를 유지할 수 있는 경우. 다만, 미성년자의 경우를 제외하되, 미성년자의 결혼, 가족의 사망 그 밖에 기획재정부령이 정하는 사유로 1세대의 구성이 불가피한 경우에는 그러하지 아니하다.
2) 출입구, 취사시설, 욕실이 각 세대별로 별도로 설치되어 있어야 함.

(10) 분양권

"분양권"이란 「주택법」 등 대통령령으로 정하는 법률에 따른 주택에 대한 공급계약을 통하여 주택을 공급받는 자로 선정된 지위(해당 지위를 매매 또는 증여 등의 방법으로 취득한 것을 포함한다)를 말한다.

2. 양도로 보는 경우와 양도로 보지 아니하는 경우

실제 발생하는 경제활동은 매우 복잡하며, 여러 상황이 중복해서 동시에 일어나는 경우가 많다. 따라서 어떤 상황을 양도로 판단하는 것은 쉽지 않다. 현재 세법에서 규정하고 있는 양도로 보는 경우와 양도로 보지 아니하는 경우는 다음과 같다.

양도로 보는 경우	양도로 보지 아니하는 경우
양도담보 하였으나 채무불이행으로 인해 자산을 변제에 충당한 경우	양도담보
적법하게 소유권 이전된 매매계약이 계약해제를 원인으로 당초 소유자 명의로 소유권이 환원된 경우	매매원인무효의 소에 의하여 그 매매사실이 원인무효로 확정되어 환원되는 경우
임의 경매절차에 의해 부동산의 소유권이 사실상 유상으로 이전된 경우	소유자산을 경매·공매로 인하여 자기가 재취득하는 경우
공동소유의 건물을 층별로 분할등기하면서 공유지분이 변경되는 경우	공동소유의 토지를 소유지분별로 단순히 분할만 하는 경우
공유지분이 변경되는 경우	명의신탁은 이전등기의 원인이 매매·교환으로 되어 있다 하더라도 유상으로 이전한 것이 아니므로 양도가 아님
부동산으로 위자료를 대물변제하는 경우	이혼으로 인하여 혼인 중에 형성된 부부공동재산을 민법에 따라 재산 분할하는 경우
주권상장법인의 총발행주식의 1%(코스닥상장법인 총발행주식의 2%) 또는 시가총액 50억원 이상 보유한 주주가 그 주식 전부 또는 일부를 양도한 경우	주권상장법인의 소액주주가 보유한 주식을 장내거래로 양도한 경우
토지를 현물출자한 경우	배우자·직계존비속간 재산양도(증여)
사업과 관련된 고정자산과 함께 영업권 양도	영업권만 양도하는 것
아파트 당첨권을 양도한 경우	기계장치만 양도한 경우

【 양도 여부 판정기준 】

3. 소유권 이전에 따른 조세

자산을 거래상대방에게 이전하는 과정에서 발생하는 조세는 양도소득세, 법인의 경우 토지 등 양도소득에 대한 과세특례, 상속세, 증여세 등이 있다.

법인의 비사업용 토지 등 양도소득에 대한 과세특례는 개인과의 과세형평을 고려하여 양도차익에 대해 주택(조합원 입주권, 분양권 포함)은 20%(미등기의 경우 40%), 비사업용 토지는 10%(미등기의 경우 40%)의 세율을 적용하여 산출된 세액을 법인세에 가산하여 납부하도록 하고 있다. 그러나 업무용 토지의 양도에 따른 유형자산처분손익에 대해서는 적용되지 아니한다.

구 분		양도자(증여자)	양수자(수증자)	
유상양도	개 인	양도소득세	해당사항 없음	
	법 인	토지 등 양도소득에 대한 과세특례(법인세)		
무상양도		해당사항 없음	상 속	상속세(영리법인 : 법인세)
			증 여	증여세(영리법인 : 법인세)

【 양도에 따른 과세제도 】

구분	과세문제
① 이혼위자료로 토지·건물의 소유권을 이전시 과세문제	양도소득세 과세
② 이혼시 재산분할 청구권 행사	과세문제 없음

보충설명 토지 등 양도소득에 대한 과세특례 (법인세)

종전의 토지 등의 양도차익에 대하여 과세해 오던 특별부가세 제도를 폐지하고, 이에 대체하여 규정한 제도가 토지 등 양도소득에 대한 법인세의 과세제도인 것이다.

이는 종전의 특별부가세 제도는 광범위한 과세대상과 그에 따른 감면의 확대 등으로 인하여 과세의 목적을 달성하는 데 한계가 있어 이를 폐지하고, 부동산가격이 급등하거나 급등할 우려가 있는 등 투기재발 등과 같은 시장의 변화에 따라 탄력적으로 과세할 수 있도록 도입된 제도인 것이다.

토지 등 양도소득에 대한 법인세는 특정지역에 소재하는 토지, 주택, 비사업용토지 등의 양도로 인하여 발생하는 소득에 대한 법인세를 각 사업연도 소득에 대한 법인세에 추가하여 납부하는 것이다.

4. 매매(賣買)

당사자 일방이 재산권을 상대방에게 이전할 것을 약정하고 상대방이 그 재산권에 대한 대금지급을 약정함으로써 효력이 생기는 유상계약에 의하여 부동산의 소유권이 이전되는 것을 말한다. 토지 등의 수용은 공익사업을 위하여 보상을 전제로 개인의 특정한 재산권을 강제적으로 취득하는 것을 말하며, 개인은 사업자로부터 손실보상을 받게 되는 것이므로 유상양도, 즉 매매에 해당한다. 또한 국가 또는 지방자치단체 소유가 아닌 도로·하천부지를 소유하던 개인〈공부(公簿)상 명의자(名義者) 포함〉이 해당 토지를 타인에게 유상으로 양도하는 것도 매매로 본다.

5. 교환(交換)과 현물출자(現物出資)

(1) 교환

교환이란 당사자 쌍방이 금전 이외의 재산권을 상호 이전할 것을 약정함으로써 그 효력이 생기는 유상계약을 말한다. 이러한 교환은 동종 자산간 교환과 이종 자산간 교환으로 나누어지며, 정상적인 거래인 경우 시가에 의해 양도가 이루어진 것으로 본다.

(2) 현물출자

현물출자란 법인 공동사업체 또는 법인 자기사업체에 금전 이외 재산을 출자하는 것(소유권의 이전 등기 또는 등록여부에 상관하지 않음)을 말하며, 유상양도에 해당된다. 단, 개인이 자기 개인사업체에 현물출자하는 것은 자산을 유상으로 이전되는 것이 아니므로 양도로 보지 아니한다.

6. 부담부증여(負擔附贈與)와 대물변제(代物辨濟)

(1) 부담부증여

부담부증여란 수증자가 증여를 받는 동시에 증여자의 일정한 채무를 부담하는 것을 전제로 하는 증여계약을 말한다. 이 경우 채무액에 상당하는 부분은 증여자가 수증자에게 유상으로 사실상 이전한 것으로 보고 양도로 본다. 예를 들어, 아버지가 아들에게 은행으로부터 3억원이 담보되어 있는 아파트(공정가액 10억원, 취득가액 5억원)를 증여한 경우 3억원에 해당하는 금액은 양도로 보고, 7억원에 대해서만 증여로 보는 것을 말한다.

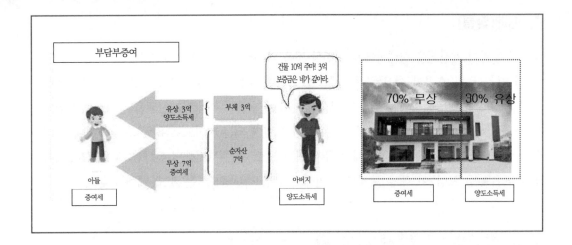

(2) 대물변제

"대물변제"란 채무자가 채권자의 승낙을 얻어 본래의 채무이행에 갈음하여 다른 급부를 제공하는 것을 말한다. 다시 말해 손해배상에 있어서 당사자간 합의에 의하거나 법원의 확정판결에 의하여 일정액의 위자료를 지급하기로 하고, 이러한 위자료지급에 갈음하여 당사자 일방이 소유하고 있던 부동산으로 대물변제하는 경우에는 그 자산을 양도한 것으로 본다.

7. 환지처분(換地處分)과 보류지(保留地)

(1) 환지처분

"환지처분"이란 도시개발법에 의한 도시개발사업, 농어촌정비법에 의한 농업생산기반 정비사업, 기타 법률에 의하여 사업시행자가 사업완료 후 사업구역 내의 토지소유자 또는 관계인에게 종전의 토지 또는 건축물 대신에 그 구역 내 다른 토지 또는 사업시행자에게 처분할 권한이 있는 건축물의 일부와 그 건축물이 있는 토지의 공유지분으로 바꾸어 주는 것(사업시행에 따라 분할·합병 또는 교환하는 것을 포함)을 말한다.

(2) 보류지

"보류지(保留地)"란 사업시행자가 해당 법률에 따라 일정한 토지를 환지로 정하지 아니하고 다음의 토지로 사용하기 위하여 보류한 토지를 말한다.
① 해당 법률에 따른 공공용지
② 해당 법률에 따라 사업구역 내의 토지소유자 또는 관계인에게 그 구역 내의 토지로 사업비용을 부담하게 하는 경우의 해당 토지인 체비지

8. 자경농민(自耕農民)

자경농민이란 사회통념상 농업을 통하여 생계를 영위하는 자를 말하는데, 여기서 자경(自耕)이란 자기가 직접 논·밭을 갈고 가꾸고 수확하는 것만을 의미하는 것이 아니고, 자기의 책임 하에 농사를 지은 경우 즉, 생계나 세대를 같이 하는 가족으로 하여금 경작하게 하는 경우도 포함한다. 그러나 위탁경영하거나 대리경작 또는 임대차한 농지는 자경에 포함되지 아니한다.

제2절 | 양도소득의 개념

1. 양도소득(讓渡所得)의 의의

양도소득이란 토지, 건물 등과 같은 부동산, 부동산에 관한 권리, 비상장주식 및 기타자산 등과 같은 자본적 성격의 자산을 양도함으로써 발생된 이익 즉, 자본이득(capital gain)을 의미한다. 이러한 양도소득은 일시소득이므로 소득원천설에 의하면 과세소득에서 제외되지만 순자산증가설에 의해 과세소득에 포함되며,[3] 이러한 양도소득은 비반복적이고 비경상적인 성격을 가진다. 현재 소득세법에서는 양도소득의 개념을 자산의 양도로 인하여 발생한 소득으로 정의하고, 과세대상이 되는 양도소득을 제한적으로 열거하고 있으므로 순자산증가설의 입장을 취한다고 말할 수 있다.

2. 양도소득에 대해 과세하는 이유

양도소득에 대한 과세는 불로소득 또는 개발이익을 조세로 환수함으로서 재정수입의 확보와 소득재분배에 기여하고, 부동산투기를 억제하여 지가(地價)를 안정시키며, 비생산적인 투기자금을 생산에 기여하는 기업자금으로 유도하는 등 건전한 경제·사회발전을 도모하기 위해서이다. 따라서 양도소득세는 소득증가에 따른 과세보다는 부동산 투기억제 등 부동산시장 안정을 도모하기 위한 조세정책적 목적으로 도입된 조세라고 할 수 있다.

---

[3]

순자산증가설	소득원천설
소득발생의 원천과 계속적·경상적 성격의 유무에 관계 없이 일정기간 동안 발생한 순자산증가액은 모두 과세 대상으로 한다.	소득의 발생원천을 파악하고 그 원천으로부터 계속적·경상적으로 발생하는 소득만, 즉 법에 열거된 대상만을 과세대상으로 한다.

구 분	내 용
부동산 투기억제	투기소득·불로소득의 일부를 조세로 환수하여 부동산투기로 인한 실제소득을 감소시켜 소득재분배 실현
응능부담의 원칙	양도소득의 담세력에 과세하므로 응능부담의 원칙 실현

【 양도소득에 대한 과세이유 】

제3절 │ 양도소득과 사업소득

소득세법상 부동산을 양도함으로써 발생하는 소득은 양도소득과 부동산매매업·주택신축판매업에서 발생하는 사업소득으로 구분된다.

구 분	소 득	업 종
개 인	양도소득	-
주택신축판매업	사업소득	건설업
위 이외의 부동산 공급업	사업소득	부동산매매업
법 인	토지 등 양도소득에 대한 과세특례(법인세)	

【 부동산 양도에 따른 소득의 귀속자에 따른 소득구분 】

1. 부동산매매업

(1) 부동산매매업의 정의

부동산매매업이란 부동산의 매매(건물을 신축하여 판매하는 경우도 포함) 또는 그 중개를 사업목적으로 하여 부동산을 판매하거나 사업상의 목적으로 부가가치세법상 1과세기간 내에 1회 이상 부동산을 취득하고 2회 이상 판매하는 사업을 말한다.

이러한 부동산매매업은 그 매매의 규모와 회수에 비추어 계속성·반복성이 있는 경우로서 사회통념에 비추어 사업성이 있는 것을 전제하고, 여기서 발생된 소득은 사업소득으로서 종합소득세 또는 법인세를 과세한다.

(2) 부동산매매업으로 보는 경우

① 토지와 건물을 양도
자기의 토지 위에 상가 등을 신축하여 판매할 목적으로 건축 중인 토지와 건물을 제3자에게 양도하는 경우

② 토지를 개발하여 양도
토지를 개발[4]하여 주택지·공업단지·상가·묘지 등으로 분할 판매하는 경우(공유수면매립법에 의하여 소유권을 취득한 자가 그 취득한 매립지를 분할하여 양도하는 경우 포함)

③ 주택조합의 상가건물 신축판매
건설업 등록여부에 관계없이 주택조합이 상가를 신축하여 판매하는 경우

④ 임야를 분할·합병하여 양도
임야를 취득한 후 이를 합병·분할하여 필지별로 각각 양도하는 경우

⑤ 농지의 반복적인 양도
영농목적으로 토지를 취득하였으나 실제 경작한 사실이 없으며 거래규모·횟수 등으로 보아 거래행위가 계속성·반복성이 있는 경우

(3) 부동산매매업으로 보지 않는 경우

① 사업폐지 후 양도
부동산매매업(상가신축판매업을 포함)을 영위하던 사업자가 그 사업을 폐지한 후, 보유하던 상가를 양도하는 경우

② 판매목적 부동산의 일시대여소득(부동산임대소득)
부동산매매업 또는 건설업자가 판매를 목적으로 취득한 토지 등의 부동산을 일시적으로 대여하고 얻는 소득(부동산임대소득)의 경우

③ 분묘의 지료
묘지를 개발하여 분묘기지권을 설정하고 분묘설치자로부터 지료(地料) 등을 받는 경우(부동산임대업에 해당)

④ 대물변제 부동산의 양도
대물변제를 받은 부동산을 양도한 경우(대물변제 부동산의 매각행위는 자기의 채권을 회수하기 위한 영리목적에 해당)

---

4) 토지의 개발이라 함은 일정한 토지를 정지(整地)·분합(分合)·조성(造成)·변경(變更) 등을 함으로써 해당 토지의 효용가치가 합리적이고 효율적으로 증진을 가져오게 되는 일체의 행위를 말한다.

2. 주택신축판매업

주택을 신축하여 판매하는 사업으로 이에는 주택에 부수된 토지도 함께 판매된 것으로 본다. 이 때 부수된 토지는 건물이 정착된 면적의 10배(도시지역 안의 토지는 5배) 이내의 토지를 포함하는 것으로 한다.

주택의 일부에 설치된 점포 등 다른 목적의 건물 또는 동일 지번(거주여건이 동일한 단지 내의 다른 지번을 포함)상에 설치된 다른 목적의 건물이 해당 건물과 같이 있는 경우에는 다른 목적의 건물 및 그에 부수되는 토지는 주택에서 제외한다.

따라서 주택부분은 주택신축판매업으로 과세하고, 다른 목적의 건물은 부동산매매업으로 과세한다. 이 경우 주택에 부수되는 토지의 면적은 전체 토지 면적에 주택부분의 면적이 건물면적에서 차지하는 비율을 곱하여 계산한다.

3. 양도소득과 사업소득의 구분기준

(1) 매매의 수익성 여부

부동산의 매매로 인한 소득이 소득세법상 사업소득에 속하는 것인가 또는 양도소득에 속하는 것인가의 여부는 그 매매가 수익을 목적으로 하고 있고, 그 규모·회수·태양5) 등에 비추어 사업활동으로 볼 것인지 등의 사정을 고려하여 사회통념에 따라 구분해야 할 것이다. 이 때 부동산 매매업자로 등록된 여부나 매매의 등기 등은 이를 판단함에 있어 하나의 참고자료에 지나지 않는다. 다시 말해 매매가 수익을 목적으로 하고 있는지 여부를 기준으로 양도소득과 사업소득을 판단해야 한다.

(2) 사업목적 없이 양도

개인이 사업을 목적으로 하지 아니하고 단순히 부가가치세법상 1과세기간에 2회에 걸쳐 부동산을 양도한 때에는 양도소득으로 본다. 즉, 계속적인 사업성이 있는 것인지의 여부를 조사하여 양도소득과 사업소득을 판단해야 한다.

(3) 영업용건물을 신축 후 임대하던 도중 양도

자기가 소유하던 토지 위에 영업용 건물을 신축하여 임대용으로 제공하다가 양도하는 경우에는 양도소득을 과세하나, 판매목적으로 신축한 후 일시적으로 임대하다가 판매하는 경우에는 부동산매매업에 해당하여 사업소득으로 과세한다.

---

5) 태양(態樣)이란 방법, 방식, 양식, 형태, 유행 등을 의미한다.

4. 양도소득과 사업소득의 과세 차이

(1) 종합과세 · 분류과세

부동산매매업 · 주택신축판매업에서 발생한 사업소득은 다른 사업소득 등과 합산하여 종합과세한다. 그러나 양도소득은 사업소득과 달리 해당 소득원천별로 과세표준과 세액을 산정하여 과세하므로 종합과세에서 제외하고 분류과세한다.

(2) 과세표준과 세액계산

부동산매매업 · 주택신축판매업의 소득금액은 총수입금액에서 필요경비를 공제하여 계산하나, 양도소득금액은 양도가액에서 필요경비 · 장기보유특별공제 · 양도소득기본공제 등을 차감하여 계산한다. 또한 부동산매매업 · 주택신축판매업의 경우에는 이월결손금의 공제가 허용되나, 양도소득의 경우에는 이를 인정하지 않는다. 다만, 양도소득의 경우에는 기간별 통산은 가능하다. 부동산매매업 · 주택신축판매업의 경우에는 종합소득의 기본세율인 최저 6%에서 최고 45%까지 8단계 초과누진세율이 적용되나, 양도소득의 경우에는 부동산의 등기여부 · 보유기간에 따라 6~45%의 8단계 초과누진세율와, 10, 20, 30, 40, 50, 60 및 70% 등의 차등비례세율이 적용된다.

(3) 신고 · 납부

양도소득세 과세대상 자산을 양도한 거주자는 토지 등 부동산6)의 경우, 양도일이 속하는 달의 말일로부터 2개월 이내 예정신고납부의무가 있고, 주식 등의 양도소득의 경우, 양도일이 속하는 반기의 말일부터 2개월 이내 예정신고 납부의무가 있다.

---

6) 부담부증여의 채무액에 해당하는 부분으로서 양도로 보는 경우에는 양도일이 속하는 달의 말일로부터 3개월 이내 예정신고 납부하여야 한다.

양도소득세

제1절 │ 양도소득세의 개념

1. 양도소득세의 의의 및 특성

양도소득세는 재고자산 이외의 자산을 양도함으로써 발생하는 양도소득을 과세대상으로 하는 조세를 말하는데, 이러한 양도소득은 비반복적이고 비경상적으로 발생하는 자본이득에 해당한다. 이러한 양도소득세의 특성은 다음과 같다.

① 사실상 유상이전, 즉 재산의 양도하는 시점에 과세한다.
② 일시적으로 발생하는 소득에 대해 과세한다.
③ 부동산 등의 보유기간 중 가치증가분에 대한 이익, 즉 자본이득에 대해 과세한다.
④ 계속적으로 발생되는 것이 아니라 비반복적이고 비경상적으로 발생하는 것에 대해 과세한다.
⑤ 근로의 대가가 아닌 부동산의 개발이익이나 시간경과에 의한 자산가치의 상승 등으로 얻은 불로소득에 대해 과세한다.
⑥ 부동산투기를 억제시키고, 소득을 재분배하는 효과를 가져온다.
⑦ 분류과세를 적용한다.
⑧ 미등기양도자산·단기매매자산, 조정지역 다주택자들에 대해서는 중과세율을 적용한다.
⑨ 3년 이상 보유하는 경우 장기보유특별공제 제도를 두고 있다.

2. 양도소득세의 특징

(1) 열거주의 원칙

소득세법에서 열거된 자산에 한하여 양도소득세를 과세하며, 열거되지 아니한 자산(예를 들어, 대주주가 아닌 자가 보유하는 상장주식, 자동차, 항공기 등)을 양도하여 소득이 발생하더라도 양도소득세를 과세하지 않는다.

(2) 분류과세

양도소득은 해당 자산을 보유하고 있는 동안에 형성된 불로소득으로 양도시점에 다른 소득(종합소득 · 퇴직소득 등)과 분류하여 일시에 과세한다.

(3) 거주자와 비거주자의 동일한 과세방법

비거주자에 대하여는 국내에서 발생된 소득세법상 양도소득(비상장주식 등의 양도소득은 제외)에 대하여 거주자와 과세방법을 동일하게 적용하도록 규정되어 있다. 즉, 비거주자의 국내원천소득 중 국내에 소재하는 토지와 건물, 부동산에 관한 권리, 기타자산의 양도소득에 대하여는 거주자와 동일한 방법으로 과세하는 특징이 있으며, 비거주자의 양도소득세의 납부는 양수자가 내국법인 및 외국법인인 경우에는 원천징수한 후 양도소득세를 대납하도록 하고 있다.

(4) 신고납세제도

납세의무자가 과세표준과 세액을 신고함으로써 구체적인 납세의무가 확정되는 신고납세제도를 채택하고 있다.

(5) 장기보유특별공제

장 · 단기 보유에 따른 조세부담의 균형 및 장기보유를 유도하여 부동산투기를 억제시킬 목적으로 3년 이상 보유한 토지 및 건물 등에 대한 장기보유특별공제제도를 두어 장기간에 형성된 소득을 실현시점에서 일시에 과세함으로써 발생하는 조세부담의 불균형을 완화하고 있다.

(6) 자산별 · 보유기간별 · 양도방법에 따라 상이한 세율

초과누진세율을 기본으로 하고, 2년 미만 보유자산, 조정지역 내 2주택 이상 보유주택, 미등기양도자산, 비사업용토지, 상장 · 비상장주식 등에 대하여는 각각 다른 차등비례세율을 적용한다.

(7) 기타

자산별 · 양도방법 · 보유기간 등에 따라 양도가액 및 필요경비의 계산방법을 달리하고 있으며, 주소지 과세제도 · 개인별 과세제도 등이 있다.

1. 납세의무자

양도소득세의 납세의무자는 개인(자연인), 법인으로 보는 법인 아닌 단체 등이 해당된다.

(1) 거주자(居住者) 및 비거주자

거주자란 국내에 주소를 두거나 183일 이상 거소(居所)를 둔 개인을 말하며, 비거주자란 거주자가 아닌 자로서 국내원천소득이 있는 개인을 말한다.
거주자는 국내외 모든 자산의 양도소득에 대하여 납세의무를 지는 반면에, 비거주자는 국내에 소재하는 자산의 양도소득에 대하여만 납세의무를 진다.

(2) 법인격 없는 단체

법인격 없는 사단·재단 기타 단체 중 법인으로 보는 단체 외의 사단·재단 기타 단체의 대표자 또는 관리인이 선임되어 있으나 이익의 분배방법 및 분배비율이 정하여져 있지 아니한 경우에는 이를 1거주자로 보고 양도소득세를 부과한다.

(3) 공동소유자산의 납세의무

공동소유〈합유(合有)·총유(總有)·공유(共有)〉 자산을 양도함으로써 발생된 양도소득에 대하여는 그 소유지분에 따라 분배되었거나 분배될 소득금액에 대하여 각 거주자별로 납세의무를 진다. 따라서 양도가액·필요경비·양도차익·과세표준 등은 각 거주자별로 따로 계산하고, 각 거주자별로 각자의 납세지 관할세무서에 신고·납부하여야 한다. 그러므로 공동소유자는 각자의 지분에 대한 양도소득세를 개별적으로 납부할 의무를 부담할 뿐 연대납세의무는 없다.

(4) 상속에 의한 납세의무의 승계

상속이 개시되면 피상속인의 양도소득금액에 대한 소득세는 그 상속인이 납세의무를 지며, 피상속인의 양도소득에 대한 소득세를 과세할 때에는 이를 상속인의 것과는 별도로 각각 계산한다. 그리고 상속인은 상속으로 인하여 얻은 재산을 한도로 피상속인의 양도소득에 대한 납부의무를 지며, 2인 이상 상속받은 경우에는 상속지분에 따라 안분한 금액에 대하여 납부의무를 진다.

2. 납세지(과세관할)

납세지란 양도소득세에 관한 각종 신고·신청이나 납부 등의 행위를 하고, 정부가 경정·결정 등의 처분을 하는 관할세무서를 정하는 기준이 되는 장소를 말한다.

(1) 거주자의 납세지

거주자에 대한 양도소득세의 납세지는 그 주소지로 한다. 다만, 주소지가 없는 경우에는 그 거소지로 한다. 그리고 주소지가 2 이상인 경우에는 주민등록법에 의하여 등록된 곳을 납세지로 하고, 거소지가 2 이상인 경우에는 생활관계가 보다 밀접한 곳을 납세지로 한다. 또한 공동소유한 부동산을 양도한 경우의 납세지는 각 공동소유자의 주소지가 된다.

(2) 비거주자의 납세지

비거주자에 대한 양도소득세의 납세지는 국내사업장의 소재지로 한다. 이 때 국내사업장이 2 이상인 경우에는 주된 국내사업장의 소재지로 한다. 다만 국내사업장이 없는 경우에는 국내원천소득인 양도소득이 발생하는 장소 즉, 양도자산의 소재지를 납세지로 한다. 만약, 국내사업장이 없는 비거주자로서 국내원천소득인 양도소득이 발생하는 장소가 2 이상인 경우에는 해당 비거주자가 신고하는 장소가 납세지가 되며, 신고가 없는 경우에는 지방국세청장 또는 국세청장이 지정한 장소가 납세지가 된다.

3. 과세기간

(1) 원칙

소득세는 원칙적으로 1월 1일부터 12월 31일까지의 소득금액에 대하여 과세한다. 따라서 양도소득세의 과세기간은 원칙적으로 역년(歷年)과세에 의해 1월 1일부터 12월 31일까지이다.

(2) 예외

① 거주자가 사망한 경우에는 1월 1일부터 사망한 날까지를 1과세기간으로 한다.
② 거주자가 출국으로 인하여 비거주자가 되는 경우에는 1월 1일부터 출국한 날까지를 1과세기간으로 한다.
③ 비거주자가 거주자로 된 경우에는 거주자가 된 날로부터 12월 31일까지를 1과세기간으로 한다.

1. 과세대상

양도소득세는 토지, 건물, 부동산에 관한 권리, 특정주식, 기타 자산 및 주식(출자지분) 등의 양도로 인하여 발생하는 소득을 과세대상으로 한다. 즉, 소득세법은 열거주의 과세원칙을 채택하고 있으므로 모든 자산의 양도에 대하여 소득세를 과세하는 것은 아니라 과세대상으로 열거된 자산의 양도에 대해서만 양도소득세를 과세한다. 따라서 과세대상으로 열거되지 아니한 상장주식(상장주식 중 대주주 양도분과 소액주주의 장외거래분에 대하여는 과세대상에 포함), 자동차, 항공기 등으로부터 발생한 양도소득은 양도소득세를 부과하지 아니한다.

자산구분	내용
토지 · 건물 (부동산)	• 토지는 「공간정보의 구축 및 관리 등에 관한 법률」에 의하여 지적(地籍)공부(公簿)에 등록하여야 할 지목에 해당하는 것을 말하며, 이 경우 지목은 사실상의 용도에 따라 구분하고, 사실상의 용도가 불분명한 경우에는 공부상의 지목으로 한다. • 건물은 토지에 정착하는 건물(시설물과 구축물 포함)을 말한다. 건물의 용도는 공부상의 용도구분에 관계없이 사실상의 용도에 따라 구분하고, 사실상의 용도가 불분명한 경우에는 공부상의 용도구분에 따른다.
부동산에 관한 권리	• 부동산을 취득할 수 있는 권리 ① 토지상환채권, 주택상환채권, 아파트당첨권 등 ② 부동산매매계약을 체결한 자가 계약금만 지급한 상태에서 양도하는 권리 ③ 주택청약예금증서 등 ④ 건물이 완성되는 때에 그 건물과 부수되는 토지를 취득할 수 있는 권리 • 부동산을 이용할 수 있는 권리 ① 지상권 · 전세권(등기여부와 관계없이 과세대상) ② 등기된 부동산 임차권
기타 자산	• 과점주주가 소유하는 부동산과다보유법인 주식 등 • 특정업종을 영위하는 부동산과다보유법인 주식 등 • 사업에 사용하는 토지 · 건물 및 부동산에 관한 권리와 함께 양도하는 영업권 • 특정시설물이용권 (골프회원권, 콘도미니엄 이용권 등) • 토지 · 건물 및 부동산에 관한 권리와 함께 양도하는 "개발제한구역의 지정 및 권리에 관한 특별조치법"에 따른 이축권
주식 및 출자지분	• 주권상장법인의 대주주가 양도하는 주식등(장내외 거래) • 주권상장법인의 대주주에 해당하지 아니하는 자가 증권시장에서의 거래에 의하지 아니하고 양도하는 주식등(장외거래) • 국외주식 등의 거래 • 비상장법인의 주식 등의 거래(단, 소액주주가 K-OTC(Korea Over-The-Counter)를 통해 양도하는 중소 · 중견기업의 주식 등은 과세대상에서 제외)

자산구분	내용
파생상품	• 「자본시장과 금융투자업에 관한 법률」에 따른 장내파생상품 등의 거래 또는 행위로 발생하는 소득(이자소득 및 배당소득에 따른 파생상품의 거래 또는 행위로부터의 이익은 제외)
신탁수익권	• 신탁의 이익을 받을 권리의 양도로 발생하는 소득

【 양도소득의 과세대상 】

2. 부동산 양도와 관련하여 쟁점이 되는 사항

(1) 미등재 건물의 과세 여부

건물이 무허가로 건축되었거나 건축법 위반 또는 기타 사유로 공부(公簿)상 등재되지 않았더라도 실제 건물로 사용하고 있다면 실질과세원칙에 의해 소득세법상 건물로 보아 양도소득세 과세대상에 포함된다.

(2) 도로 · 하천부지의 과세 여부

① 하천부지 또는 도로를 소유하던 개인이 타인에게 유상으로 양도함으로써 발생하는 양도소득에 대하여는 과세
② 전답이 하천구역으로 지정 고시된 후 하천법에 의해 국유로 확정된 상태에서 이를 양도한 때에는 양도로 보지 아니함(비과세)
③ 대지가 도로로 편입되었다 하더라도 매매(소유권 이전)하여 소득이 발생한 경우에는 과세
④ 사도(私道)의 양도로 인하여 발생하는 소득에 대하여는 과세(단, 무상으로 이전하는 경우에는 증여세가 과세)

3. 주식 양도시 과세여부

(1) 주권상장 · 코스닥상장법인의 주식 양도

구분		거래유형	과세여부
주권상장주식 · 코스닥상장주식	대 주 주	장내거래	과 세
		장외거래	
	소액주주	장내거래	비과세
		장외거래	과 세

【 주권상장(코스닥상장)법인의 주식 양도에 따른 과세여부 】

(2) 비상장법인의 주식 양도

구 분		과세여부	비 고
비상장주식	대 주 주	과 세	1주만 양도하여도 과세
	소액주주	과 세	1주만 양도하여도 과세

【 비상장법인의 주식 양도에 따른 과세여부 】

다만, 소유주식의 비율·시가총액 등을 고려하여 대통령령으로 정하는 주권비상장법인의 대주주에 해당하지 않는 자가 「자본시장과 금융투자업에 관한 법률」에 따라 설립된 한국금융투자협회가 행하는 장외매매거래에 의하여 양도하는 중소기업·중견기업 주식은 제외

4. 대주주가 양도하는 주권상장법인의 주식

(1) 과세대상

주권상장법인의 주식 등으로서 주권상장법인 대주주가 양도하는 주식 등은 양도소득세의 과세대상이 된다.

(2) 주권상장법인 대주주의 범위

주권상장법인 대주주라 함은 다음과 같은 지분율 기준 또는 시가총액 기준 중 어느 하나를 충족하는 자를 말한다.

① 지분율 기준

지분율 기준에 의한 대주주란 주식 등을 소유하고 있는 주주 또는 출자자 1인(이하 "주주 1인"이라 함)이 주식 등의 양도일이 속하는 사업연도의 직전 사업연도 종료일 현재 소유한 주식등의 합계액이 해당 법인의 주식등의 합계액에서 차지하는 비율(소유주식의 비율)이 1%(코스닥시장 상장법인은 2%, 코넥스시장 상장법인은 4%) 이상인 경우 해당 주주 1인을 말한다. 다만, 주식등의 양도일이 속하는 사업연도의 직전 사업연도 종료일 현재 주주 1인 및 그와 특수관계에 있는 자(주주 1인등)의 소유주식의 비율 합계가 해당 법인의 주주 1인 등 중에서 최대인 경우로서 주식등의 양도일이 속하는 사업연도의 직전 사업연도 종료일 현재 주주 1인 및 그와 다음 어느 하나에 해당하는 관계에 있는 자(주권상장법인기타주주)의 소유주식의 비율 합계가 1%(코스닥시장 상장법인은 2%, 코넥스시장 상장법인은 4%) 이상인 경우 해당 주주 1인 및 기타주주를 말한다.

㉠ 배우자(사실상의 혼인관계에 있는 사람을 포함함)

ⓛ 4촌 이내의 혈족

    ⓒ 3촌 이내의 인척

    ⓔ 친생자로서 다른 사람에게 친양자로 입양된 사람 및 그 배우자·직계비속

    ⓜ 주주 1인이 「민법」에 따라 인지한 혼인 외 출생자의 생부나 생모

    ⓗ 경영지배관계에 있는 법인

 ② 시가총액[1] 기준

  시가총액 기준에 의한 대주주란 주식등의 양도일이 속하는 사업연도 종료일 현재 주주 1인이 소유하고 있는 해당 법인의 주식등의 시가총액이 50억원 이상인 경우의 해당 주주 1인을 말한다. 다만, 주식 등의 양도일이 속하는 사업연도의 직전 사업연도 종료일 현재 주주 1인등의 소유주식의 비율 합계가 해당 법인의 주주 1인등 중에서 최대인 경우로서 주식등의 양도일이 속하는 사업연도의 직전 사업연도 종료일 현재 주주 1인 및 주권상장법인기타주주가 소유하고 있는 주식등의 시가총액이 50억원 이상인 경우 해당 주주 1인 및 주권상장법인기타주주를 말한다.

5. 기타 자산 양도와 관련하여 쟁점이 되는 사항

(1) 영업권

점포임차권은 사업소득이 발생하는 점포를 임차하여 점포임차인으로서의 지위를 양도함으로써 받는 경제적 이익 즉, 권리금(점포임차권과 함께 양도하는 영업권 포함)으로 일시재산소득으로 보아 종합소득세의 과세대상이 된다. 그러나 사업용 고정자산(토지·건물·부동산에 관한 권리)과 함께 양도하는 영업권은 양도소득세의 과세대상이 된다.

구 분	소득의 종류
일반적인 영업권만 양도	기타소득
사업용 고정자산과 함께 영업권의 양도	양도소득
점포임차권(점포임차권과 함께 양도하는 영업권 포함)	기타소득 (종합소득세 과세대상)

【 영업권 양도에 따른 과세여부 】

---

1) 주권상장법인 및 코스닥상장법인의 주식 등의 경우에 시가총액의 계산은 주식 등의 양도일이 속하는 사업연도의 직전사업연도 종료일 현재의 최종시세가액에 의한다.

(2) 과점주주

법인의 주주 1인 및 기타주주가 소유하고 있는 주식 등의 합계액이 해당법인의 주식등의 합계액의 50%를 초과하는 경우의 그 주주 1인 및 기타주주를 말한다. 여기에서 기타주주는 주주 1인 및 그와 특수관계에 있는 자의 소유주식 비율의 합계가 해당 법인의 주주 1인 등 중에서 최대인 경우에는 친족관계 또는 경영지배관계에 해당하는자를 말하며, 주주 1인 및 그와 특수관계에 있는 자의 소유주식 비율의 합계가 해당 법인의 주주 1인 등 중에서 최대인 아닌 경우에는 직계존비속, 배우자 또는 경영지배관계에 해당하는 자를 말한다.

구 분		과점주주의 주식	부동산과다보유법인의 주식
법인요건	자산요건2)	법인의 자산총액 중 토지·건물·부동산에 관한 권리(해당 법인이 보유한 다른 법인주식 가액에 그 다른 법인의 부동산 등 보유비율을 곱하여 산출한 가액 포함)의 합계액이 차지하는 비율이 50% 이상	법인의 자산총액 중 토지·건물·부동산에 관한 권리(해당 법인이 보유한 다른 법인주식 가액에 그 다른 법인의 부동산 등 보유비율을 곱하여 산출한 가액 포함)의 합계액이 차지하는 비율이 80% 이상
	업종요건	모든 업종	골프장·스키장·콘도미니엄·전문휴양시설 중 하나 이상을 건설 또는 취득하여 직접 경영·분양·임대하는 법인
주주요건		주주 1인과 그와 특수관계에 있는 자가 소유하고 있는 주식의 비율이 50% 초과	일반주주
양도요건		주주 1인과 그와 특수관계에 있는 자가 일시(분할양도시 3년통산)에 그 법인의 주식 또는 출자지분의 합계액의 50% 이상 양도(과점주주가 다른 과점주주에게 양도한 후 양수한 과점주주가 과점주주 외의 자에게 다시 양도하는 경우로서 과점주주가 과점주주 외의 자에게 양도한 주식등 중에서 과점주주 외의 자에게 양도하기 전에 과점주주 간에 양도되었던 주식을 포함)	1주만 양도하여도 과세대상

【 특정주식 양도에 따른 과세여부 】

---

2) 자산요건 판정함에 있어서 자산가액은 장부가액에 의하나 토지·건물은 예외적으로 기준시가에 의한다. 다만, 토지의 장부가액이 기준시가보다 큰 경우에는 장부가액으로 한다.

(3) 특정시설물이용권

특정시설물의 이용권·회원권 기타 명칭 여하를 불문하고 해당 시설물을 배타적으로 이용하거나 일반이용자에 비하여 유리한 조건으로 이용할 수 있도록 약정한 단체의 일원이 된 자에게 부여되는 시설물이용권3)은 양도소득세의 과세대상이다. 이러한 특정시설물이용권에 해당되는 것으로는 골프회원권·콘도회원권·헬스클럽이용권·스키장회원권·고급사교장회원권 등이 있다.

6. 파생상품 등의 범위

"파생상품"이란 「자본시장과 금융투자업에 관한 법률」에 따른 파생결합증권, 장내파생상품 중 다음의 어느 하나에 해당하는 것은 양도소득세의 과세대상이 된다.

① 주가지수 관련 국내 장내파생상품

　　예) 코스피 200 선물·옵션, KRX300 선물, 섹타지수선물, 배당지수선물, 코스피 200 변동
　　　성지수선물 등

② 주식워런트증권(ELW)

　　예) 코스피 200 주식워런트 증권, 코스피 150 주식워런트 증권 등

③ 「자본시장과 금융투자업에 관한 법률」에 따른 해외 파생상품 시장에서 거래되는 파생상품

④ 주가지수 관련 장외파생상품

7. 신탁 수익권

신탁의 이익을 받을 권리(「자본시장과 금융투자업에 관한 법률」에 따른 수익증권 및 같은 법에 따른 투자신탁의 수익권 등 대통령령으로 정하는 수익권은 제외)의 양도로 발생하는 소득은 양도소득세의 과세대상이 된다. 다만, 신탁 수익권의 양도를 통하여 신탁재산에 대한 지배·통제권이 사실상 이전되는 경우는 신탁재산 자체의 양도로 본다.

---

3) 주식 등을 소유하는 것만으로 특정시설물을 배타적으로 이용하거나 일반이용자에 비하여 유리한 조건으로 시설물
　이용권을 부여받게 되는 경우 해당 주식(주주회원권) 등을 포함한다.

취득시기 및 양도시기는 다음의 경우를 제외하고는 해당 자산의 대금을 청산한 날로 한다. 다만, 다음의 경우를 적용함에 있어서 양도한 자산의 취득시기가 분명하지 아니한 경우에는 먼저 취득한 자산을 우선적으로 양도한 것으로 본다.

구분	양도 및 취득시기
대금청산일이 분명한 경우	대금청산일
대금청산일이 불분명한 경우	등기부·등록부 또는 명부 등에 기재된 등기·등록**접수일** 또는 명의개서일
대금청산일 전에 소유권이전 등기를 한 경우	등기부·등록부 또는 명부 등에 기재된 등기**접수일**
장기할부조건의 경우	소유권이전등기(등록 및 명의개서를 포함한다) **접수일**·인도일·사용수익일 중 빠른 날
자기가 건설한 건축물의 경우	사용승인서 교부일(사용승인서 교부일 전에 사실상 사용하거나 임시사용승인을 받은 경우에는 그 사실상의 사용일 또는 임시사용승인을 받은 날 중 빠른 날로 하고 건축 허가를 받지 아니하고 건축하는 건축물에 있어서는 그 사실상의 사용일)
상속증여로 취득한 자산의 경우	상속이 개시된 날 또는 증여받은 날
점유로 인한 부동산의 소유권의 취득하는 경우	해당 부동산의 점유를 개시한 날(20년간 소유의 의사로 평온·공연하게 부동산을 점유하는 자는 등기함으로서 소유권 취득)
미완성자산을 취득, 양도한 경우	해당 자산의 대금을 청산한 날까지 완성 또는 확정되지 아니한 경우에는 그 목적물이 완성 또는 확정되는 날
환지처분으로 취득한 토지	환지 전 토지의 취득일 다만, 교부받은 토지의 면적이 환지처분에 의한 권리면적보다 증가 또는 감소된 경우에는 그 증가·감소된 면적의 취득시기 또는 양도시기는 환지처분의 공고가 있는 날의 다음 날로 한다.
아파트 당첨권 취득	당첨일
경락으로 자산 취득	경매대금을 완납한 날
조건부매매	조건성취일
잔금을 어음으로 받은 경우	어음의 결제일
공익사업을 위하여 수용되는 경우	대금을 청산한 날, 수용의 개시일 또는 소유권이전등기접수일 중 빠른 날(소유권에 관한 소송으로 보상금이 공탁된 경우 소유권 관련 소송 판결 확정일)
의제 취득시기	1984.12.31 이전 취득한 토지, 건물의 의제취득일 : 1985.1.1.
	1984.12.31 이전 취득한 부동산에 관한 권리의 양도 및 기타자산의 의제취득일 : 1985.1.1.
	1985.12.31 이전 취득한 비상장주식의 의제취득일 : 1986.1.1.

【 사례별 양도 및 취득시기 】

제5절 | 양도소득세 계산구조

1. 양도소득세 산출세액 계산과정

```
      양    도    가    액  … 실지거래가액 원칙
(-) 취        득        가        액  … 실지거래가액 원칙
(-) 기  타  필  요  경  비  … 자본적지출ㆍ양도비용 또는 필요경비개산공제
─────────────────────
      양    도    차    익
(-) 장  기  보  유  특  별  공  제  … 등기되고 보유기간이 3년 이상인 토지ㆍ건물ㆍ조합원
                                          입주권에만 적용
─────────────────────
      양  도  소  득  금  액  … 그룹별로 구분 계산
(-) 양  도  소  득  기  본  공  제  … 그룹별로 연 250만원 (미등기 양도자산은 적용배제)
─────────────────────
      양  도  소  득  과  세  표  준
(×) 세                          율  … 자산별ㆍ보유기간별ㆍ등기여부에 따라 구분 적용
─────────────────────
      양  도  소  득  산  출  세  액
(-) 세          액          감          면
(-) 세          액          공          제
─────────────────────
      양  도  소  득  결  정  세  액
(+) 가                          산                          세
─────────────────────
      양  도  소  득  총  결  정  세  액
(-) 기      납      부      세      액  … 예정신고산출세액ㆍ수시부과세액
─────────────────────
      차  감  납  부  할  세  액
```

2. 양도가액

자산의 양도가액은 해당 자산의 양도에 따른 총수입금액을 말하며, 원칙적으로 양도 당시 자산의 양도자와 양수자간에 실제로 거래한 가액(실지거래가액)에 의한다.

3. 양도차익의 계산

양도차익을 계산함에 있어서 양도가액을 실지거래가액에 의하는 때에는 취득가액도 실지거래가액에 의하고, 양도가액을 기준시가에 의하는 때에는 취득가액도 기준시가에 의한다.
양도차익의 계산에 있어서 실지거래가액에 의하는 경우에는 양도 당시의 실지거래가액에서 취득당시의 실지거래가액, 자본적 지출과 양도비용 등을 차감하여야 한다. 그러나 취득당시의 실지거래

가액을 알 수 없어 매매사례가액, 감정가액, 기준시가에 의하는 경우에는 양도가액에서 취득가액과 필요경비개산공제를 차감하여 계산하며, 환산취득가액에 의하는 경우에는 양도가액에서 취득가액과 필요경비개산공제의 합계와 자본적지출액과 양도비용의 합계 중 큰 값을 차감하여 계산한다.

(1) 실지거래가액에 의한 양도차익의 계산

① 양도 당시 실지거래가액과 취득 당시 실지거래가액

양도 당시 실지거래가액은 자산을 양도하고 받은 대가를 말하며, 취득 당시 실지거래가액은 자산취득에 소요된 가액을 말한다. 여기서 자산취득에 소요된 가액은 일반적인 취득원가(「지적재조사에 관한 특별법」에 따른 경계의 확정으로 지적공부상 면적이 증가되어 징수한 조정금은 제외)와 소송비용(명도비용4) · 변호사 수수료 · 인지대 등), 화해비용(지출한 연도의 소득금액의 계산에 있어서 필요경비에 산입된 것 제외) 그리고 당사자의 약정에 의한 대금지급방법에 따른 취득원가에 대한 이자상당액 등을 포함한다.

② 고가매입 · 저가양도의 경우

특수관계인간의 거래에 있어서 시가보다 낮은 가액으로 양도하거나 높은 가액으로 매입하여 그 소득에 대한 조세부담을 부당하게 감소시킨 것으로 인정되는 경우에는 부당행위계산의 부인 규정을 적용하여 시가를 양도가액 또는 취득가액으로 처리한다. 한편, 거주자가 자산을 법인세법에 따른 특수관계인(외국법인을 포함)에게 양도한 경우로서 거주자의 상여 · 배당 등으로 처분된 금액이 있는 때에는 법인세법 규정에 의한 시가를 해당 자산의 양도당시의 실지거래가액으로 본다. 또한 특수관계인 외의 자에게 자산을 시가보다 높은 가격으로 양도한 경우로서 상속세 및 증여세법에 따라 해당 거래자의 증여재산가액으로 하는 금액이 있는 때에는 그 시가를 실지거래가액으로 본다.

③ 현재가치할인차금 상각액

자산을 장기할부조건으로 매입하고 일반기업회계기준에 의하여 현재가치할인차금을 취득가액과 구분하여 계상한 경우에도 현재가치할인차금을 취득가액에 포함한다. 다만, 양도자산의 보유기간 중에 현재가치할인차금 상각액을 필요경비에 산입하였거나 산입할 금액이 있는 경우에는 이를 취득가액에서 공제한다.

④ 양도비용

자산을 양도하기 위하여 직접 지출한 비용(양도소득세과세표준 신고서 작성비용 · 계약서작성비용 · 공증비용 · 인지대 · 소개비 등), 증권거래세, 토지 · 건물 취득시 매입한 국민주택채권과 토지개발채권을 만기 전 금융기관에 양도함으로써 발생한 매각차손5) 등을 말한다.

---

4) 명도비용(明渡費用)이란 주택 또는 토지를 정리하여 남에게 넘겨주는 비용을 말하며, 법무사비용은 포함되나 임차인의 이사비용 등은 포함되지 아니한다.

⑤ 자본적 지출과 수익적 지출

자본적 지출은 양도가액에서 필요경비로 공제하나 수익적 지출은 필요경비로 공제하지 아니한다. 또한 자본적 지출 중 양도자산의 취득 후 직접 소요된 소송비용, 화해비용 등의 금액 중 그 연도에 필요경비에 산입되지 아니한 것으로서 그 지출에 관한 증명서류를 수취·보관한 경우 해당 금액을 필요경비로 공제한다.

자본적 지출	수익적 지출
㉠ 본래의 용도를 변경하기 위한 개조 ㉡ 엘리베이터 또는 냉난방장치의 설치 ㉢ 빌딩 등의 피난시설의 설치 ㉣ 재해 등으로 인한 건물·기계·설비 등이 멸실 또는 훼손되어 해당 자산의 본래의 용도에 이용할 가치가 없게 된 것을 복구 ㉤ 양도자산의 용도변경·개량 도는 이용편의를 위하여 지출한비용 ㉥ 개발부담금 및 재건축부담금	㉠ 건물 또는 벽의 도장 ㉡ 파손된 유리·기와의 대체 ㉢ 재해를 입은 자산의 외장의 복구·도장 및 유리의 삽입 ㉣ 기타 조업가능한 상태의 유지를 위한 지출

【 자본적 지출과 수익적 지출의 구분 】

⑥ 감가상각비

사업소득금액의 필요경비로 산입하였거나 산입할 금액은 취득가액에서 공제한다.

⑦ 실지거래가액이 확인되지 않는 경우의 추계조사결정 특례

양도 또는 취득 당시의 실지거래가액의 확인을 위하여 필요한 장부와 매매계약서, 영수증 기타 증빙서류가 없거나 그 중요한 부분이 미비된 경우 또는 장부와 매매계약서, 영수증 기타 증빙서류의 내용이 유사거래의 매매사례가액, 감정평가법인의 감정가액 등에 비추어 허위임이 명백한 경우에는 추계조사결정 사유에 해당되어 국세청장이 정하는 거래가액에 의한다.

> **┃참고┃ 증빙서류 예시**
>
> ① 취득 및 양도시의 매매계약서
> ② 대금수수 영수증(무통장입금 영수증)
> ③ 부동산 거래대금의 흐름이 나타나는 금융기관 거래통장
> ④ 거래상대방의 거래사실확인서
> ⑤ 건물을 신축한 경우 도급계약서, 대금지급영수증, 세금계산서 등
> ⑥ 양도비용 지급, 인지세 납부, 국민주택채권 매각 등과 관련된 영수증
> ⑦ 기타 대금(비용)지급 사실을 입증할 수 있는 서류

---

5) 금융기관 외의 자에게 양도한 경우에는 동일한 날에 금융기관에 양도하였을 경우 발생하는 매각차손을 한도로 한다.

(2) 실지거래가액이 확인되지 않는 경우의 양도차익의 계산

양도·취득가액을 실지거래가액에 의하는 경우로서 장부 또는 기타 증빙서류에 의하여 해당 자산의 양도·취득당시의 실지거래가액을 인정 또는 확인할 수 없는 경우에는 다음의 가액을 순차로 적용하여 산정한 가액에 의한다.

구 분	내 용
양도가액	① 매매사례가액 ⇨ ② 감정가액 ⇨ ③ 환산취득가액 ⇨ ④ 기준시가
취득가액	① 매매사례가액 ⇨ ② 감정가액 ⇨ ③ 환산취득가액 ⇨ ④ 기준시가
기타 필요경비	매매사례가액·감정가액의 평균액·환산취득가액을 적용하는 경우 기타 필요경비 계산시 필요경비개산공제를 적용한다. • 토지·건물 : 취득당시 기준시가 × 3% (미등기자산은 0.3%) • 지상권·전세권·등기된 부동산임차권 : 취득당시 기준시가 × 7% • 위 외의 자산(주식 등) : 취득당시 기준시가 × 1%

① 매매사례가액이란 양도일 또는 취득일 전후 각 3개월 이내에 해당 자산(상장법인의 주식 등을 제외함)과 동일성 또는 유사성이 있는 자산의 매매사례가 있는 경우 그가액(다만, 매매사례가액 등이 특수관계인과의 거래에 따른 가액으로 객관적으로 부당하다고 인정되는 경우에는 이를 적용하지 아니함)

② 감정가액이란 양도일 또는 취득일 전후 각 3개월 이내에 해당 자산(상장법인의 주식 등을 제외함)에 대하여 둘 이상의 감정평가업자가 평가하여 신빙성이 있는 것으로 인정되는 감정가액(감정평가기준일이 양도일 또는 취득일 전후 각 3개월 이내인 것에 한함)이 있는 경우에는 그 감정가액의 평균액으로 한다.

③ **환산취득가액**

환산취득가액은 아래의 산식으로 계산한다.

$$환산취득가액 = \frac{양도당시\ 실지거래가액\cdot}{매매사례가액\cdot감정가액} \times \frac{취득당시\ 기준시가}{양도당시\ 기준시가}$$

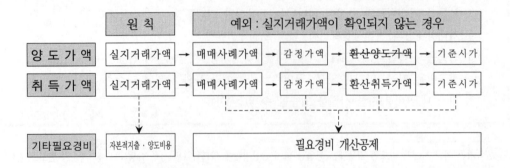

원 칙	예외 : 실지거래가액이 확인되지 않는 경우
양 도 가 액 실지거래가액 → 매매사례가액 → 감정가액 → 환산양도가액 → 기준시가
취 득 가 액 실지거래가액 → 매매사례가액 → 감정가액 → 환산취득가액 → 기준시가
기타필요경비 자본적지출·양도비용 | 필요경비 개산공제

④ 환산취득가액을 적용하는 경우 필요경비의 선택

취득가액을 환산취득가액으로 하는 경우 다음 중 큰 금액으로 한다.

㉠ 환산취득가액 + 필요경비개산공제

㉡ 자본적지출액 + 양도비용

⑤ 매매사례가액 등 적용시 감가상각비

취득가액으로 매매사례가액·감정가액·환산취득가액·기준시가를 적용하는 경우에도 사업소득금액의 필요경비로 산입하였거나 산입할 감가상각비는 취득가액에서 공제한다.

⑥ 감정가액 또는 환산취득가액 적용에 따른 가산세

거주자가 건물을 신축 또는 증축(증축한 경우 바닥면적의 합계가 85제곱미터를 초과하는 경우에 한정함)하고 그 건물의 취득일 또는 증축일부터 5년 이내에 해당 건물을 양도하는 경우로서 감정가액 또는 환산취득가액을 그 취득가액으로 하는 경우에는 해당 건물의 감정가액(증축한 경우 증축한 부분에 한정) 또는 환산취득가액(증축한 경우 증축한 부분에 한정)의 5%에 해당하는 금액을 양도소득 결정세액에 더한다. 이 경우 양도소득산출세액이 없는 경우에도 적용한다.

🍎 예제 1. 양도차익

다음 자료에 의하여 양도인 박진모氏가 취득 당시 실지거래가액을 아는 경우와 모르는 경우를 가정하여 양도 차익을 계산하시오.

(1) 장기할부조건으로 4억원에 취득(취득일 2013. 9. 17.)한 건물(등기됨)을 취득시점에 현재가치할인차금 30,000,000원을 제외한 370,000,000원으로 장부에 기장하였다. 동 건물의 보유기간 중 현재가치할 인차금상각비 4,000,000원과 감가상각비 6,000,000원을 사업소득 계산시 필요경비에 산입하였다.
(2) 건물의 양도가액은 600,000,000원이며, 양도일은 2025. 9. 17.이다.
(3) 건물에 대한 자본적 지출 20,000,000원이 있다.
(4) 건물에 대한 기준시가는 다음과 같다.

구　　　분	양도 당시	취득 당시
기준시가	400,000,000원	200,000,000원

┃풀이┃

구　　　분	취득 실지거래가액을 아는 경우	취득 실지거래가액을 모르는 경우
양　 도　 가　 액	600,000,000	600,000,000
취　 득　 가　 액	390,000,000[주1]	294,000,000[주2]
기　타　필　요　경　비	20,000,000	6,000,000[주3]
양　 도　 차　 익	190,000,000	300,000,000
장 기 보 유 특 별 공 제	45,600,000	72,000,000
양　 도　 소　 득　 금　 액	144,400,000	228,000,000
양 도 소 득 기 본 공 제	2,500,000	2,500,000
과　 세　 표　 준	141,900,000	225,500,000
세　　　　　　율	35%	38%
양 도 소 득 세　 산 출 세 액	34,225,000	65,750,000
지　 방　 소　 득　 세	3,422,500	6,575,000
총　 납　 부　 할　 세　 액	37,647,500	72,325,000

[주1] 390,000,000 = 400,000,000(명목가액) − 4,000,000(현재가치할인차금상각비) − 6,000,000(감가상각비)

[주2] 환산취득가액 = 양도 당시 실지거래가액 × $\dfrac{\text{취득 당시 기준시가}}{\text{양도 당시 기준시가}}$

$300,000,000 = 600,000,000 × \dfrac{200,000,000}{400,000,000}$

300,000,000 − 6,000,000 = 294,000,000

[주3] 건물 분 필요경비 = 취득일 건물 기준시가 (200,000,000) × 3% = 6,000,000

4. 장기보유특별공제

(1) 의 의

장기보유특별공제제도는 장기간에 걸쳐 형성된 양도소득을 단일 누진세율체계로 과세함에 있어서 장·단기 보유에 따른 조세부담의 균형을 유지할 필요가 있기 때문에, 또한 장기보유를 유도하여 부동산투기억제효과를 거두기 위한 목적으로 채택한 제도이다.

(2) 공제대상 자산

장기보유특별공제가 적용되는 자산은 보유기간이 3년 이상인 토지(비사업용 토지포함6)) 및 건물이 장기보유특별공제가 적용되며, 조합원입주권(조합원으로부터 취득한 것은 제외)에 대하여 그 자산의 양도차익(조합원입주권을 양도하는 경우에는 관리처분계획 인가 전 토지분 또는 건물분의 양도차익으로 한정함)도 장기보유특별공제가 적용된다. 다만, 미등기양도자산, 국외 소재 토지·건물, 조정대상지역 내 다주택은 그 보유기간에 관계없이 장기보유특별공제가 적용되지 아니한다.

① **미등기양도자산**
미등기양도자산이라 함은 토지·건물·부동산에 관한 권리를 취득한 자가 그 자산의 취득에 관한 등기를 하지 아니하고 양도하는 자산을 말한다.

② **국외 소재 토지·건물**
국외에 소재한 토지 및 건물은 그 보유기간에 관계없이 2008년 1월 1일 이후 양도하는 분부터 장기보유특별공제의 적용대상에서 제외한다.

③ **다주택자의 조정대상지역 내 주택 : 다음 중 어느 하나에 해당하는 주택**
  ㉠ 조정대상지역에 있는 주택으로서 1세대 2주택 이상에 해당하는 주택
  ㉡ 조정대상지역에 있는 주택으로서 1세대가 주택과 조합원입주권(분양권 포함)을 보유한 경우로서 그 수의 합의 2 이상인 경우 해당 주택, 다만 장기임대주택 등은 제외한다.

---

6) 비사업용 토지는 2007년 1월 1일 이후 양도하는 분부터 2015년 12월 31일 이전에 양도하는 분까지 장기보유특별공제의 적용대상에서 제외했지만 2016년 1월 1일 부터는 물가상승 등에 따른 납세자의 조세부담을 경감하기 위하여 거주자가 비사업용 토지를 양도하는 경우에도 장기보유특별공제를 받을 수 있도록 하였다.

(3) 공제액

장기보유특별공제액은 보유기간과 거주기간에 따라 다음과 같다.

보유기간	장기보유특별공제		
	1세대 1주택 외의 경우	1세대 1주택의 경우	
		보유기간	거주기간
3년 이상 4년 미만	양도차익 × 6%	양도차익 × 12%	양도차익 × 8% (보유기간 3년 이상 거주기간 2년 이상 3년 미만) 양도차익 × 12%
4년 이상 5년 미만	양도차익 × 8%	양도차익 × 16%	양도차익 × 16%
5년 이상 6년 미만	양도차익 × 10%	양도차익 × 20%	양도차익 × 20%
6년 이상 7년 미만	양도차익 × 12%	양도차익 × 24%	양도차익 × 24%
7년 이상 8년 미만	양도차익 × 14%	양도차익 × 28%	양도차익 × 28%
8년 이상 9년 미만	양도차익 × 16%	양도차익 × 32%	양도차익 × 32%
9년 이상 10년 미만	양도차익 × 18%	양도차익 × 36%	양도차익 × 36%
10년 이상 11년 미만	양도차익 × 20%	양도차익 × 40%	양도차익 × 40%
11년 이상 12년 미만	양도차익 × 22%	양도차익 × 40%	양도차익 × 40%
12년 이상 13년 미만	양도차익 × 24%	양도차익 × 40%	양도차익 × 40%
13년 이상 14년 미만	양도차익 × 26%	양도차익 × 40%	양도차익 × 40%
14년 이상 15년 미만	양도차익 × 28%	양도차익 × 40%	양도차익 × 40%
15년 이상	양도차익 × 30%	양도차익 × 40%	양도차익 × 40%

여기서 보유기간은 취득일로부터 양도일까지로 한다. 따라서 상속받은 자산인 경우에는 상속인이 해당 자산을 취득한 날부터 기산(起算)하여 보유기간이 3년 이상인 경우에 한하여 공제되고, 증여인 경우에도 증여일로부터 양도일까지의 기간으로 3년 이상이 되어야 장기보유특별공제를 받을 수 있다. 다만, 배우자 및 직계존비속으로부터 증여받은 자산을 양도하여 이월과세 규정이 적용되는 경우에는 증여한 배우자 등이 해당 자산을 취득한 날부터 기산한다.

🍎 예제 2. 양도소득금액

김동양氏는 양도소득세 과세대상인 등기된 건물(일반지역 소재로 5년 3개월간 보유)을 가지고 있다. 취득 당시 실지거래가액을 아는 경우와 모르는 경우의 양도소득금액은 얼마인가?

구 분	양도가액	취득가액	양도비용	자본적 지출
실지거래가액	200,000,000	100,000,000	6,000,000	1,000,000
기준시가	160,000,000	80,000,000		

┃ 풀이 ┃

구 분	취득 실지거래가액을 아는 경우	취득 실지거래가액을 모르는 경우
양 도 가 액	200,000,000	200,000,000
취 득 가 액	100,000,000	100,000,000[주2]
기 타 필 요 경 비	7,000,000	2,400,000[주3]
양 도 차 익	93,000,000	97,600,000
장 기 보 유 특 별 공 제	9,300,000[주1]	9,760,000[주4]
양 도 소 득 금 액	**83,700,000**	**87,840,000**
양 도 소 득 기 본 공 제	2,500,000	2,500,000
과 세 표 준	81,200,000	85,340,000
세 율	24%	24%
양 도 소 득 세 산 출 세 액	13,728,000	14,721,600
지 방 소 득 세	1,372,800	1,472,160
총 납 부 할 세 액	15,100,800	16,193,760

[주1] 장기보유특별공제 : 93,000,000 × 10% = 9,300,000

[주2] 환산취득가액 = 양도 당시 실지거래가액 × $\dfrac{\text{취득 당시 기준시가}}{\text{양도 당시 기준시가}}$

100,000,000 = 200,000,000 × $\dfrac{80,000,000}{160,000,000}$

[주3] 기타필요경비 : 80,000,000 × 3% = 2,400,000
[주4] 장기보유특별공제 97,600,000 × 10% = 9,760,000

5. 양도소득기본공제

양도소득기본공제는 양도소득이 발생하면 무조건 공제되며, 신청을 요건으로 하지 않는다. 또한 양도소득기본공제는 양도소득이 있는 거주자의 자산종류별로 각각 250만원을 공제한다. 다만, 미등기양도자산에 대하여는 양도소득기본공제를 적용하지 않는다.

양도소득기본공제의 자산종류별 구분은 다음과 같다.

① 부동산, 부동산에 관한 권리 및 기타자산의 양도소득

② 주식(기타자산 제외)의 양도소득

③ 파생상품등의 거래 또는 행위로 발생하는 소득

④ 신탁의 이익을 받을 권리의 양도로 발생하는 소득

그리고 양도소득금액에 감면소득금액이 있는 경우 공제순서는 다음과 같다.

① 해당 감면소득금액 외의 양도소득금액에서 먼저 공제하고,

② 감면소득금액 외의 양도소득금액 중에서는 해당 연도 중 먼저 양도한 자산의 양도소득금액에서부터 순차로 공제한다.

③ 만약 자산을 동시에 양도한 경우에는 납세자가 선택한 자산의 양도소득금액에서 기본공제를 적용한다.

6. 양도소득세의 세율

거주자의 양도소득세 산출세액은 해당연도의 양도소득과세표준에 다음의 세율을 적용하여 계산한 금액을 그 세액으로 한다. 이 경우 하나의 자산이 다음 세율 중 2이상의 세율에 해당하는 때에는 해당 세율을 적용하여 계산한 양도소득 산출세액 중 큰 것을 그 세액으로 한다.

구 분			세 율
1그룹	토지 및 부동산	원칙	기본세율
		조정지역내 다주택자(특례세율) 2주택 보유자	기본세율 + 20%
		조정지역내 다주택자(특례세율) 3주택 이상 보유자	기본세율 + 30%
		보유기간 1년 이상 2년 미만 주택, 조합원입주권	60%
		보유기간 1년 이상 2년 미만 주택 외 자산	40%
		보유기간 1년 미만 주택, 조합원입주권	70%
		보유기간 1년 미만 주택 외 자산	50%
		분양권 1년 이상	60%
		분양권 1년 미만	70%
		비사업용 토지	기본세율 + 10%
		미등기자산	70%
	기타 자산	원칙	기본세율
		비사업용 토지 과다보유법인의 주식 등	기본세율 + 10%
2그룹	국내 주식	대주주 양도 1년 미만 보유한 주식으로서 중소기업 외의 법인의 주식	30%
		대주주 양도 위에 해당하지 않는 주식	20% (과세표준 3억 초과분 25%)
		대주주 외 양도 중소기업	10%
		대주주 외 양도 중소기업 외	20%
		국외주식 중소기업	10%
		국외주식 중소기업 외	20%
3그룹	파생상품		10%
4그룹	신탁수익권		20% (과세표준 3억 초과분 25%)

【 양도소득세 세율 】

(1) 기본세율

양도소득과세표준에 적용되는 기본세율인 8단계 누진세율은 다음과 같다.

과 세 표 준		산출세액
		초과누진방식
	1,400만 원 이하	과세표준 × 6%
1,400만 원 초과	5,000만 원 이하	84만 원 + 1,400만 원 초과액 × 15%
5,000만 원 초과	8,800만 원 이하	624만 원 + 5,000만 원 초과액 × 24%
8,800만 원 초과	1억5,000만 원 이하	1,536만 원 + 8,800만 원 초과액 × 35%
1억5,000억 원 초과	3억 원 이하	3,706만 원 + 1억5천만 원 초과액 × 38%
3억 원 초과	5억 원 이하	9,406만 원 + 3억 원 초과액 × 40%
5억 원 초과	10억 원 이하	1억7,406만 원 + 5억 원 초과액 × 42%
10억 원 초과		3억8,406만 원 + 10억 원 초과액 × 45%

(2) 자산이 둘 이상인 경우 양도소득세 산출세액

해당 과세기간에 토지, 건물, 부동산에 관한 권리 및 기타자산에서 둘 이상 양도하는 경우 양도소득 산출세액은 다음 금액 중 큰 것으로 한다.

① 해당 과세기간의 양도소득과세표준 합계액에 대하여 누진세율을 적용하여 계산한 양도소득 산출세액

② 자산별 양도소득 산출세액 합계액

🍎 예제 3. 양도소득산출세액

다음 자료에 의하여 거주자 이경인氏의 각 상황별 양도소득세 산출세액을 계산하라.

⑴ 양도한 자산은 토지이고, 양도시 양도비용이 1,000,000원 발생하였다.
⑵ 토지(등기되고, 사업용)에 대한 개별공시지가 및 실지거래가액은 다음과 같다.

구 분	실지거래가액	개별공시지가
취득시점 (2013.8.15)	40,000,000원	30,000,000원
양도시점 (2025.9.10)	80,000,000원	50,000,000원

〈 CASE 1 〉 취득 당시 실지거래가액을 아는 경우
〈 CASE 2 〉 취득 당시 실지거래가액을 모르는 경우

▮ 풀이 ▮

구 분	CASE 1 실지거래가액	CASE 2 환산취득가액
양 도 가 액	80,000,000	80,000,000
취 득 가 액	40,000,000	48,000,000<주2>
기 타 필 요 경 비	1,000,000	900,000<주3>
양 도 차 익	39,000,000	31,100,000
장 기 보 유 특 별 공 제	9,360,000<주1>	7,464,000<주4>
양 도 소 득 금 액	29,640,000	23,636,000
양 도 소 득 기 본 공 제	2,500,000	2,500,000
과 세 표 준	27,140,000	21,136,000
세 율	15%	15%
양 도 소 득 세 산 출 세 액	2,811,000	1,910,400
지 방 소 득 세	281,100	191,040
총 납 부 할 세 액	3,092,100	2,101,440

<주1> 장기보유특별공제 : 9,360,000 = 39,000,000 × 24%(장기보유특별공제, 12년 이상 보유)

<주2> 환산취득가액 = 양도 당시 실지거래가액 × $\dfrac{\text{취득 당시 기준시가}}{\text{양도 당시 기준시가}}$

$48,000,000 = 80,000,000 × \dfrac{30,000,000}{50,000,000}$

<주3> 기타필요경비 : 30,000,000 × 3% = 900,000

<주4> 장기보유특별공제 : 7,464,000 = 31,100,000 × 24%(장기보유특별공제, 12년 이상 보유)

▮ 참고 ▮

기본세율을 적용하는 자산의 양도로 발생하는 양도소득세는 다음의 식을 이용하여 계산할 수도 있다.

과 세 표 준		산출세액 초과누진방식
	1,400만 원 이하	과세표준 × 6%
1,400만 원 초과	5,000만 원 이하	과세표준 × 15% - 126만원
5,000만 원 초과	8,800만 원 이하	과세표준 × 24% - 576만원
8,800만 원 초과	1억5,000만 원 이하	과세표준 × 35% - 1,544만원
1억5,000억 원 초과	3억 원 이하	과세표준 × 38% - 1,994만원
3억 원 초과	5억 원 이하	과세표준 × 40% - 2,594만원
5억 원 초과	10억 원 이하	과세표준 × 42% - 3,594만원
10억 원 초과		과세표준 × 45% - 6,594만원

🍎 예제 4. 양도소득산출세액

다음 자료에 의하여 거주자 이경인氏의 각 상황별 양도소득세 산출세액을 계산하라.

⑴ 양도시 기준시가 : 4억원, 실지거래가액 : 5억원
⑵ 취득시 기준시가 : 2억5천만원, 실지거래가액 : 4억원
⑶ 보유기간 : 5년 11개월(2019. 10. 5부터〈취득일〉 2025. 9. 20까지〈양도일〉)
⑷ 해당 토지는 등기되었으며, 양도시 38,000,000원의 비용이 발생하였다.

〈 CASE 1 〉 취득 당시 실지거래가액을 아는 경우
〈 CASE 2 〉 취득 당시 실지거래가액을 모르는 경우

▌풀이▐

구 분	CASE 1 실지거래가액	CASE 2 환산취득가액
양 도 가 액	500,000,000	500,000,000
취 득 가 액	400,000,000<주1>	312,500,000<주3>
기 타 필 요 경 비	38,000,000	7,500,000<주4>
양 도 차 익	62,000,000	180,000,000
장 기 보 유 특 별 공 제	6,200,000<주2>	18,000,000<주5>
양 도 소 득 금 액	55,800,000	162,000,000
양 도 소 득 기 본 공 제	2,500,000	2,500,000
과 세 표 준	53,300,000	159,500,000
세 율	24%	38%
양 도 소 득 세 산 출 세 액	7,032,000	40,670,000
지 방 소 득 세	703,200	4,067,000
총 결 정 세 액	7,735,200	44,737,000

<주1> 실지거래가액으로 양도차익을 계산하는 경우에만 취득가액은 4억원이다.
<주2> 보유기간이 약 5년11개월이므로 장기보유특별공제 10% 공제를 받을 수 있다.

<주3> 환산취득가액 = 양도 당시 실지거래가액 × $\dfrac{\text{취득 당시 기준시가}}{\text{양도 당시 기준시가}}$

$312,500,000 = 500,000,000 \times \dfrac{250,000,000}{400,000,000}$

<주4> 기타필요경비 : 250,000,000 × 3% = 7,500,000
<주5> 보유기간이 약 5년11개월이므로 장기보유특별공제 10% 공제를 받을 수 있다.

7. 미등기양도자산의 양도소득세

70%의 양도소득세율이 적용되는 미등기양도자산이란 토지·건물·부동산에 관한 권리를 취득한 자가 그 자산의 취득에 관한 등기를 하지 아니하고 양도하는 것을 말한다. 그러나 등기제도가 없어서 등기가 불가능한 자산은 등기를 하지 아니한 경우에도 미등기양도자산으로 보지 아니하는데, 그 예로 아파트당첨권을 양도하는 경우에는 미등기양도자산으로 보지 아니한다. 또한 다음의 경우에는 등기할 수 없는 부득이한 사유가 있으므로 이를 미등기양도자산으로 보지 아니한다.

구 분	미등기로 보지 않는 양도자산
부득이한 사유	• 장기할부조건으로 취득한 자산으로서 그 계약조건에 의하여 양도 당시 그 자산의 취득에 관한 등기가 불가능한 자산 • 법률의 규정 또는 법원의 결정에 의하여 양도 당시 그 자산의 취득에 관한 등기가 불가능한 자산 • 토지구획정리사업이 종료되지 아니함으로써 토지취득등기를 하지 못하고 양도한 토지 • 건설업자가 공사용역대가로 취득한 체비지로서 토지구획환지처분공고 이전에 양도한 토지 • 상속에 관한 소유권 이전등기를 하지 아니한 자산으로서 공공용지의 취득 및 손실보상에 관한 특례법에 의해 사업시행자에게 양도하는 것
농 지	• 8년 이상 자경한 농지 • 농지의 교환·분합·대토
1세대1주택	• 1세대1주택으로서 무허가 주택 (다른 주택을 대체취득하거나 상속, 동거봉양, 혼인 등으로 인하여 2주택 이상을 보유하는 경우 주택 포함)

그리고 미등기양도자산에 대하여는 양도소득세 계산상 다음과 같은 불이익이 있다.

구 분	내 용
공 제 적 용 배 제	장기보유특별공제와 양도소득기본공제를 적용하지 아니한다.
세 율	70%
비 과 세 · 감 면 의 배 제	양도소득세 비과세와 감면을 적용하지 아니한다.
필 요 경 비 개 산 공 제	0.3% (등기된 자산에 비하여 필요경비 개산공제율이 적다.)

🍎 예제 5. 미등기양도자산의 양도차익

이미래氏는 2023. 2. 10. 취득한 토지 900평방미터를 미등기상태로 2025. 8. 10. 타인에게 양도하였다. 토지의 양도당시의 실지거래가액은 10억원이고 취득당시의 실지거래가액은 확인할 수 없다. 해당 토지의 취득당시의 매매사례가액 및 감정가액은 없다. 그리고 토지의 취득당시의 개별공시지가는 2억원이고 양도당시의 개별공시지가는 5억원이다. 이미래氏는 토지의 택지조성비(자본적 지출액)로 8천만원, 양도하면서 중개인수수료로 2천만원을 지출하였다. 위의 토지의 양도차익은 얼마인가?

┃풀이┃

해설

양도가액		1,000,000,000
취득가액 : 10억 × 2억/5억 =		△400,000,000
기타 필요경비2억 × 0.3% =		△600,000
양도차익		599,400,000

8. 비사업용 토지의 범위

"비사업용 토지"라 함은 해당 토지를 소유하는 기간 중 일정한 기간 동안 다음에 해당하는 토지를 말한다. 다만, 아래의 규정을 적용함에 있어 토지의 취득 후 법률의 규정으로 인한 사용의 금지 그 밖에 공익 또는 부득이한 사유가 있어 비사업용 토지에 해당하는 경우에는 비사업용 토지로 보지 아니할 수 있다.

① 논·밭 및 과수원(이하 '농지'라 함)으로서 다음에 해당하는 것

㉠ 소유자가 농지소재지에 거주하지 아니하거나 자기가 경작하지 아니하는 농지. 다만, 농지법 그 밖의 법률에 의하여 소유할 수 있는 농지를 제외한다.

㉡ 특별시·광역시(광역시에 있는 군을 제외함)·특별자치시(특별자치시에 있는 읍·면지역은 제외함)·특별자치도(「제주특별자치도설치 및 국제자유도시 조성을 위한 특별법」 제15조 제2항에 따라 설치된 행정시의 읍·면지역은 제외함) 및 시지역(도·농복합형태의 시의 읍·면지역을 제외함) 중 도시지역 안의 농지. 다만, 소유자가 농지소재지에 거주하여 자기가 경작하던 농지가 특별시·광역시·특별자치시·특별자치도 및 시지역의 도시지역에 편입된 날부터 2년이 경과되지 아니한 농지를 제외한다.

② 임야. 다만, 다음에 해당하는 것을 제외한다.

㉠ 산림법에 의하여 지정된 산림유전자원보호림·보안림·채종림·시험림 그 밖에 공익상 필요 또는 산림의 보호육성을 위하여 필요한 임야

㉡ 임야소재지에 거주하는 자가 소유한 임야

㉢ 토지의 소유자·소재지·이용상황·보유기간 및 면적 등을 감안하여 거주 또는 사업과 직접 관련이 있다고 인정할 만한 상당한 이유가 있는 임야

③ 목장용지로서 다음에 해당하는 것. 다만, 토지의 소유자·소재지·이용상황·보유기간 및 면적 등을 감안하여 거주 또는 사업과 직접 관련이 있다고 인정할 만한 상당한 이유가 있는 목장용지를 제외한다.
 ㉠ 축산업을 영위하는 자가 소유하는 목장용지로서 축산용 토지의 기준면적을 초과하거나 특별시·광역시·특별자치시·별자치도 및 시지역의 도시지역 안에 있는 것(도시지역에 편입된 날부터 2년이 경과되지 아니한 경우를 제외함)
 ㉡ 축산업을 영위하지 아니하는 자가 소유하는 목장용지
④ 농지, 임야 및 목장용지 외의 토지 중 다음을 제외한 토지
 ㉠ 지방세법 또는 관계 법률의 규정에 의하여 재산세가 비과세되거나 면제되는 토지
 ㉡ 지방세법 규정에 의한 재산세 별도합산 또는 분리과세대상이 되는 토지
 ㉢ 토지의 이용상황·관계 법률의 의무이행 여부 및 수입금액 등을 감안하여 거주 또는 사업과 직접 관련이 있다고 인정할 만한 상당한 이유가 있는 토지
⑤ 주택부수토지 중 주택이 정착된 면적에 10배(도시지역 안의 토지는 5배)를 곱하여 산정한 면적을 초과하는 토지
⑥ 주거용 건축물로서 상시 주거용으로 사용하지 아니하고 휴양·피서·위락 등의 용도로 사용하는 건축물(이하 '별장'이라 함)의 부속토지. 다만, 읍 또는 면에 소재하고 대통령령이 정하는 범위와 기준에 해당하는 농어촌주택의 부속토지를 제외하며, 별장에 부속된 토지의 경계가 명확하지 아니한 때에는 그 건축물 바닥면적의 10배에 해당하는 토지를 부속토지로 본다.
⑦ 그 밖에 위 ①~⑥과 유사한 토지로서 거주자의 거주 또는 사업과 직접 관련이 없다고 인정할 만한 상당한 이유가 있는 토지

비사업용 토지의 판단기준은 다음 중 어느 하나에 해당하는 기간을 말한다. 이 경우 기간의 계산은 일수로 한다.
① 토지의 소유기간이 5년 이상인 경우 다음 모두에 해당하는 기간
 ㉠ 양도일 직전 5년 중 2년을 초과하는 기간
 ㉡ 양도일 직전 3년 중 1년을 초과하는 기간
 ㉢ 토지의 소유기간의 40%에 상당하는 기간을 초과하는 기간
② 토지의 소유기간이 3년 이상 5년 미만인 경우 다음 모두에 해당하는 기간
 ㉠ 토지의 소유기간에서 3년을 차감한 기간을 초과하는 기간
 ㉡ 양도일 직전 3년 중 1년을 초과하는 기간
 ㉢ 토지의 소유기간의 40%에 상당하는 기간을 초과하는 기간
③ 토지의 소유기간이 3년 미만인 경우 다음 모두에 해당하는 기간. 단, 소유기간이 2년 미만인 경우 ㉠을 적용하지 아니한다.

㉠ 토지의 소유기간에서 2년을 차감한 기간을 초과하는 기간

  ㉡ 토지의 소유기간의 40%에 상당하는 기간을 초과하는 기간

확인문제 : 비사업용토지의 판단

▣ 비사업용토지에 해당하는지 판단하시오

○ 20X1. 1. 1.   : 토지 A 취득

○ 20X1. 1. 1. ~ 20X1. 12. 31. : 사업에 직접사용

○ 20X2. 1. 1. ~ 20X2. 4. 30. : 사업에 사용하지 않음

○ 20X2. 5. 1. ~ 20X3. 3. 31. : 사업에 직접사용

○ 20X3. 4. 1.   : 토지 A 양도

(정답) 사업용토지에 해당

 <해설> 비사업용토지 판단기준 중 (3)요건을 충족시켰으므로 사업용토지에 해당함.

 (1) 양도일 직전 3년 중 2년 이상을 직접 '사업용'으로 사용했는지 여부

  - 20X3.3.31.이전 3년 중 23개월만 사업용으로 사용하였으므로 비사업용토지

 (2) 양도일 직전 5년 중 3년 이상을 직접 '사업용'으로 사용했는지 여부

  - 20X3.3.31.이전 5년 중 23개월만 사업용으로 사용하였으므로 비사업용토지

 (3) 소유기간 중 60% 이상을 직접 '사업용'으로 사용했는지 여부

  - 취득시점부터 27개월 중 85%(23개월)를 사용하였으므로 사업용토지

---

9. 양도소득세 계산의 특례

(1) 고가주택의 양도소득세 계산

1세대 1주택으로서 고가주택에 해당되는 경우에는 양도가액 중 12억원을 초과하는 부분에 대하여만 실지거래가액에 의하여 양도소득세를 과세하므로 양도차익과 장기보유특별공제는 다음과 같이 계산한다. 다만, 양도소득기본공제는 안분계산하지 아니하고 250만원 전액 공제한다.

$$\text{고가주택의 과세대상 양도차익} = \text{일반주택에 대한 양도차익} \times \frac{\text{양도가액} - 12\text{억원}}{\text{양도가액}}$$

구 분	1세대 1주택 (거주 2년 이상)	1세대 2주택 / 1세대 3주택 (일반 지역)
양도차익 안분	양도차익을 12억원 초과분으로 안분계산	양도차익을 안분계산하지 않음 전액 과세대상 양도차익으로 함
장기보유특별공제	20% ~ 80%	6% ~ 30%
적용세율	등기여부, 보유 및 거주 기간에 따라 차등적용	특례세율 있음

【 고가주택 양도에 대한 양도소득세 계산시 주의사항 】

🍎 예제 6. 고가주택의 양도소득금액 (1)

다음은 거주자 정미래氏가 취득하여 거주하고 있는 고가주택(1세대 1주택이고 등기되었음)의 양도소득에 관한 자료이다. 양도비용이 20,000,000원이라고 가정하고, 양도소득 산출세액을 계산하라.

구 분	일 자	실지거래가액	국세청고시가액
취 득	2021. 4. 4	880,000,000원	810,000,000원
양 도	2025. 10. 17	1,500,000,000원	1,380,000,000원

┃풀이┃

구 분	금 액	계 산 내 역
양 도 가 액 취 득 가 액 등	1,500,000,000 △900,000,000	= 880,000,000+20,000,000
양 도 차 익 과세대상양도차익 비과세대상양도차익 장기보유특별공제	600,000,000 120,000,000 480,000,000 △38,400,000	= 600,000,000×{(1,500,000,000−1,200,000,000)/1,500,000,000} = 600,000,000×{1,200,000,000/1,500,000,000} = 120,000,000×32%
양 도 소 득 금 액 양도소득기본공제	81,600,000 △2,500,000	
양 도 소 득 과 세 표 준	79,100,000	
산 출 세 액	13,224,000	= 6,240,000+(79,100,000−50,000,000)×24%

🍎 예제 7. 고가주택의 양도소득금액(2)

송부평氏는 등기된 고가주택(일반지역 소재로 5년 3개월간 보유 및 거주)을 양도하였다. 양도한 고가주택이 1세대 1주택인 경우와 1세대 1주택에 해당하지 않은 경우 양도소득금액은 얼마인가? 단, 해당 주택은 조정대상지역 내 주택에 해당하지 아니한다.

구 분	양도가액	취득가액	양도비용	자본적 지출
양도당시 금액	1,290,000,000원	850,000,000원	5,000,000원	10,000,000원

|풀이|

구 분	1세대 1주택인 경우	1세대 1주택이 아닌 경우
양 도 가 액	1,290,000,000	1,290,000,000
취 득 가 액	850,000,000	850,000,000
기 타 필 요 경 비	15,000,000	15,000,000
양 도 차 익	425,000,000	425,000,000
비 과 세 양 도 차 익	395,348,837[주1]	0[주4]
과 세 대 상 양 도 차 익	29,651,163[주2]	425,000,000[주5]
장 기 보 유 특 별 공 제	11,860,465[주3]	42,500,000[주6]
양 도 소 득 금 액	17,790,697	382,500,000
양 도 소 득 기 본 공 제	2,500,000	2,500,000
과 세 표 준	15,290,697	380,000,000
세 율	15%	40%
양 도 소 득 세 산 출 세 액	1,033,605	126,060,000
지 방 소 득 세	103,360	12,606,000
총 납 부 할 세 액	1,136,965	138,666,000

[주1] 395,348,837 = 425,000,000 × {1,200,000,000/1,290,000,000}

[주2] 29,651,163 = 425,000,000 × {(1,290,000,000 − 1,200,000,000)/1,290,000,000}

[주3] 11,860,465 = 29,651,163 × 40%(고가주택 장기보유특별공제율, 5년 이상 보유)

[주4] 1세대1주택이 아니므로 비과세 양도차익이 없다.

[주5] 1세대1주택이 아니므로 양도차익을 안분계산하지 않고 전액 과세대상 양도차익으로 함

[주6] 42,500,000 = 425,000,000 × 10%(일반주택 장기보유특별공제율, 5년 이상 보유)

(2) 부담부증여에 대한 양도소득세 계산

증여자의 채무를 수증자가 인수하는 경우에 있어서 증여가액 중 채무액에서 상당하는 금액은 그 자산이 양도된 것으로 보아 양도소득세를 과세한다. 그리고 거주자의 양도차익 계산에 있어서 취득가액과 양도가액은 다음의 가액으로 한다.

① 취득가액

취득에 소요된 실지거래가액 등에 따른 가액(양도가액을 기준시가에 의하여 산정한 경우에는 취득가액도 기준시가로 산정함)에 증여가액 중 채무액에 상당하는 부분이 차지하는 비율을 곱하여 계산한 가액으로 한다.

② 양도가액

상속증여세법상 평가한 가액에 증여가액 중 채무액에 상당하는 부분이 차지하는 비율을 곱하여 계산한 가액으로 한다.

③ 양도차익

부담부증여의 양도차익을 계산하는 경우 그 취득가액과 양도가액은 다음의 산식에서 보는 바와 같이, 해당 자산의 가액에 증여가액 중 채무액에 상당하는 부분이 차지하는 비율을 곱하여 계산한 가액으로 한다.

$$\text{양도가액} = \text{양도당시 자산가액} \times \frac{\text{채무액}}{\text{증여가액 (채무액 포함)}}$$

$$\text{취득가액} = \text{취득당시 자산가액} \times \frac{\text{채무액}}{\text{증여가액 (채무액 포함)}}$$

구 분		증여자	수증자
일반적인 부담부증여		증여재산가액 중 채무인수분[주2]에 대해 양도소득세 과세	(증여재산가액 - 채무인수액)에 대해 증여세 과세
배우자·직계존비속간 부담부증여 (증여추정 포함)	원칙	채무인수부분을 유상양도로 보지 아니함	증여재산가액 전체를 증여세 과세
	예외[주1]	일반적인 부담부증여와 동일하게 취급함	

[주1] 채무액이 국가·지방자치단체 및 금융기관에 대한 채무 등 객관적으로 인정되는 경우이다.
[주2] 증여재산에 담보된 채무(임대보증금 포함)를 말한다.

🍎 예제 8. 부담부증여에 대한 양도소득세(1)

거주자 이구로氏는 친구인 거주자 심계양氏에게 1억원의 은행채무를 인수하는 조건으로 2020년 5월 8일 취득한 토지(등기되고 사업용으로 사용, 국세청장이 지정하는 지역 외의 지역에 위치하고 있으며 천사은행으로부터 1억원을 담보대출 받았음)를 2025년 10월 6일에 증여하였다. 증여 당시 토지의 시가는 4억(개별공시지가는 3억)이고, 취득가액은 3억(취득당시 개별공시지가는 2억)이었다. 양도비용 600만원이다. 거주자 이구로氏가 부담해야 하는 양도소득세와 거주자 심계양氏가 부담해야 하는 증여세를 계산하시오.

┃풀이┃

이구로가 부담해야 하는 양도소득세		심계양이 부담해야 하는 증여세	
양 도 가 액	100,000,000[주1]	증여재산가액	400,000,000
취 득 가 액	75,000,000[주2]	채무액	100,000,000[주5]
기 타 필 요 경 비	1,500,000[주3]		
양 도 차 익	23,500,000		
장 기 보 유 특 별 공 제	2,350,000[주4]		
양 도 소 득 금 액	21,150,000	증여세과세가액	300,000,000[주6]
양 도 소 득 기 본 공 제	2,500,000	증여재산공제	0
과 세 표 준	18,650,000	과세표준	300,000,000
세 율	15%	세율	20%
양 도 소 득 세 산 출 세 액	1,537,500	증여세 산출세액	50,000,000
지 방 소 득 세	153,750	신고세액공제	1,500,000[주7]
총 납 부 할 세 액	1,691,250	자진납부할세액	48,500,000

<주1> 양도가액 = 양도당시 자산가액 × $\dfrac{채무액}{증여가액}$ <주2> 취득가액 = 취득당시 자산가액 × $\dfrac{채무액}{증여가액}$

$$100,000,000 = 400,000,000 \times \dfrac{100,000,000}{400,000,000} \qquad 75,000,000 = 300,000,000 \times \dfrac{100,000,000}{400,000,000}$$

<주3> 기타필요경비 = 필요경비 × $\dfrac{채무액}{증여가액}$

$$1,500,000 = 6,000,000 \times \dfrac{100,000,000}{400,000,000}$$

<주4> 2,350,000 = 23,500,000 × 10% (장기보유특별공제, 5년 이상 보유)

<주5> 수증자가 인수한 채무인수액

<주6> 일반적인 부담부증여의 경우 (증여재산가액 − 채무인수액)에 대해 증여세 과세

<주7> 1,500,000 = 50,000,000 × 3% (신고세액공제율)

🍎 예제 9. 부담부증여에 대한 양도소득세(2)

거주자 심봉사氏는 그의 딸 심청(21세)에게 채무 5천만원이 담보되어 있는 기준시가 5억원인 토지(2020년 4월 17일 취득시 기준시가는 3억원)을 2025년 10월 21일 증여하였다. 이 경우 증여세 과세대상이 되는 금액과 양도소득세 과세대상이 되는 양도차익은 각각 얼마인가? 다만, 토지의 취득시 지방세 시가표준액은 100,000,000원이며, 등기된 자산에 해당한다.

┃풀이┃

〈case 1 채무가 객관적으로 인정되지 아니하는 경우〉				〈case 2 채무가 객관적으로 인정되는 경우 〉			
심봉사 부담 양도소득세		심청 부담 증여세		심봉사 부담 양도소득세		심청 부담 증여세	
양 도 가 액	0〈주〉	증여재산가액	500,000,000〈주1〉	양 도 가 액	50,000,000〈주4〉	증여재산가액	500,000,000
취 득 가 액		채 무 액	0〈주1〉	취 득 가 액	30,000,000〈주5〉	채 무 액	50,000,000〈주8〉
기타필요경비				기타필요경비	900,000〈주6〉		
양 도 차 익				양 도 차 익	19,100,000		
장기보유특별공제				장기보유특별공제	1,910,000〈주7〉		
양도소득금액		증여세과세가액	500,000,000	양도소득금액	17,190,000	증여세과세가액	450,000,000〈주9〉
양 도 소 득 기 본 공 제		증여재산공제	50,000,000〈주2〉	양 도 소 득 기 본 공 제	2,500,000	증여재산공제	50,000,000〈주2〉
과 세 표 준		과 세 표 준	450,000,000	과 세 표 준	14,690,000	과 세 표 준	400,000,000
세 율		세 율	20%	세 율	15%	세 율	20%
양 도 소 득 세 산 출 세 액		증 여 세 산 출 세 액	80,000,000	양도소득세 산 출 세 액	943,500	증 여 세 산 출 세 액	70,000,000
지 방 소 득 세		신고세액공제	2,400,000〈주3〉	지 방 소 득 세	94,350	신고세액공제	2,100,000〈주10〉
총납부할세액		신고납부세액	77,600,000	총납부할세액	1,037,850	신고납부세액	67,900,000

〈주1〉 채무가 객관적으로 인정되지 아니하는 경우에는 5억원 전체가 증여세 과세대상에 해당하므로 양도가액은 '0'이다.

〈주2〉 직계존속이 직계비속(성년)에게 증여하는 경우 증여재산공제액은 50,000,000원이다.

〈주3〉 2,400,000 = 80,000,000 × 3% (신고세액공제율)

〈주4〉 양 도 가 액 = 양도당시 자산가액 × $\dfrac{채무액}{증여가액}$ 〈주5〉 취득가액 = 취득당시 자산가액 × $\dfrac{채무액}{증여가액}$

$50,000,000 = 500,000,000 \times \dfrac{50,000,000}{500,000,000}$ $30,000,000 = 300,000,000 \times \dfrac{50,000,000}{500,000,000}$

〈주6〉 기타필요경비 : 300,000,000 × 50,000,000/500,000,000 × 3%(개산공제) = 900,000

〈주7〉 보유기간이 약 5년6개월이므로 장기보유특별공제 10% 공제를 받을 수 있다.

〈주8〉 수증자가 인수한 채무인수액

〈주9〉 직계존비속간의 부담부증여시 채무액이 객관적으로 확인되면 일반적인 부담부증여의 경우와 동일하게 (증여재산가액 - 채무인수액)에 대해 증여세 과세

〈주10〉 2,100,000 = 70,000,000 × 3% (신고세액공제율)

(3) 배우자 또는 직계존비속으로부터 증여받은 자산에 대한 이월과세

배우자 또는 직계존비속간 증여를 이용하여 양도소득세를 회피하는 것을 규제하기 위하여 배우자 또는 직계존비속으로부터 증여받은 자산에 대한 이월과세규정을 두고 있다. 이는 배우자 증여공제액이 10년간 6억이나 인정되고 있는 점 등을 악용하여 먼저 배우자 등에게 증여한 후 단기간 내에 이를 제3자에게 양도함으로써 양도소득세 회피를 가져올 수 있기 때문에 이를 방지하기 위한 제도이다.

① 이월과세요건

거주자가 양도일부터 소급하여 10년7)(2022.12.31. 이전에 증여받은 자산을 2023.1.1. 이후 양도하는 경우에는 5년, 주식의 경우 1년) 이내에 배우자(양도 당시 혼인관계 소멸된 경우를 포함함) 또는 직계존비속으로부터 증여받은 토지·건물·부동산을 취득할 수 있는 권리·특정시설물이용권·주식등을 양도한 경우에 이월과세한다. 단, 수증자가 이월과세 적용으로 1세대 1주택 비과세를 적용받는 경우에는 제외하는데, 이것은 증여자가 별도 세대원인 직계존비속(무주택자)에게 주택을 증여하는 방법으로 양도세부담을 회피하는 경우를 방지하기 위한 것이다.

② 이월과세방법

이월과세하는 경우에는 증여한 배우자 또는 직계존비속의 취득 당시 가액과 수증자의 자본적 지출액, 양도비, 증여자가 지출한 자본적 지출액을 필요경비로 본다. 또한 증여받은 자산에 대하여 과세된 증여세 상당액 역시 양도자산의 필요경비로 본다.

그리고 증여받은 자산 중 일부만 양도한 경우에는 다음과 같이 계산한 금액을 양도한 자산에 대한 필요경비로 본다. 다만, 필요경비에 산입되는 증여세 산출세액은 양도차익을 한도로 한다.

$$\text{양도자산에 대한 증여세} = \text{증여세 산출세액} \times \frac{\text{양도자산에 대한 증여세 과세가액}}{\text{증여세 과세가액}}$$

③ 이월과세 적용배제

다음의 경우에는 조세회피 목적의 양도로 보기 어려우므로 이월과세 적용을 배제한다.
- 사업인정고시일부터 소급하여 2년 이전에 증여받은 경우로서 「공익사업을 위한 토지 등의 취득 및 보상에 관한 법률」이나 그 밖의 법률에 따라 협의매수 또는 수용된 경우
- 양도 당시 사망으로 배우자관계가 소멸된 경우
- 이월과세를 적용하여 계산한 양도소득 결정세액이 이월과세를 적용하지 아니하고 계산한 양도소득 결정세액보다 적은 경우

---

7) 등기부상의 소유기간에 의하여 판단한다.

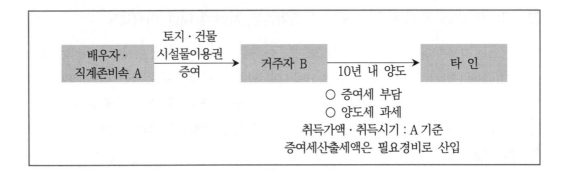

🍎 예제 10. 배우자증여에 따른 양도소득세

다음 자료에 의하여 상황별로 이삼순氏가 토지를 양도할 경우의 양도소득 산출세액을 계산하면 얼마인가? 다만, 실지거래가액에 의하며, 증여에 대해서는 정상적으로 신고납부하였다고 가정한다.

⑴ 이요리氏는 2017년 5월 3일에 제주도에 있는 토지를 4억원에 취득하였다.
⑵ 이요리氏는 2021년 6월 7일에 이 토지를 배우자인 이삼순氏에게 증여하였고
  ※ 증여당시 토지의 증여가액 : 8억원
  ※ 이삼순氏의 증여세 부담액 : 29,100,000원
⑶ 이삼순氏는 이 토지를 4년간 보유하다가 2025년 6월 30일에 특수관계가 없는 권동양氏에게 10억원에 양도하였으며, 양도비용은 발생하지 않았다.

〈 CASE 1 〉 양도당시 이삼순氏는 이요리氏와 이혼하여 배우자 관계가 소멸된 경우
〈 CASE 2 〉 양도당시 이삼순氏의 배우자 이요리氏가 사망하여 배우자관계가 소멸된 경우

┃풀이┃

구 분	〈 CASE 1 〉	〈 CASE 2 〉
양 도 가 액	1,000,000,000	1,000,000,000
취 득 가 액	400,000,000[주1]	800,000,000[주4]
기 타 필 요 경 비	29,100,000[주2]	0
양 도 차 익	570,900,000	200,000,000
장 기 보 유 특 별 공 제	91,344,000[주3]	16,000,000[주5]
양 도 소 득 금 액	479,556,000	184,000,000
양 도 소 득 기 본 공 제	2,500,000	2,500,000
과 세 표 준	477,056,000	181,500,000
세 율	40%	38%
양 도 소 득 세 산 출 세 액	164,882,400	49,030,000
지 방 소 득 세	16,488,240	4,903,000
총 납 부 할 세 액	181,370,640	53,933,000

^{주1} 이월과세하는 경우에는 증여한 배우자의 취득당시 가액을 필요경비로 본다.

^{주2} 증여받은 자산에 대하여 과세된 증여세 상당액은 양도자산의 필요경비로 본다.

증여세 과세표준 : 8억원 - 6억원 = 2억원

증여세 산출세액 : 1천만원 + 1억원 × 20% = 3천만원

증여세 납부세액 : 3천만원 - 신고세액공제 3천만원 × 3% = 29,100,000원

^{주3} 이월과세가 적용되므로 보유기간이 약 8년 1개월(증여자 취득시기~양도시기)이므로 장기보유특별공제 16% 공제를 받을 수 있다.

^{주4} 양도당시 배우자의 사망으로 배우자관계가 소멸된 경우에는 이월과세 적용을 배제하므로 증여당시(2021년 6월 7일) 토지의 증여가액 8억원이 취득가액이 된다.

^{주5} 이월과세가 적용되지 않으므로 보유기간이 약 4년 1개월(수증자 취득시기~양도시기)이므로 장기보유특별공제 8% 공제를 받을 수 있다.

(4) 우회양도에 대한 부당행위계산의 부인

① 부당행위계산

납세지 관할세무서장 또는 지방국세청장은 양도소득이 있는 거주자의 행위 또는 계산이 그 거주자와 특수관계인과의 거래로 인하여 해당 소득에 대한 조세의 부담을 부당하게 감소시킨 것으로 인정되는 때에는 그 거주자의 행위 또는 계산에 관계없이 해당연도의 소득금액을 계산할 수 있다.

② 특수관계인에게 증여한 후 양도하는 경우

양도소득세를 부당히 감소시키기 위하여 특수관계인(양도소득세 이월과세제도가 적용되는 배우자 및 직계존비속의 경우는 제외)에게 자산을 증여한 후 그 자산을 증여받은 자가 10년(2022.12.31. 이전에 증여받은 자산을 2023.1.1. 이후에 양도하는 경우에는 5년) 이내에 다시 이를 타인에게 양도한 경우에는 증여받은 자의 증여세와 양도소득세를 합한 세액이 증여자가 직접 양도하는 경우로 보아 계산한 양도소득세보다 적은 경우에는 증여자가 그 자산을 직접 양도한 것으로 본다. 다만, 양도소득이 해당 수증자에게 실질적으로 귀속된 경우에는 그러하지 아니한다.

③ 양도소득세를 부당하게 감소시키는 행위의 종류

다음 중 어느 하나에 해당하는 때를 말하며, 시가와 거래가액의 차액이 3억원 이상이거나 시가의 5%에 상당하는 금액 이상인 경우에 한한다.

ⓐ 특수관계인으로부터 시가보다 높은 가액으로 자산을 매입하거나(고가매입) 시가보다 낮은 가액으로 자산을 양도(저가매도)한 경우

ⓑ 특수관계인에게 금전, 기타자산 및 용역을 무상 또는 낮은 이율 등으로 대부하거나 제공한 경우 다만, 직계존비속에게 주택을 무상으로 사용하게 하고 직계존비속이 해당 주택에 실제 거주하는 경우는 제외한다.

ⓒ 특수관계인에게 금전, 기타자산 및 용역을 높은 이율 등으로 차용하거나 제공받은 경우

㉣ 특수관계인으로부터 무수익자산을 매입하여 그 자산에 대한 비용을 부담하는 경우
㉤ 기타 특수관계인과의 거래로 인하여 해당연도의 총수입금액 또는 필요경비의 계산에 있어서 조세의 부담을 부당하게 감소시킨 것으로 인정되는 경우

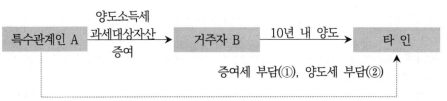

※ [①+②] < ③인 경우 A가 직접 양도한 것으로 보아 양도세 과세
양도가액 : B의 양도시 가액
취득가액 : A의 취득시 가액
증여세 : 부과하지 않음(이미 부과된 경우 부과를 취소하고 환급함)

┃참고┃ 배우자 이월과세와 부당행위계산 부인 비교표

구 분	배우자 이월과세	부당행위계산 부인
납세의무자	증여받은 배우자 등	해당 재산의 증여자
증여세납부액	필요경비 산입(취·등록세 불포함)	납부한 증여세 환급함
양도차익 계산	취득가액은 증여자의 실지취득가액 또는 증여자의 취득시기 기준시가	증여자가 취득한 때를 기준으로 하여 취득가액 및 필요경비 산입
적용대상 자산	토지·건물 및 부동산을 취득할 수 있는 권리, 특정 시설물 이용권, 주식등	양도소득세 과세대상 자산 전부
적용기간	증여 후 10년 이내에 양도	증여 후 10년 이내에 양도
조세회피목적	무관하게 적용하되, 17. 7. 1. 이후 양도분부터는 '이월과세규정을 적용하여 계산한 결정액'이 '적용하지 않고 계산한 결정세액'이상인 경우에만 적용함	부당한 감소가 있는 경우에만 적용(시가의 5% 이상 또는 3억원 이상의 차이가 발생하는 경우)
취득시기	증여한 배우자 또는 직계존비속이 해당 자산을 취득한 날	당초 증여자의 취득시기
장기보유특별공제 및 세율적용시 보유기간	증여한 배우자의 취득일부터 적용	좌동
양도원인의 한계	타인에게 양도한 원인의 종류와 무관	타인에게 양도한 원인의 종류와 무관
연대납세의무	없음	있음
신고납부불성실가산세 (납세의무자 착오시)	적용	적용

(5) 배우자·직계존비속에게 양도한 특수한 경우(증여추정)

배우자·직계존비속에게 양도한 재산은 양도자가 해당 재산을 양도한 때에 매매대금의 수수여부에 불구하고 그 재산의 가액을 증여한 것으로 보고 증여세를 과세한다. 그러나 다음의 경우에는 양도로 보고 양도소득세가 과세된다.

① 법원의 결정으로 경매절차에 의해 처분된 경우

② 파산선고로 인하여 처분된 경우

③ 국세징수법에 의해 공매된 경우

④ 증권거래소를 통하여 유가증권이 처분된 경우

⑤ 대가를 지급하고 양도된 사실이 명백히 인정되는 경우로서

　　㉠ 권리의 이전이나 행사에 등기나 등록을 요하는 재산을 서로 교환하는 경우 단, 교환가액이 같지 않을 경우 그 차액에 대해 증여세를 과세한다.

　　㉡ 해당 재산의 취득을 위해 받았거나 신고한 소득금액 또는 상속·수증재산의 가액으로 그 대가를 지급한 사실이 입증되는 경우

　　㉢ 해당 재산의 취득을 위해 소유재산의 처분금액으로 그 대가를 지급한 사실이 입증되는 경우

(6) 가업상속공제재산에 대한 이월과세

상속인이 가업상속공제를 적용받은 재산을 양도하는 경우 상속인이 보유하는 기간 중의 자본이득에 대해서는 과세되지 않는 문제가 발생한다. 따라서 2014년 1월 1일 이후 양도하는 가업상속공제를 받은 자산에 대해서는 이월과세를 적용하여 피상속인의 취득가액을 기준으로 양도차익을 계산하여 자본이득에 대해서도 과세한다.

① **취득가액**

상속증여세법에 따른 가업상속공제를 적용받은 자산의 양도차익을 계산하는 경우 다음의 금액의 합을 취득가액으로 한다.

　　㉠ 피상속인의 취득가액 × 가업상속공제적용률

　　㉡ 상속개시일 현재 해당 자산가액 × (1 − 가업상속공제적용률)

　　　기업상속공제적용률은 다음과 같이 계산한다.

$$가업상속공제적용률 = \frac{가업상속공제액}{가업상속재산가액}$$

② **취득시기**

상속개시일이 아닌 피상속인이 자산을 취득한 날로 본다.

1. 토지·건물의 기준시가

기준시가란 양도소득세를 과세하기 위하여 정부가 정한 가액(개별공시지가)을 말하며, 일반적으로 기준시가는 실지거래가액보다 낮게 고시되는 것이 보통이다.

기준시가가 인상되면 조세부담이 오르게 될 뿐만 아니라 지방세 시가표준액의 인상 요인이 될 수 있다. 또한 기준시가는 지방세법상 재산세 과세의 기준이 되며, 취득세 등을 과세하는 경우에도 보충적으로 사용된다.

(1) 토 지

개별공시지가의 적용이 원칙이며, 지가가 급등하는 지역으로서 지정지역의 경우에는 배율방법에 의하여 평가한 가액으로 한다. 다만, 개별공시지가가 없는 토지의 가액은 납세지 관할세무서장이 인근 유사토지의 개별공시지가를 참작하여 평가한 금액으로 한다.

① 개별공시지가

토지의 가액을 정하기 위하여 시장·군수·구청장이 매년 1월 1일 기준으로 관할구역 내에 소재한 토지의 필지별 가격을 평가·고시한 것을 말한다. 개별공시지가의 산정기준일은 매년 1월 1일이지만, 공시지가를 조사하는데 소요되는 기간이 약 5개월 정도이므로 실제로 고시되는 것은 5월 31일 경이다. 따라서 새로운 기준시가가 고시되기 전에 취득·양도하는 경우에는 직전의 기준시가에 의해 양도소득세가 계산되므로 양도소득세의 부담을 줄일 수 있다.

② 1990년 8월 30일 이전 취득한 토지

개별공시지가는 1990년부터 도입되었으므로 최초 개별공시지가의 고시일(1990.8.30.) 이전에 취득한 토지의 취득 당시 개별공시지가는 없다. 따라서 1990.8.30. 이전에 취득한 토지에 대하여는 다음과 같이 지방세 시가표준액으로 환산한 금액을 취득 당시 개별공시지가로 한다.

$$\text{1990.1.1. 기준 개별공시지가} \times \frac{\text{취득 당시의 시가표준액}}{\left\{\dfrac{\text{1990.8.30. 현재 시가표준액} + \text{직전에 결정된 시가표준액}}{2}\right\}}$$

③ 국세청장이 정한 배율방법

지가가 급등하거나 급등할 우려가 있는 지역을 국세청장이 지정지역으로 지정하고 배율을 고시한다. 지정지역의 배율이 고시된 후에 양도하는 토지는 개별공시지가에 배율을 곱한 금액을 기준시가로 적용하므로 양도소득세 부담이 급격히 증가하게 된다. 그 결과, 부동산 투기를 억제할 수 있는 효과를 얻게 된다.

🍎 예제 11. 1990년 8월 30일 이전 취득한 토지의 양도소득세

다음은 거주자 신미래氏의 토지(등기된 자산이며, 사업용으로 사용함)를 200,000,000원에 양도하였다. 다음 자료를 활용하여 토지 양도에 따른 양도소득세를 계산하라.

구 분	일 자	시가표준액	개별공시지가
양 도 가 액	2025. 6. 8.	140,000,000	200,000,000
취 득 가 액	1988. 9. 13.	30,000,000	-
최 초 고 시	1990. 8. 30.	42,000,000	60,000,000

註) 최초 고시 직전에 결정된 시가표준액은 38,000,000원이다.

┃풀이┃

구 분	금 액	근거
양도가액	200,000,000	
취 득 가 액	45,000,000	$= 60,000,000 \times \dfrac{30,000,000}{\left\{\dfrac{42,000,000 + 38,000,000}{2}\right\}}$ 1990. 8. 30 이전 취득한 토지에 대해서는 취득시점에 개별공시지가가 공시되지 않았기 때문에 다음의 산식에 의해 취득시점의 개별공시지가를 환산한다.
기 타 필 요 경 비	1,350,000	= 45,000,000 × 3%
양 도 차 익	153,650,000	
장기보유특별공제	46,095,000	30% (15년 이상 보유)
양 도 소 득 금 액	107,555,000	
양도소득기본공제	2,500,000	
과 세 표 준	105,055,000	
세 율	35%	
양 도 소 득 세 산 출 세 액	21,329,250	= 15,360,000 + (105,055,000 - 88,000,000) × 35%
지 방 소 득 세	2,132,925	= 21,329,250 × 10%
총 납 부 할 세 액	23,462,175	

(2) 일반건물

① 원 칙

건물의 신축가격·구조·용도·위치·신축연도 등을 참작하여 매년 1회 이상 국세청장이 산정·고시하는 가액으로 한다. 일반건물 기준시가는 매년 12월 말에 고시하여 익년 1월 1일 이후 양도분부터 적용하도록 되어 있다.

② 기준시가가 고시되기 전에 취득한 건물

기준시가가 고시되기 전에 취득한 건물의 취득당시의 기준시가는 다음과 같은 산식에 의하여 계산한 가액으로 한다.

국세청장이 해당 자산에 대하여 최초로 고시한 기준시가	×	해당 건물의 취득연도·신축연도·구조·내용연수 등을 감안하여 국세청장이 고시한 기준율

(3) 국세청장 지정지역 내의 오피스텔 및 상업용건물

① 원 칙

건물에 부수되는 토지를 공유로 하고 건물을 구분소유하는 것으로서 건물의 용도·면적 및 구분소유하는 건물의 수(數) 등을 감안하여 국세청장이 지정하는 지역 안에 있는 오피스텔 및 상업용건물(부수토지 포함)에 대하여는 건물의 종류·규모·거래상황·위치 등을 참작하여 매년 1회 이상 국세청장이 토지와 건물에 대하여 일괄하여 산정·고시하는 가액으로 한다.

② 기준시가가 고시되기 전에 취득한 공동주택·오피스텔 및 상업용건물

기준시가가 고시되기 전에 취득한 공동주택·오피스텔 및 상업용건물의 취득당시의 기준시가는 다음과 같은 산식에 의하여 계산한 가액으로 한다. 이 경우 해당 자산에 대하여 국세청장이 최초로 고시한 기준시가 고시당시 또는 취득당시의 일반건물의 기준시가가 없는 경우에는 위 '(2)의 ②'의 식을 준용하여 계산한 가액에 의한다.

$$\text{국세청장이 해당 자산에 대하여 최초로 고시한 기준시가} \times \frac{\text{취득당시의 토지와 일반건물의 기준시가의 합계액}}{\substack{\text{해당 자산에 대하여 국세청장이 최초로 고시한 기준시가} \\ \text{고시당시의 토지와 일반건물의 기준시가의 합계액}}}$$

(4) 주 택

① 원 칙

「부동산 가격공시 및 감정평가에 관한 법률」에 의한 개별주택가격 및 공동주택가격으로 한다. 다만, 공동주택가격의 경우에는 국세청장이 결정·고시한 공동주택가격이 있는 때에는 그 가격에 의한다.

② 개별(공동)주택가격이 공시되기 전에 취득한 주택

개별주택가격 및 공동주택가격(부수토지 포함)이 공시되기 전에 취득한 주택의 취득당시의 기준시가는 다음 산식에 의하여 계산한 가액으로 한다. 이 경우 해당 주택에 대하여 최초로 공시한 주택가격 공시당시 또는 취득당시의 가액이 없는 경우에는 위 '(2)의 ②'의 식을 준용하여 계산한 가액에 의한다.

$$\text{국토해양부장관이 해당 주택에 대하여 최초로 고시한 주택가격} \times \frac{\text{취득당시의 토지와 일반건물의 기준시가의 합계액}}{\text{건설교통부장관이 최초로 고시한 기준시가} + \text{고시당시의 토지와 일반건물의 기준시가의 합계액}}$$

구 분		기 준 시 가
토지	지정지역인 경우	개별공시지가 × 배율
	지정지역 이외 경우	개별공시지가
일반건물		국세청장이 고시한 가격
지정지역내의 오피스텔 및 상업용건물		국세청장이 고시한 가격
주 택		개별주택가격 및 공동주택가격

【 토지·건물의 기준시가 】

2. 부동산에 관한 권리의 기준시가

토지·건물 등을 제외한 부동산에 관한 권리의 기준시가는 다음과 같이 산정한다.

(1) 부동산을 취득할 수 있는 권리

양도자산의 종류·규모·거래상황 등을 감안하여 대통령령이 정하는 방법에 의해 평가한 가액으로 한다. 여기서 대통령령이 정하는 방법에 의해 평가한 가액이란 취득일 또는 양도일까지 불입한 금액과 취득일 또는 양도일 현재의 프리미엄에 상당하는 금액을 합한 금액을 말한다.

(2) 지상권 · 전세권 · 등기된 부동산임차권

권리의 잔존기간 · 성질 · 내용 · 거래상황 등을 감안하여 대통령령이 정하는 방법에 의해 평가한 가액으로 한다. 여기서 대통령령이 정하는 방법에 의해 평가한 가액이란 상속세및증여세법 시행령 제51조 제1항[8])의 규정을 준용하여 평가한 가액을 말한다.

3. 주식의 평가

(1) 주권상장주식 · 코스닥상장주식

주권상장주식과 코스닥상장주식의 기준시가는 양도일 또는 취득일 이전 1개월간 공표된 매일 한국증권선물거래소 최종시세가액의 평균액으로 한다. 다만, 합병으로 인한 이익을 계산할 때 합병으로 소멸하거나 흡수되는 법인 또는 신설되거나 존속하는 법인이 보유한 상장주식의 시가는 평가기준일 현재의 최종 시세가액으로 한다.

(2) 비상장주식

비상장주식의 기준시가는 상속세 및 증여세법의 규정을 준용하여 평가하도록 한다.
원칙적인 평가방법은 아래와 같다.

① **원칙적 평가방법**
  Max (㉠, ㉡)
  ㉠ 일반법인 : (1주당 순손익가치 × 3 + 1주당 순자산가치 × 2)÷5
    [부동산과다보유법인[9]) : (1주당 순손익가치 × 2 + 1주당 순자산가치 × 3)÷5]
  ㉡ 1주당 순자산가치 × 80%
② 1주당 손익가치 : 양도일 · 취득일이 속하는 사업연도의 1주당 최근 3년간 순손익액의 가중평균액을 손익환원율로 나누어 계산한 금액을 한다.

$$\frac{1주당}{순손익가치} = \frac{1주당\ 최근\ 3년간의\ 순손익액의\ 가중평균액}{순손익환원률\ (기획재정부령이\ 정하는\ 이자율\ 10\%)}$$

③ 1주당 순자산가치 : 양도일 · 취득일이 속하는 사업연도의 직접사업연도 종료일 현재 해당 법인의 장부가액(토지를 포함한 부동산의 경우 기준시가가 장부금액보다 큰 경우에는 기준

---

8) 지상권의 가액은 지상권이 설정되어 있는 토지의 가액에 기획재정부령이 정하는 율을 곱하여 계산한 금액을 해당 지상권의 잔존연수를 감안하여 기획재정부령이 정하는 방법에 의하여 환산한 가액에 의한다.
9) 해당 법인의 자산총액 중 부동산 등의 합계액이 차지하는 비율이 50% 이상인 법인

시가를 적용)을 기준으로 한 순자산가액을 발행주식총수로 나누어 계산한 금액으로 한다.

$$1주당\ 가액\ =\ \frac{해당\ 법인의\ 순자산가액}{발행주식총수}$$

1. 양도소득의 비과세

다음에서 발생하는 양도소득에 대해서는 양도소득세를 과세하지 아니한다.

① 파산선고(破産宣告, bankruptcy announcement)[10]에 의한 처분으로 발생하는 소득

② 대통령령으로 정하는 경우에 해당하는 농지(農地, farmland)의 교환 또는 분합으로 인하여 발생하는 소득

③ 다음에 해당하는 주택(고가주택은 제외)과 이에 딸린 토지[11](주택부수토지)의 양도로 발생하는 소득

　가. 1세대 1주택을 보유하는 경우로서 일정 요건[12]을 충족하는 주택

　나. 1세대가 1주택을 양도하기 전에 다른 주택을 대체취득하거나 상속, 동거봉양, 혼인 등으로 인하여 2주택 이상을 보유하는 경우 주택

④ 조합원입주권을 1개 보유한 1세대[「도시 및 주거환경정비법」에 따른 관리처분계획의 인가일 및 「빈집 및 소규모주택 정비에 관한 특례법」에 따른 사업시행계획인가일(인가일 전에 기존주택이 철거되는 때에는 기존주택의 철거일) 현재 기존주택을 소유하는 세대]가 다음의 어느 하나의 요건을 충족하여 양도하는 경우 해당 조합원입주권을 양도하여 발생하는

---

10) 채무자의 경제적 파탄으로 채무를 더 이상 변제할 수 없는 상태에 이르러 그 채무자의 총재산을 모든 채권자에게 공평하게 변제할 것을 목적으로 하는 재판상의 절차를 말한다.

11) 1. 「국토의 계획 및 이용에 관한 법률」에 따른 도시지역 내의 토지
　　가. 수도권 내의 토지 중 주거지역·상업지역 및 공업지역 내의 토지 : 3배
　　나. 수도권 내의 토지 중 녹지지역 내의 토지 : 5배
　　다. 수도권 밖의 토지 : 5배
　　2. 그 밖의 토지 : 10배

12) 해당 주택의 보유기간이 2년(비거주자가 해당 주택을 3년 이상 계속 보유하고 그 주택에서 거주한 상태로 거주자로 전환된 경우 해당 거주자의 주택은 3년) 이상(조정대상지역 내 주택은 보유기간 2년(비거주자가 해당 주택을 3년 이상 계속 보유하고 그 주택에서 거주한 상태로 거주자로 전환된 경우 해당 거주자의 주택은 3년) 이상이고 그 보유기간 중 거주기간이 2년 이상)일 것

소득. 다만, 해당 조합원입주권의 가액이 조합원입주권의 양도 당시 실지거래가액이 12억 원을 초과하는 경우에는 양도소득세를 과세한다.

    ㉠ 양도일 현재 다른 주택 또는 분양권을 보유하지 아니할 것

    ㉡ 양도일 현재 1조합원입주권 외에 주택을 보유한 경우(분양권을 보유하지 아니한 경우로 한정)로서 해당 1주택을 취득한 날부터 3년 이내에 해당 조합원입주권을 양도할 것(3년 이내에 양도하지 못하는 경우로서 대통령령으로 정하는 사유에 해당하는 경우를 포함한다)

⑤ 「지적재조사에 관한 특별법」에 따른 경계의 확정으로 지적공부상의 면적이 감소되어 지급받는 조정금

2. 1세대 1주택과 부수되는 토지의 양도로부터 발생하는 소득

(1) 1세대

1세대란 거주자 및 그 배우자가 그들과 동일한 주소 또는 거소에서 생계를 같이하는 가족과 함께 구성하는 집단을 말하며, 거주자에게 반드시 배우자가 있어야 1세대로 본다. 다만, 다음의 경우에는 예외적으로 배우자가 없어도 1세대로 본다.

① 해당 거주자의 연령이 30세 이상인 경우

② 배우자가 사망하거나 이혼한 경우

③ 종합소득·퇴직소득 또는 양도소득이 국민기초생활 보장법의 규정에 따른 기준 중위소득의 40% 이상으로서 소유하고 있는 주택 또는 토지를 관리·유지하면서 독립된 생계를 유지할 수 있는 경우. 다만, 미성년자의 경우를 제외하되, 미성년자의 결혼, 가족의 사망 그 밖에 기획재정부령이 정하는 사유로 1세대의 구성이 불가피한 경우에는 그러하지 아니한다.

(2) 1주택과 부수토지

1) 주택의 개념

1주택이란 상시(常時) 주거목적의 건물을 말하며, 주택정착면적의 5배(도시지역 밖의 토지는 10배) 이내의 부수토지는 주택으로 본다. 그러나 기준면적을 초과하는 부수토지는 나대지(裸垈地)[13]로 보아 양도소득세가 과세된다. 또한 주택의 기준면적 이내의 부수토지를 주거용에 사용하지 않고, 세차장·주차장 등의 영업용으로 사용하거나 임대하는 경우에는 주택의 부수토지로 보지 아니하고 양도소득세를 과세한다. 그러나 건축물관리대장상 2개 주택으로 되어 있는 다세대주택을 매입하여 거주하는 경우 동일 세대가 하나의 주거공간으로 실질적으로 사용하는 경우에는 1주택으로 본다.

---

13) 현재 어떤 용도로도 사용하고 있지 않은 토지를 말한다.

2) 겸용주택

1세대 1주택 비과세 규정을 적용함에 있어서 하나의 건물이 주택과 주택외의 부분으로 복합되어 있는 경우와 주택에 부수되는 토지에 주택외의 건물이 있는 경우에는 그 전부를 주택으로 본다. 다만, 주택의 면적이 주택외의 면적보다 적거나 같을 때에는 주택외의 부분은 주택으로 보지 아니한다.

① 주택면적이 기타 면적 보다 큰 경우 주택의 부수토지는 다음 중 적은 것으로 한다.
　　㉠ 토지 전체의 면적
　　㉡ 한도액은 주택정착면적의 5배(도시지역 밖은 10배)
② 주택면적이 기타 면적 보다 작거나 같은 경우 주택의 부수토지는 다음 중 적은 것으로 한다.
　　㉠ 토지면적×(주택건물연면적 ÷ 건물전체연면적)
　　㉡ 한도액은 주택정착면적의 5배(도시지역 밖은 10배)

구 분	건 물	주택부수토지
주택면적 〉기타면적	전체가 주택	도시지역 안 주택정착면적의 5배 한도
		도시지역 밖 주택정착면적의 10배 한도
주택면적 ≤ 기타면적	주택만 주택	건물면적으로 안분계산 주택부수토지는 주택정착면적의 5배(10배) 한도

【 겸용건물의 주택판정기준 】

● 예제 12. 겸용건물의 과세범위

최동양氏는 다음과 같은 건물(도시지역 내에 소재함)을 취득한 후 2년 이상 보유하여 1세대 1주택의 요건을 갖춘 후 그 건물을 양도하였을 경우 양도소득세의 과세범위는 얼마인가?

토지		건물	
대지면적	건물연면적	주거용 건물면적	상업용 건물면적
900㎡	600㎡	200㎡	400㎡

ㅣ풀이ㅣ

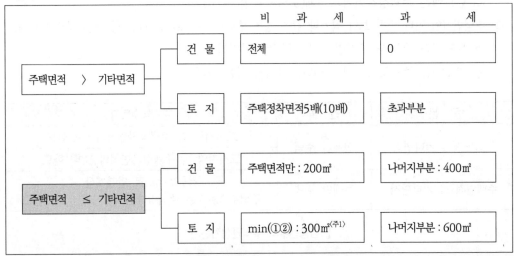

<주1> ① 비과세 부분 = 토지면적 × $\dfrac{주택부분\ 연면적}{건물전체\ 연면적}$ = 900㎡ × $\dfrac{200㎡}{600㎡}$ = 300㎡

② 정착면적 5배 한도 : 200 ㎡ × 5 = 1,000㎡

■ 양도소득세 과세범위 : 상업용 건물면적 : 400㎡ 및 부수토지 600㎡

(3) 1세대 1주택

고가주택을 제외한 주택으로서 1세대가 양도일 현재 국내에 1주택을 소유하고 그 주택에서 취득일 이후 2년 이상이어야 한다. 단 취득 당시에 조정대상지역에 있는 주택의 경우에는 해당 주택의 보유기간 2년 이상이고 그 보유기간 중 거주기간이 2년 이상이어야 한다. 이 경우 주택과 그 주택에 부수되는 토지로서 도시지역 안의 경우에는 건물이 정착된 면적의 5배(3배), 도시지역 밖의 경우에는 10배 이내의 토지의 양도로 인하여 발생하는 소득에 대하여는 양도소득세가 비과세된다.

1세대 1주택으로서 양도소득세가 비과세되기 위하여 일정요건14)을 모두 충족하여야 한다.

---

14) 1세대 1주택으로서 양도소득세가 비과세되기 위한 요건

그리고 공부(公簿)상 점포를 개조(改造)하여 실제로 주거용으로 사용하는 경우에는 주택으로 본다. 그러나 공부상 주택인 1세대 1주택을 주거용이 아닌 영업용 건물(점포, 사무소 등)로 사용하다가 양도하거나, 사용인의 기거(起居)를 위하여 공장에 부수된 건물을 합숙소로 사용하고 있는 경우의 해당 합숙소 및 관광용 숙박시설인 콘도미니엄, 별장 및 주말농장 등은 주택으로 보지 아니한다.

(4) 보유기간과 거주기간

보유기간을 계산함에 있어서 해당 자산의 취득일로부터 양도일까지로 하고, 거주기간은 주민등록표상의 전입일부터 전출일까지의 기간에 의해 계산한다. 다만, 주민등록표상의 거주기간과 실제 거주기간이 다른 경우에는 거주자가 제출하는 객관적인 증빙자료에 의해 확인되는 실제 거주기간에 의해 계산한다. 그리고 거주하거나 보유하는 기간 중에 소실(燒失)·도괴(倒壞)·노후(老朽) 등으로 인하여 멸실되어 재건축한 주택의 경우에는 그 멸실된 주택과 재건축한 주택에 대한 기간을 통산한다.

한편, 상속·증여주택에 있어서 동일 세대원인 증여자와 수증자의 거주기간 및 보유기간은 통산하며, 취득시점은 다음과 같이 계산한다.

① 상속받은 주택 : 상속개시일부터 계산 단, 동일세대원으로부터 상속받은 주택인 경우에는 상속개시 전에 상속인과 피상속인이 동일세대로 보유한 기간을 합산한다.

② 증여받은 주택 : 증여등기접수일부터 계산

또한, 부득이한 사유로 지방으로 퇴거하여 임차주택에 거주하다가 종전 주택으로 재전입한 경우에는 임차주택에서 거주한 기간을 합산한다. 또한 비거주자가 해당 주택을 3년 이상 보유하고 그 주택에서 거주한 상태에서 거주자로 전환된 경우에는 해당 주택에 대한 거주기간 및 보유기간도 통산한다.

㉮ 1세대가 국내에 1주택을 소유할 것 (조정지역에 해당하는 경우 보유기간이 2년 이상이고 보유기간 중 2년 이상 거주)

㉯ 미등기 양도자산 및 고가주택이 아닐 것

㉰ 주택에 부수되는 토지로서 도시지역 안의 경우에는 건물이 정착된 면적의 5배, 도시지역 밖의 경우에는 10배를 넘지 않는 토지일 것

㉱ 주택 양도 당시 조합원입주권(또는 분양권)을 보유한 자가 양도하는 주택이 아닐 것
(단, 시행령 제156조의 2 제3항 내지 제11항에서 규정한 부득이한 사유로 조합원입주권을 보유한 경우는 제외)

3. 1세대 1주택의 특례

(1) 일시적으로 2주택이 된 경우

국내에 1주택을 소유한 1세대가 그 주택(이하 "종전의 주택"이라 한다)을 양도하기 전에 다른 주택(이하 "신규 주택"이라 한다)을 취득(자기가 건설하여 취득한 경우를 포함)함으로써 일시적으로 2주택이 된 경우 종전의 주택을 취득한 날부터 1년 이상이 지난 후 신규 주택을 취득하고 그 신규 주택을 취득한 날부터 **3년 이내**[15])에 종전의 주택을 양도하는 경우에는 이를 1세대1주택으로 보아 1세대1주택 비과세규정을 적용한다.

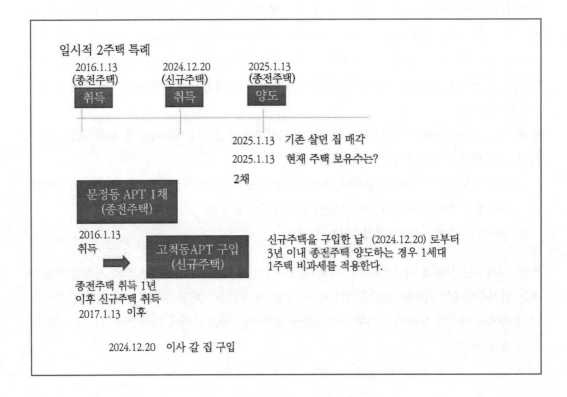

---

15) 수도권에 1주택을 소유한 1세대가 수도권 소재한 법인 또는 공공기관이 수도권 밖의 지역으로 이전하는 경우로서 법인의 임원과 사용인 및 공공기관의 종사자가 구성하는 1세대가 취득하는 다른 주택이 해당 공공기관 또는 법인이 이전한 시(특별자치시·광역시 및 제주특별자치도 설치 및 국제자유도시 조성을 위한 특별법에 따라 설치된 행정시 포함)·군 또는 이와 연접한 시·군의 지역에 소재하는 경우에는 신규주택을 취득한 날부터 5년 이내에 종전 주택을 양도하는 경우 1세대 1주택으로 본다. 이 경우 해당 1세대에 대해서는 종전의 주택을 취득한 날부터 1년 이상이 지난 후 다른 주택을 취득하는 요건을 적용하지 아니한다.

구 분

1세대가 양도일 현재 국내에 1주택을 보유하고 있는 경우로서 아래 ①부터 ③까지의 어느 하나에 해당하는 경우에는 보유기간 및 거주기간에 제한을 받지 않으며 ④에 해당하는 경우에는 거주기간의 제한을 받지 않는다.
① 민간건설임대주택 또는 공공건설임대주택을 취득하여 양도하는 경우로서 건설임대주택의 임차일부터 해당 주택의 양도일까지의 기간 중 세대전원이 거주한 기간이 5년 이상인 경우
② 다음 중 어느 하나에 해당하는 경우, 이 경우 ⓐ의 있어서는 그 양도일 또는 수용일부터 5년 이내에 양도하는 경우
  ⓐ 사업인정 고시일 전에 취득한 주택 및 그 부수토지의 전부 또는 일부가 협의매수 및 수용되는 경우
  ⓑ 해외이주로 세대전원이 출국하는 경우(다만 출국일 현재 1주택을 보유하고 있는 경우로서 출국일부터 2년 이내에 양도하는 경우에 한함)
  ⓒ 1년 이상 계속하여 국외거주를 필요로 하는 취학 또는 근무상의 형편으로 세대전원이 출국하는 경우(다만, 출국일 현재 1주택을 보유하고 있는 경우로서 출국일부터 2년 이내에 양도하는 경우에 한함)
③ 학교 취학(유치원,초·중학교 제외), 근무상 형편(직장변경·전근 등), 1년 이상 질병치료·요양, 학교폭력으로 인하여 전학으로 인하여 세대 전원이 다른 시·군으로 주거를 이전하기 위해 1년 이상 거주한 주택을 양도하는 경우
④ 거주자가 조정대상지역의 공고가 있은 날 이전에 매매계약을 체결하고 계약금을 지급한 사실이 증빙서류에 의하여 확인되는 경우로서 해당 거주자가 속한 1세대가 계약금 지급일 현재 주택을 보유하지 아니하는 경우

【 보유기간 및 거주기간의 제한을 받지 않는 주택 】

(2) 상속받은 주택에 대한 특례

상속받은 주택(조합원입주권 또는 분양권을 상속받아 취득한 신축주택 포함)과 그 밖의 주택(상속개시 당시 보유한 주택 또는 상속개시 당시 보유한 조합원 입주권(분양권 포함)에 의하여 사업시행 완료 후 취득한 신축주택만 해당하며, 상속개시일부터 소급하여 2년 이내에 피상속인으로부터 증여받은 주택 또는 증여받은 조합원입주권이나 분양권에 의하여 취득한 신규주택은 제외한다. 이하 "일반주택"이라 한다)을 국내에 각각 1개씩 소유하고 있는 1세대가 일반주택을 양도하는 경우에는 국내에 1개의 주택을 소유하고 있는 것으로 보아 비과세 규정을 적용한다.16)

---

16) 상속인과 피상속인이 상속개시일 당시 1세대인 경우에는 1주택을 보유하고 1세대를 구성하는 자가 직계존속을 동거 봉양하기 위하여 세대를 합침에 따라 2주택을 보유하게 되는 경우로서 합침에 따라 2주택을 보유하게 되는 경우로서 합치기 이전부터 보유하고 있는 주택만을 상속받은 주택으로 본다. 다만, 피상속인이 2주택 이상을 소유한 경우의 비과세되는 1주택의 결정은 다음과 같은 순서로 한다.
  ① 피상속인의 소유기간이 가장 긴 주택
  ② 소유기간이 같을 경우 피상속인의 거주기간이 가장 긴 주택
  ③ 소유 및 거주기간이 같을 경우 피상속인이 상속개시 당시 거주한 1주택
  ④ 피상속인이 거주한 사실이 없는 경우 기준시가가 가장 높은 주택

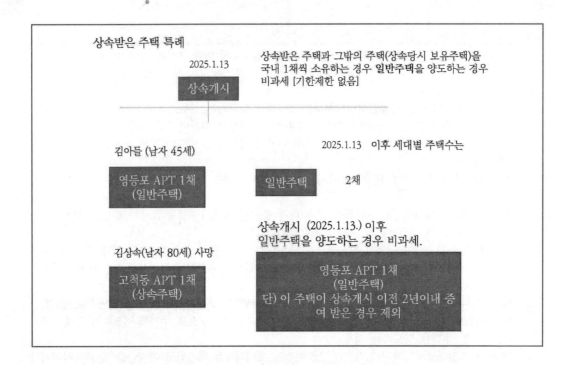

상속받은 주택 특례

2025.1.13
상속개시

상속받은 주택과 그밖의 주택(상속당시 보유주택)을
국내 1채씩 소유하는 경우 **일반주택**을 양도하는 경우
비과세 [기한제한 없음]

김아들 (남자 45세)

영등포 APT 1채
(일반주택)

2025.1.13 이후 세대별 주택수는

일반주택   2채

상속개시 (2025.1.13.) 이후
일반주택을 양도하는 경우 비과세.

김상속(남자 80세) 사망

고척동 APT 1채
(상속주택)

영등포 APT 1채
(일반주택)
단) 이 주택이 상속개시 이전 2년이내 증
여 받은 경우 제외

(3) 세대를 합쳐서 2주택이 된 경우의 특례

1세대 1주택에 해당하는 자가 1세대 1주택에 해당하는 60세 이상의 직계존속을 동거봉양하기
위하여 세대를 합침으로서 1세대 2주택을 보유하게 되는 경우는 세대를 합친 날로부터 10년 이
내에 먼저 양도하는 주택은 1세대 1주택의 양도로 보아 양도소득세를 비과세한다.

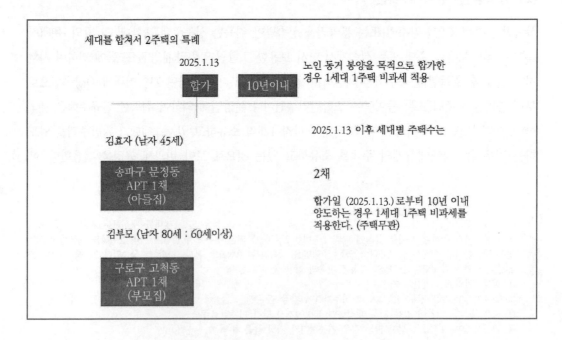

세대를 합쳐서 2주택의 특례

2025.1.13
합가   10년이내

노인 동거 봉양을 목적으로 합가한
경우 1세대 1주택 비과세 적용

김효자 (남자 45세)

송파구 문정동
APT 1채
(아들집)

2025.1.13 이후 세대별 주택수는

2채

합가일 (2025.1.13.) 로부터 10년 이내
양도하는 경우 1세대 1주택 비과세를
적용한다. (주택무관)

김부모 (남자 80세 : 60세이상)

구로구 고척동
APT 1채
(부모집)

(4) 혼인으로 인한 1세대 2주택

1주택을 보유하는 자와 1주택을 보유하는 자가 혼인함으로써 1세대 2주택을 보유하게 되는 경우 또는 1주택을 보유하고 있는 60세 이상 직계존속을 동거봉양하는 무주택자가 1주택을 보유하는 자와 혼인함으로써 1세대가 2주택을 보유하게 되는 경우 각각 혼인한 날로부터 10년 이내에 먼저 양도하는 주택은 1세대 1주택의 양도로 보아 양도소득세를 비과세한다.

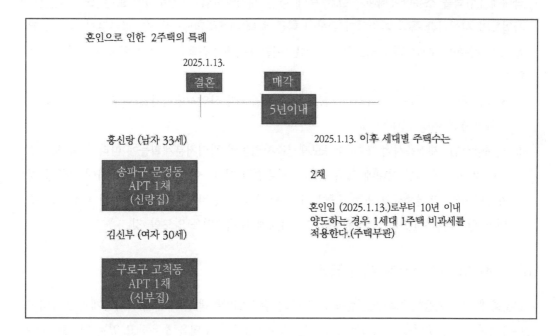

(5) 조합원입주권에 대한 특례

국내에 1주택을 소유한 1세대가 그 주택(종전주택)을 양도하기 전에 조합원입주권을 취득함으로써 일시적으로 1주택과 1조합원입주권을 소유하게 된 경우 종전의 주택을 취득한 날부터 1년 이상이 지난 후에 조합원입주권을 취득하고 그 조합원입주권을 취득한 날부터 3년 이내에 종전의 주택을 양도하는 경우에는 이를 1세대 1주택으로 보아 비과세 규정을 적용한다. 국내에 1주택을 소유한 1세대가 그 주택(종전주택)을 양도하기 전에 조합원입주권을 취득함으로써 일시적으로 1주택과 1조합원입주권을 소유하게 된 경우 종전주택을 취득한 날부터 1년이 지난 후에 조합원입주권을 취득하고 그 조합원입주권을 취득한 날부터 3년이 지나 종전주택을 양도하는 경우로서 다음 요건을 모두 갖춘 때에는 이를 1세대 1주택으로 보아 비과세 규정을 적용한다.

① 재개발사업, 재건축사업 또는 소규모재건축사업등의 관리처분계획등에 따라 취득하는 주택
　이 완성된 후 3년 이내에 그 주택으로 세대전원이 이사하여 1년 이상 계속하여 거주할 것
② 재개발사업, 재건축사업 또는 소규모재건축사업등의 관리처분계획등에 따라 취득하는 주
　택이 완성되기 전 또는 완성된 후 3년 이내에 종전의 주택을 양도할 것

국내에 1주택을 소유한 1세대가 그 주택에 대한 재개발사업, 재건축사업 또는 소규모재건축
사업등의 시행기간 동안 거주하기 위하여 다른 주택(대체주택)을 취득한 경우로서 다음 요건
을 모두 갖추어 대체주택을 양도하는 때에는 이를 1세대 1주택으로 보아 비과세 규정을 적용
한다.
① 재개발사업, 재건축사업 또는 소규모재건축사업등의 사업시행인가일 이후 대체주택을 취
　득하여 1년 이상 거주할 것
② 재개발사업, 재건축사업 또는 소규모재건축사업등의 관리처분계획등에 따라 취득하는 주
　택이 완성된 후 3년 이내에 그 주택으로 세대전원 이사하여 1년 이상 계속하여 거주할 것
③ 재개발사업, 재건축사업 또는 소규모재건축사업등의 관리처분계획등에 따라 취득하는 주
　택이 완성되기 전 또는 완성된 후 3년 이내에 대체주택을 양도할 것

(6) 지정문화재인 주택에 대한 특례

지정문화재 및 국가등록문화재인 주택과 그 밖의 주택(일반주택)을 국내에 각각 1개씩 소유하고
있는 1세대가 일반주택을 양도하는 경우에는 국내에 1개의 주택을 소유하고 있는 것으로 보아
비과세한다.

(7) 농어촌 1가구 2주택에 대한 특례

상속주택 · 이농주택 · 귀농주택으로서 수도권 밖의 지역 중 읍지역(도시지역 안의 지역을 제
외) 또는 면지역에 소재하는 주택과 그 외의 주택(일반 주택)을 국내에 각각 하나씩 소유하고
있는 1세대가 일반 주택을 양도하는 경우에는 국내에 한 주택을 소유하고 있는 것으로 보아
1세대 1주택으로 비과세 규정을 적용한다. 현재 세법에서 규정하고 있는 농어촌주택에 대한
1세대 1주택 비과세 요건은 다음과 같다. 다만, 귀농주택에 대해서는 그 주택을 취득한 날부
터 5년 이내에 일반주택을 양도하는 경우에 한정하여 적용한다.

구 분	상속주택·이농주택	귀농주택(귀농 이전 취득 포함)
소재지역	서울, 인천을 포함한 경기 일원을 제외한 읍(도시지역 밖), 면 지역	
규 모	제한 없음	고가주택을 제외한 대지면적이 660㎡ 이내
거주요건	피상속인 및 이농인(어민 포함)이 5년 이상 거주	본적지(연고지) 소재 주택을 1,000㎡ 이상의 농지와 함께 취득(어민은 수산업법상 면허 취득)
비과세방법	일반주택은 현행 1세대 1주택 비과세요건 충족시 비과세(2년 보유)	세대 전원이 이사할 경우 최초 양도하는 1주택에 한해 비과세
사후관리	-	귀농하여 3년 이상 영농 및 영어에 종사

【 상속주택·이농주택·귀농주택의 비과세 요건 】

(8) 다가구주택[17]의 양도에 대한 특례

다가구주택을 가구별로 분양하지 아니하고 해당 다가구주택을 하나의 매매단위로 하여 양도하는 경우에는 이를 단독주택으로 본다.

(9) 임대주택사업자의 거주주택

장기임대주택 또는 장기어린이집과 그 밖의 1주택을 국내에 소유하고 있는 1세대가 ①과 ② 또는 ①과 ③요건을 충족하고 해당 1주택(거주주택)을 양도하는 경우(장기임대주택을 보유한 경우에는 생애 한 차례만 거주주택을 최초로 양도하는 경우에 한정함)

① 거주주택 : 보유기간 중 거주기간이 2년 이상일 것

② 장기임대주택 : 양도일 현재 소득세법에 따른 사업자등록을 하고 장기임대주택을 민간임대주택으로 등록하여 임대하고 있으며, 임대보증금 및 임대료의 연 증가액이 5%를 초과하지 않을 것

③ 장기어린이집 : 양도일 현재 고유번호를 부여받고, 장기어린이집을 운영하고 있을 것

4. 양도소득세액의 감면

다음에서 발생하는 양도소득에 대해서는 양도소득세를 감면한다.

① 8년 이상 자기가 경작한 농지의 양도로 인하여 발생하는 소득

② 농지의 대토로 인하여 발생하는 소득

---

17) 다가구주택에 대하여 한 가구가 독립적으로 거주할 수 있도록 구획된 부분을 각각 하나의 주택으로 본다.

③ 특정기간에 신축한 장기임대주택의 양도로 인하여 발생하는 소득
④ 특정기간 신축분양주택 취득 후 일정조건을 구비한 후 양도함으로써 발생하는 소득

(1) 자경농지(축사농지 포함)에 대한 감면

농지소재지에 거주하는 자[18]가 양도할 때까지 8년 이상 직접 경작한 토지 중 대통령령이 정하는 토지의 양도로 인하여 발생하는 소득에 대하여는 양도소득세의 100%를 세액감면한다. 다만, 8년 자경요건을 갖춘 비거주자가 출국 후 2년을 경과한 경우에는 8년 자경농지에 대한 양도소득세 감면특례를 배제하므로 2년 이내에 8년 자경농지를 양도하여야 감면을 받을 수 있다.

그리고 해당 토지가 국토의 계획 및 이용에 관한 법률에 의한 주거지역·상업지역 및 공업지역에 편입되거나 도시개발법, 그 밖의 법률에 의하여 환지처분 전에 농지 외의 토지로 환지예정지 지정을 받은 경우에는 주거지역 등에 편입되거나 환지예정지 지정을 받은 날까지 발생한 소득으로서 다음 산식에 의하여 계산한 소득에 한하여 양도소득세의 100%를 세액감면한다. 이 경우에 감면세액은 2억원(5년간 3억원)의 한도 내에서 감면한다.

$$\text{양도소득금액} \times \frac{\text{주거지역 등에 편입되거나 환지}}{\text{양도당시의 기준시가} - \text{취득당시의 기준시가}}$$

자경기간은 취득할 때부터 양도할 때까지의 사이에 8년 이상 경작한 사실이 있으면 되는 것으로 양도일 현재에 자경하고 있어야 하는 것은 아니다. 그러나 양도일 현재 자경은 하고 있지 않더라도 농지에는 해당되어야 한다. 다만, 양도일 이전에 매매계약조건에 따라 매수자가 형질변경, 건축착공 등을 한 경우에는 매매계약일 현재를 기준으로 농지 여부를 판단한다.

한편, 8년 이상 자경농지의 양도에 있어서 자경기간은 다음과 같이 계산한다.

① 일반적인 경우
농지를 취득한 때부터 양도할 때까지의 실제 보유기간 중의 경작기간으로 계산한다. 다만, 근로소득(총급여)·사업소득(농업·축산업·임업 제외)이 3,700만원 이상인 경우 해당 연도는 자경하지 않은 것으로 간주한다.

---

18) "농지소재지에 거주하는 자"라 함은 8년 이상 다음 중 하나에 해당하는 지역(경작개시 당시에는 해당 지역에 해당하였으나 행정구역개편 등으로 이에 해당하지 아니하게 된 지역을 포함)에 거주하면서 경작한 자로서 농지 양도일 현재 거주자인 자(비거주자가 된 날부터 2년 이내인 자를 포함)를 말한다.
　① 농지가 소재하는 시·군·구(자치구인 구를 말함) 안의 지역
　② 위 ①의 지역과 연접한 시·군·구 안의 지역
　③ 해당 농지로부터 직선거리 30킬로미터 이내의 지역

② 특수한 경우
　㉠ 상속받은 농지

　　피상속인이 취득하여 농지소재지에 거주하면서 경작한 기간(피상속인이 배우자로부터 상속받아 경작한 사실이 있는 경우에는 피상속인의 배우자가 취득하여 경작한 기간)도 상속인이 농지소재지에 거주하면서 상속받은 농지를 1년 이상 계속하여 경작하는 경우 경작한 기간으로 보고 합산하여 계산한다. 그러나 상속인이 상속받은 농지를 1년 이상 계속하여 경작한 사실이 없는 경우 상속일로부터 3년 내 양도하는 경우에만 피상속인의 경작기간을 통산하여 계산할 수 있다. 다만, 상속 후 3년 내 공익사업용으로 지정된 경우에는 양도기한 제한 없이 피상속인의 경작기간을 통산하여 계산할 수 있다.

　㉡ 증여받은 농지

　　증여받은 날 이후 수증자가 경작한 기간만을 계산한다.

　㉢ 환지된 농지

　　농지를 취득하여 경작하던 중 토지구획정리사업법 또는 기타 법률에 의한 환지처분으로 환지된 토지가 농지인 경우에는 환지 전 자경기간도 합산하여 계산한다.

　㉣ 교환된 농지

　　교환으로 인하여 취득한 농지는 교환일 이후 경작한 기간만을 계산한다.

또한 농지유동화 촉진 및 농업구조 개선을 위하여 경영이양보조금(65~70세 고령인 은퇴 농업인에 대해서는 75세까지 지급함)의 지급대상이 되는 농지를 한국농어 촌공사 및 영농조합법인 등에게 양도한 경우에는 3년 이상 자경한 경우 감면 받을 수 있다.

(2) 농지대토[19]에 대한 양도소득세 감면

1) 내 용

농지소재지에 거주하는 자가 직접 경작[20]한 토지를 경작상의 필요에 의하여 농지를 대토하는 경우 해당 소득에 대하여는 양도소득세의 100%를 세액감면한다. 다만, 농지대토에 대한 감면은 자경농지에 대한 감면액과 합산하여 5년간 1억원 한도 내에서 감면한다.

2) 적용대상자

농지소재지에 거주하는 자로서 4년 이상 다음 중 어느 하나에 해당하는 지역에 거주하면서 경작한 자이어야 한다. 단, 근로소득(총급여)·사업소득(농업·축산업·임업 제외)이 3,700만원 이상

---

19) 농지의 대토란 자경농민이 경작상 필요에 의해 자기소유의 종전 농지를 처분하고 그 대신 다른 농지를 취득하는 것을 말한다.

20) 직접 경작이라 함은 거주자가 그 소유농지에서 농작물의 경작 또는 다년성 식물의 재배에 상시 종사하거나 농작업의 2분의 1 이상을 자기의 노동력에 의하여 경작 또는 재배하는 것을 말한다.

인 경우에는 해당 연도는 자경하지 않는 것으로 간주한다.

① 농지가 소재하는 시(제주특별자치도 설치 및 국제자유도시 조성을 위한 특별법에 따라 설치된 행정시를 포함)·군·구 안의 지역

② ①의 지역과 인접한 시·군·구 안의 지역

③ 해당 농지로부터 직선거리 30킬로미터 이내의 지역

3) 대토의 범위

대토란 다음의 요건을 모두 갖춘 것을 말한다.

① 4년 이상 종전의 농지소재지에 거주하면서 경작한 자가 종전의 농지의 양도일부터 1년 이내에 다른 농지를 취득하여 8년 이상(종전의 농지소재지에서 거주하면서 경작한 기간과 합산함) 새로운 농지소재지에 거주하면서 경작한 경우 또는 새로운 농지의 취득일부터 1년 이내에 종전의 농지를 양도하고 새로이 취득한 농지를 8년 이상(종전의 농지소재지에서 거주하면서 경작한 기간과 합산함) 새로운 농지소재지에 거주하면서 경작한 경우

② 새로 취득하는 농지의 면적이 양도하는 농지의 50% 이상과 그 가액이 양도하는 농지의 가액이 1/3 이상인 경우

4) 농지대토 사후관리

위반사유[21)가 발생하면 종전 농지 양도시 양도세 납부기한의 다음날부터 추징되는 양도세 납부일까지의 기간에 1일 1만분의 3에 해당하는 이자상당액을 가산한다.

(3) 공익사업용 토지 등에 대한 양도소득세의 감면

① 다음의 어느 하나에 해당하는 소득으로서 해당 토지 등이 속한 사업지역에 대한 사업인정고시일(사업인정고시일전에 양도하는 경우에는 양도일)부터 소급하여 2년 이전에 취득한 토지 등을 2026년 12월 31일 이전에 양도함으로써 발생하는 소득에 대하여는 양도소득세의 10%(토지 등의 양도대금을 대통령령이 정하는 채권으로 지급받는 분에 대하여는 15%로 하되, 공공주택 특별법 등 대통령령으로 정하는 법률에 따라 협의매수 또는 수용됨으로써 발생하는 소득으로서 대통령령으로 정하는 방법에 따라 해당 채권을 3년 이상의 만기까지 보유하기로 특약을 체결하는 경우에는 30%(만기가 5년 이상인 경우에는 40%)에 상당하는 세액을 감면한다.

---

21) 농지대토 사후관리 위반사유
　① 종전 농지 양도후 1년 이내 새로운 농지 미취득시
　② 새로 취득하는 농지의 면적 또는 가액기준 미충족시
　③ 종전 농지와 새로운 농지에서 재촌·자경한 기간을 합산한 기간이 8년 미만인 경우
　④ 새로운 농지 취득 후 1년 이내 또는 종전 농지 양도일부터 1년이내 경작개시하지 않은 경우

⊙ 공익사업을 위한 토지 등의 취득 및 보상에 관한 법률이 적용되는 공익사업에 필요한 토지 등을 해당 공익사업의 시행자에게 양도함으로써 발생하는 소득

    ⓒ 도시 및 주거환경정비법에 의한 정비구역(정비기반시설을 수반하지 아니하는 정비구역을 제외한다)안의 토지 등을 동법에 의한 사업시행자에게 양도함으로써 발생하는 소득

    ⓒ 공익사업을 위한 토지 등의 취득 및 보상에 관한 법률이나 그 밖의 법률에 따른 토지 등의 수용으로 인하여 발생하는 소득

② 거주자가 ①의 ⊙에 따른 공익사업의 시행자 및 ①의 ⓒ에 따른 사업시행자로 지정되기 전의 사업자에게 2년 이상 보유한 토지 등(①의 ⊙의 공익사업에 필요한 토지 등 또는 ①의 ⓒ에 따른 정비구역의 토지 등을 말한다)을 2015년 12월 31일 이전에 양도하고 해당 토지 등을 양도한 날이 속하는 과세기간의 과세표준 신고(예정신고를 포함한다)를 법정신고기한까지 한 경우로서 지정 전 사업자가 그 토지 등의 양도일부터 5년 이내에 사업시행자로 지정받은 경우에는 대통령령으로 정하는 바에 따라 ①에 따른 양도소득세 감면을 받을 수 있다. 이 경우 감면할 양도소득세의 계산은 감면율 등이 변경되더라도 양도 당시 법률에 따른다.

③ 다음에 해당하는 경우 해당 사업시행자는 ① 또는 ②에 따라 감면된 세액에 상당하는 금액을 그 사유가 발생한 과세연도의 과세표준을 신고할 때 소득세 또는 법인세로 납부하여야 한다.

    ⊙ 공공사업의 시행자가 사업시행의 인가 등을 받은 날부터 3년 이내에 해당 공익사업에 착수하지 아니하는 경우

    ⓒ 정비구역의 사업시행자가 대통령령이 정하는 기한 내에 도시 및 주거환경정비법에 의한 사업시행인가를 받지 아니하거나 그 사업을 완료하지 아니하는 경우

④ ①에 따라 해당 채권을 만기까지 보유하기로 특약을 체결하고 양도소득세의 30%(만기가 5년 이상인 경우에는 40%)에 상당하는 세액을 감면받은 자가 그 특약을 위반하게 된 때에는 즉시 감면받은 세액 중 양도소득세의 15%(만기가 5년 이상인 경우에는 25%)에 상당하는 금액을 징수한다.

⑤ 상속받거나 양도소득세 이월과세가 적용되는 증여받은 토지 등은 피상속인 또는 증여자가 해당 토지 등을 취득한 날을 해당 토지 등의 취득일로 본다.

⑥ 공익사업용 토지 등에 대한 양도소득세 감면 한도

    ⊙ 만기보유 채권 보상 : 1년간 2억원, 5년간 3억원

    ⓒ 현금 및 일반채권 보상 : 1년간 1억원, 5년간 2억원

(4) 대토보상에 대한 양도소득세 과세특례

① 거주자가 공익사업을위한토지등의취득및보상에관한법률에 따른 공익사업의 시행으로 해당 사업지역에 대한 사업인정고시일(사업인정고시일 전에 양도하는 경우에는 양도일)부터 소급하여 2년 이전에 취득한 토지 등을 2026년 12월 31일 이전에 해당 공익사업의 시행자에게 양도함으로써 발생하는 양도차익으로서 토지 등의 양도대금을 해당 공익사업의 시행으로 조성한 토지로 보상(이하 이 조에서 "대토보상"이라 한다)받는 분에 대하여는 40%에 상당하는 세액을 감면받거나 양도소득세의 과세를 이연받을 수 있다.

② 해당 공익사업의 시행자는 거주자가 양도소득세의 세액을 감면받거나 해당 과세를 이연받으려는 경우 대토보상을 받은 자에 대한 대토보상 명세를 다음 달 말일까지 국세청에 통보하여야 한다.

③ ①에 따라 양도소득세를 감면받거나 과세이연 받은 거주자는 다음의 어느 하나에 해당하는 경우 과세이연 받은 세액 및 이자상당가산액을 양도소득세로 납부하여야 한다.

  ㉠ 대토보상받기로 한 보상금을 현금으로 받는 경우 등 대통령령으로 정하는 사유가 발생하는 경우
  ㉡ 대토보상으로 취득하는 토지에 관한 소유권이전등기의 등기원인이 대토보상으로 기재되지 아니하는 경우

(5) 장기일반민간임대주택등에 대한 양도소득세의 과세특례

거주자가 2027년 12월 31일까지 민간임대주택에 관한 특별법에 따른 민간건설임대주택으로서 공공지원민간임대주택 또는 장기일반민간임대주택을 등록(2020년 7월 11일 이후 장기일반민간임대주택으로 등록 신청한 경우로서 아파트를 임대하는 민간매입임대주택이나 민간임대주택에 관한 특별법에 따른 단기민간임대주택을 2020년 7월 11일 이후 공공지원민간임대주택 또는 장기일반민간임대주택으로 변경신고한 주택은 제외)하여 일정 요건을 모두 갖춘 경우 그 주택을 양도하는 경우에 임대기간 중 발생하는 소득에 대해서는 장기보유 특별공제액을 계산할 때 70% 공제율을 적용한다.

5. 양도소득세 비과세의 배제

미등기양도자산과 허위계약서를 작성한 경우(토지 등 부동산을 대상으로 하며, 거래가액을 사실과 다르게 기재한 경우로 한정함)에 대하여는 양도소득세 비과세 규정을 적용하지 아니한다. 따라서 허위계약서를 작성한 경우에는 계약서상의 거래가액과 실지거래가액의 차액을 비과세·감면대상 세액에서 차감한다.

제8절 | 양도소득세의 신고 및 납부

1. 양도소득과세표준 예정신고

(1) 양도소득과세표준 예정신고

토지·건물 등 양도소득세 과세대상 자산(국외주식등 및 파생상품등의 거래 또는 행위로 발생하는 소득은 제외)을 양도한 거주자는 양도소득과세표준을 그 양도일(허가일)이 속하는 달의 말일부터 2월 이내에 납세지 관할세무서장에게 신고하여야 하는데 이를 예정신고라 한다. 다만, 국토의계획및이용에관한법률의 규정에 의한 거래계약허가구역 안에 있는 토지를 양도함에 있어서 토지거래계약허가를 받기 전에 대금을 청산한 경우에는 그 허가일이 속하는 달의 말일부터 2월로 한다. 한편, 주식 및 출자지분은 양도일이 속하는 반기의 말일부터 2월 이내에 신고하여야 한다.[22] 또한 부담부증여의 채무액에 해당하는 부분으로서 양도로 보는 경우에는 그 양도일이 속하는 달의 말일부터 3개월 이내에 신고해야 한다.

양도소득과세표준의 예정신고는 양도차익이 없거나 양도차손이 발생한 때에도 적용한다. 그리고 양도소득과세표준예정신고를 하고자 하는 자는 양도소득과세표준예정신고 및 자진납부계산서에 다음의 서류를 첨부하여 납세지 관할세무서장에게 제출하여야 한다.

모든 부동산을 양도하는 경우	상장 및 코스닥상장주식, 기타자산
㉠ 환지예정지증명원·잠정등급확인원 및 관리처분내용을 확인할 수 있는 서류	㉠ 해당 자산의 매도 및 매입에 관한 계약서사본
㉡ 해당 자산의 매도 및 매입에 관한 계약서 사본. 이 경우 계약서사본에는 양수자의 인감증명에 사용하는 인장을 날인하여야 한다.	㉡ 양도비등 명세서
㉢ 자본적 지출액 및 양도비등 명세서	㉢ 법인의 대주주 등에 해당하는 경우에는 주식거래내역서
㉣ 감가상각비명세서	㉣ 대주주 등 신고서

【 양도소득과세표준예정신고시 첨부서류 】

---

22) 가령, 양도소득세 과세대상이 되는 토지·건물 등을 1월 달에 양도한 경우에는 3월말까지 신고하여야 하고, 7월 달에 양도한 경우에는 9월말까지 신고하여야 한다. 그러나 양도소득세 과세대상이 되는 주식을 1월부터 3월까지 양도한 경우에는 반기의 말일부터 2개월 이내인 8월말까지 신고하여야 한다.

(2) 예정신고자진납부

거주자가 예정신고를 하는 때에 납부할 세액은 그 양도차익에서 장기보유특별공제·양도소득기본공제를 한 금액에 세율을 적용하여 산출한 세액에서 조세특례제한법 기타 법률에 의하여 감면되는 세액을 차감한 금액이다.

(3) 2회 이상 자산양도시의 예정신고

자산의 양도시마다 이행하여야 하며, 이 경우 누진세율의 적용대상 자산에 대한 예정신고를 2회 이상 하는 경우로서 거주자가 이미 신고한 양도소득금액과 합산하여 신고하고자 하는 경우에는 다음 식에 의하여 계산한 금액을 2회 이후 신고하는 예정신고산출세액으로 한다.

$$\text{예정신고} \atop \text{산출세액} = \left({\text{이미 신고한} \atop \text{양도소득금액}} + {\text{2회 이후} \atop \text{신고하는} \atop \text{양도소득금액}} - {\text{양도소득} \atop \text{기본공제액}} \right) \times {\text{양도소득} \atop \text{세율}} - {\text{이미 신고한} \atop \text{예정신고} \atop \text{산출세액}}$$

2. 양도소득금액의 구분계산

(1) 양도소득금액의 구분계산

양도소득금액은 다음의 소득별로 구분하여 계산한다. 이 경우 소득금액을 계산함에 있어서 발생하는 결손금은 이를 다른 소득금액과 통산하지 아니한다. 즉, 양도소득금액을 계산함에 있어서 양도차손(讓渡差損)이 발생한 자산이 있는 경우에는 ①과 ②의 자산별로 해당 자산 외의 다른 자산에서 발생한 양도소득금액에서 그 양도차손을 공제한다.
  ① 토지, 건물, 부동산에 관한 권리 및 기타자산 등의 양도에 의한 소득
  ② 주식, 출자지분 등의 양도에 의한 소득
  ③ 파생상품등의 거래 또는 행위로 발생하는 소득
  ④ 신탁의 이익을 받을 권리의 양도에 의한 소득

(2) 양도차손의 통산(通算)

양도차손은 다음 자산의 양도소득금액에서 순차로 공제한다.
  ① 양도차손이 발생한 자산과 같은 세율을 적용받는 자산의 양도소득금액
  ② 양도차손이 발생한 자산과 다른 세율을 적용받는 자산의 양도소득금액. 이 경우 다른 세율을 적용받는 자산의 양도소득금액이 2 이상인 경우에는 각 세율별 양도소득금액의 합계액

에서 해당 양도소득금액이 차지하는 비율로 안분하여 공제한다.

그리고 양도소득세액의 감면소득금액을 계산함에 있어서 양도소득금액에 감면소득금액이 포함되어 있는 경우에는 순양도소득금액(감면소득금액을 제외한 부분을 말한다)과 감면소득금액이 차지하는 비율로 안분하여 해당 양도차손을 공제한 것으로 보아 감면소득금액에서 해당 양도차손 해당분을 공제한 금액을 양도소득세액의 감면소득금액으로 본다.

(3) 양도차손의 통산 예시

1과세기간에 여러 필지의 토지 등을 양도함으로서 양도자산별로 양도차익과 양도차손이 각각 발생한 경우에는 그 양도자산을 미등기양도자산과 그 외 양도자산으로 먼저 구분하고 그 외의 양도자산 중에서 보유기간별로 구분하여 각각 양도차익과 양도차손을 가감하여 계산한다.

그 후에도 특정 자산에서 양도차손이 있는 경우에는 그 양도차손을 다른 양도소득금액 합계액에서 각 양도소득금액이 차지하는 비율에 따른 양도차손을 안분하여 이를 해당 양도소득금액에서 공제하는 것이다.

구 분	① 양도차익	② 양도차손	① - ② 가감후 양도차익	과세표준
2년 이상 보유자산	100		100	100 - (200×100/400) = 50
2년 미만 보유자산	200	△400	△200	0
미 등 기 양도자산	300		300	300 - (200×300/400) = 150
합 계	600	△400	△200 400	200

【 양도차손의 통산 예시 】

예제 13. 양도차손의 통산

거주자인 서서강氏는 2025년에 토지 등 보유자산을 다음과 모두 같이 처분하였다. 다음 자료를 이용하여 서서강氏의 양도소득세 산출세액을 계산하라.

(1) 처분자산의 내역

구 분	토지(A)	토지(B)	토지(C)	비상장주식	상장주식
양도차익	30,000,000원	△40,000,000원	70,000,000원	△5,000,000원	10,000,000원
보유기간	5년3개월	2년6개월	6년2개월	4년3개월	6개월
등기여부	등기자산	등기자산	미등기자산	-	-

(2) 처분자산 중 비상장주식은 중소기업의 주식이며, 상장주식은 서서강氏가 해당 주권상장법인(중소기업이 아님)의 주식 5%를 해당 과세기간 중 취득하여 그 중 일부를 양도한 것이다.

| 풀이 |

(1) 양도소득 과세표준

구 분	토지(A)	토지(B)	토지(C)	비상장주식	상장주식
적 용 세 율	누진세율	누진세율	70%	10%	30%
양 도 차 익	30,000,000원	△40,000,000원	70,000,000원	△5,000,000원	10,000,000원
장기보유특별공제(10%)	△3,000,000원	-	-	-	-
양 도 소 득 금 액	27,000,000원	△40,000,000원	70,000,000원	△5,000,000원	10,000,000원
1 차 통 산	△27,000,000원	27,000,000원	-		
통산후 양도소득금액	0원	△13,000,000원	70,000,000원	△5,000,000원	10,000,000원
2 차 통 산		13,000,000원	△13,000,000원	△5,000,000원	5,000,000원
통산후 양도소득금액		0원	57,000,000원	0원	5,000,000원
양 도 소 득 기 본 공 제	-	-	-	-	2,500,000원
양 도 소 득 과 세 표 준			57,000,000원		2,500,000원

(2) 양도소득 산출세액

양도소득금액은 다음의 2그룹으로 구분하여 계산하도록 되어 있다. 따라서 양도소득 과세표준도 2그룹으로 나누어 계산하여야 한다. 누진세율이 적용되는 자산은 과세표준을 합산하여 세율을 적용하여야 한다. 한편, 미등기자산인 경우에는 장기보유특별공제와 양도소득 기본공제를 배제한다.

- 부동산 · 부동산에 관한 권리 및 기타자산
- 특정상장주식 · 비상장주식
- ① 토지에 대한 산출세액 : 57,000,000 × 70% = 39,900,000원
- ② 상장주식에 대한 산출세액 : 2,500,000원 × 30% = 750,000원
- ③ 양도소득 산출세액 합계액 : 40,650,000원

3. 토지 등 매매차익 예정신고(부동산매매업자)

(1) 예정신고 대상자

부동산매매업자는 토지 또는 건물의 매매차익과 그 세액을 매매일이 속하는 달의 말일부터 2월이 되는 날까지 납세지 관할 세무서장에서 신고하여야 한다.

(2) 토지 등 매매차익 예정신고세액 계산

토지, 건물 등의 매매차익에 대한 예정신고세액계산은 양도소득과세표준 예정신고 규정을 준용하여 다음과 같이 계산한다.

토지 등 매매차익 = 매매가액 – 필요경비 – 장기보유특별공제
산 출 세 액 = 토지 등 매매차익 × 양도소득세율
결 정 세 액 = 산출세액 – 감면세액

4. 양도소득과세표준 확정신고

(1) 양도소득과세표준 확정신고

해당연도의 양도소득금액이 있는 거주자는 그 양도소득과세표준을 해당연도의 다음 연도 5월 1일부터 5월 31일까지(국토의계획및이용에관한법률의 규정에 의한 거래계약허가구역 안에 있는 토지를 양도함에 있어서 토지의 허가일이 속하는 연도의 다음 연도 5월 1일부터 5월 31일까지) 납세지관할세무서장에게 신고하여야 한다. 이는 해당연도의 과세표준이 없거나 결손금액이 있는 때에도 적용한다. 그리고 예정신고를 한 자는 해당 소득에 대한 확정신고를 하지 아니할 수도 있다. 다만, 해당연도에 누진세율의 적용대상 자산에 대한 예정신고를 2회 이상 하는 경우에는 그러하지 아니한다.

(2) 확정신고자진납부

거주자는 해당연도의 과세표준에 대한 양도소득산출세액에서 감면세액과 세액공제액을 확정신고기한까지 납세지관할세무서·한국은행 또는 체신관서에 양도소득세과세표준확정신고및자진납부계산서를 첨부하여 납부하여야 한다. 그리고 확정신고자진납부에 있어서 예정신고산출세액, 결정·경정한 세액 또는 수시부과세액이 있는 때에는 이를 공제하여 납부한다.

5. 양도소득세의 분납

거주자로서 예정신고납부시와 확정신고납부시 납부할 세액이 각각 1천만원을 초과하는 자는 다음의 납부세액을 납부기한 경과 후 2개월 이내에 분납할 수 있다. 따라서 납부할 세액의 일부를 분납하고자 하는 자는 예정신고기한 또는 확정신고기한까지 양도소득과세표준확정(예정)신고및 자진납부계산서에 분납할 세액을 기재하여 납세지 관할세무서장에게 신청하여야 한다.

① 납부할 세액이 2천만원 이하인 때에는 1천만원을 초과하는 금액
② 납부할 세액이 2천만원을 초과하는 때에는 그 세액의 50% 이하인 금액

6. 양도소득과세표준에 대한 결정 · 경정 및 통지

납세지 관할세무서장 또는 지방국세청장은 양도소득세과세표준예정신고를 하여야 할 자 또는 확정신고를 하여야 할 자가 그 신고를 하지 아니한 때에는 해당 거주자의 양도소득과세표준과 세액을 결정한다.

납세지 관할세무서장 또는 지방국세청장은 예정신고를 한 자 또는 확정신고를 한 자의 신고내용에 탈루 또는 오류가 있는 경우에는 양도소득과세표준과 세액을 경정한다. 또한 납세지 관할세무서장 또는 지방국세청장은 양도소득과세표준과 세액의 결정 · 경정한 후 그 결정 또는 경정에 탈루 또는 오류가 있는 것이 발견된 때에는 즉시 이를 다시 경정한다.

납세지 관할세무서장 또는 지방국세청장은 양도소득과세표준과 세액을 결정 또는 경정하는 경우에는 양도가액 및 양도소득의 필요경비계산의 규정에 의한 가액에 의하여야 한다. 다만, 양도소득과세표준예정신고 또는 확정신고를 한 경우로서 해당 신고가액이 사실과 달라 납세지 관할세무서장 또는 지방국세청장이 실지거래가액을 확인한 때에는 그 확인된 가액을 양도가액 또는 취득가액으로 하여 양도소득과세표준과 세액을 경정한다.

양도소득과세표준에 대한 결정 · 경정함에 있어서 양도가액 또는 취득가액을 실지거래가액에 의하는 경우로서 장부 기타 증빙서류에 의하여 해당 자산의 양도당시 또는 취득당시의 실지거래가액을 인정 또는 확인할 수 없는 경우에는 양도가액 또는 취득가액을 매매사례가액, 감정가액, 환산가액 또는 기준시가 등에 의하여 추계 조사하여 결정 또는 경정할 수 있다.

납세지 관할세무서장 또는 지방국세청장은 거주자의 양도소득과세표준과 세액을 결정 또는 경정한 때에는 이를 해당 거주자에게 서면으로 통지하여야 하며, 납부할 세액이 없는 경우에도 적용한다.

납세지 관할세무서장 또는 지방국세청장은 상장 · 코스닥상장 · 비상장법인과 기타자산에 해당하는 주식 또는 출자지분의 양도차익에 대한 신고내용의 탈루 또는 오류 기타 거래내역의 적정성을 확인할 필요가 있는 경우에는 금융실명거래및비밀보장에관한법률 등 다른 법률의 규정에 불구하고 투자매매업자 또는 투자중개업자 및 해당 주식 또는 출자지분의 주권 또는 출자증권을 발행한 법인에 이를 조회할 수 있다.

7. 양도소득세에 대한 가산세

(1) 무신고가산세

거주자가 법정신고기한 내에 세법에 따른 과세표준 신고서를 제출하지 아니한 경우에는 산출세액의 20%에 상당하는 금액을 산출세액에 가산한다. 한편, 거주자가 부당한 방법으로 법정신고기한 내에 세법에 따른 과세표준 신고서를 제출하지 아니한 경우에는 산출세액의 40%에 상당하는 금액을 산출세액에 가산한다. 부당한 방법이란 납세자가 국세의 과세표준 또는 세액 계산의 기초가 되는 사실의 전부 또는 일부를 은폐하거나 가장하는 것에 기초하여 국세의 과세표준 또는 세액의 신고 의무를 위장한 것으로서 법정사유23)에 해당하는 방법을 말한다.

(2) 과소신고가산세

거주자가 신고하여야 할 소득금액에 미달하게 신고한 때에는 신고하여야 할 금액에 미달한 해당 소득금액이 양도소득금액에서 차지하는 비율을 산출세액에 곱하여 계산한 금액의 10%에 상당하는 금액을 산출세액에 가산한다. 여기서 신고하여야 할 소득금액은 납세지 관할세무서장 또는 지방국세청장이 결정 또는 경정한 소득금액을 말한다. 다만 거주자가 부당한 방법으로 과소신고한 과세표준이 있는 경우 과소신고가산세는 신고하여야 할 금액에 미달한 해당 소득금액이 양도소득금액에서 차지하는 비율을 산출세액에 곱하여 계산한 금액의 40%에 상당하는 금액을 산출세액에 가산한다.

(3) 납부지연가산세

납세의무자(연대납세의무자, 납세자를 갈음하여 납부할 의무가 생긴 제2차 납세의무자 및 보증인을 포함)가 이 법 및 세법에 따른 납부기한(이하 "법정납부기한"이라 한다)까지 국세(인지세는 제외한다)의 납부(중간예납·예정신고납부·중간신고납부를 포함)를 하지 아니하거나 납부하여야 할 세액보다 적게 납부(이하 "과소납부"라 한다)하거나 환급받아야 할 세액보다 많이 환급(이하 "초과환급"이라 한다)받은 경우에는 다음의 금액을 합한 금액을 가산세로 한다.

① 납부하지 아니한 세액 또는 과소납부분 세액(세법에 따라 가산하여 납부하여야 할 이자 상당 가산액이 있는 경우에는 그 금액을 더한다) × 법정납부기한의 다음 날부터 납부일까지의 기

---

23) 사기 기타 부정한 행위
    ① 이중장부의 작성 등 장부의 허위기장
    ② 허위증빙 또는 허위문서
    ③ 허위증빙 등의 수취
    ④ 장부와 기록의 파기
    ⑤ 재산을 은닉하거나 소득 수익 행위 거래의 조작 또는 은폐
    ⑥ 그 밖에 국세를 포탈하거나 환급 공제받기 위한 사기 그 밖에 부정한 행위

간(납세고지일부터 납세고지서에 따른 납부기한까지의 기간은 제외한다) × 0.022%

② 초과환급받은 세액(세법에 따라 가산하여 납부하여야 할 이자상당가산액이 있는 경우에는 그 금액을 더한다) × 환급받은 날의 다음 날부터 납부일까지의 기간(납세고지일부터 납세고지서에 따른 납부기한까지의 기간은 제외) × 0.022%

③ 법정납부기한까지 납부하여야 할 세액(세법에 따라 가산하여 납부하여야 할 이자상당가산액이 있는 경우에는 그 금액을 더한다) 중 납부고지서에 따른 납부기한까지 납부하지 아니한 세액 또는 과소납부분 세액 × 3%(국세를 납세고지서에 따른 납부기한까지 완납하지 아니한 경우에 한정한다)

(4) 기장불성실가산세

법인의 대주주 등이 양도하는 주식 또는 출자지분에 대하여 거래내역 등을 기장하지 아니하였거나 누락한 때에는 그 기장을 하지 아니한 소득금액 또는 누락한 소득금액이 양도소득금액에서 차지하는 비율을 산출세액에 곱하여 계산한 금액의 10%에 상당하는 금액을 산출세액에 가산한다. 다만, 산출세액이 없는 때에는 그 거래금액의 1만분 7에 상당하는 금액을 기장불성실가산세로 한다.

(5) 가산세가 중복되는 경우

무신고가산세(과소신고가산세)와 기장불성실가산세가 동시에 해당하는 경우에는 그 중 큰 금액에 해당하는 가산세만 적용한다. 단, 무신고가산세(과소신고가산세)와 기장불성실가산세가 동일한 경우에는 무신고가산세(과소신고가산세)만을 적용한다.

8. 신탁 수익자명부 변동상황명세서의 제출

신탁의 수탁자는 신탁 수익권에 대하여 신탁이 설정된 경우와 수익권의 양도 등으로 인하여 신탁 수익자의 변동사항이 있는 경우 수익자명부 변동상황명세서를 작성·보관하여야 하며, 신탁 설정 또는 수익자 변동이 발생한 과세기간의 다음 연도 5월 1일부터 5월 31일(법인과세 신탁재산의 수탁자의 경우 법인세법에 따른 신고기한을 말한다.)까지 수익자명부 변동상황명세서를 납세지 관할 세무서장에게 제출하여야 한다.

9. 양도소득세의 징수

납세지 관할세무서장은 거주자가 해당연도의 양도소득세로 납부하여야 할 세액의 전부 또는 일부를 납부하지 아니한 때에는 그 미납된 부분의 양도소득세액을 국세징수법에 따라 징수한다. 예정신고납부세액의 경우에도 또한 같다.

납세지 관할세무서장은 양도소득과세표준과 세액을 결정 또는 경정한 경우 양도소득총결정세액이 다음의 금액의 합계액을 초과하는 때에는 그 초과하는 세액(추가납부세액)을 해당 거주자에게 통지한 날로부터 30일 이내에 징수한다.

① 예정신고자진납부세액과 확정신고자진납부세액
② 납세지관할세무서장에 의하여 징수하는 세액
③ 수시부과세액
④ 비거주자의 국내원천 양도소득에 대한 원천징수세액

10. 양도소득세의 환급

납세지 관할세무서장은 연도별로 예정신고자진납부세액과 확정신고자진납부세액 및 수시부과세액의 합계액이 양도소득 총결정세액을 초과하는 때에는 그 초과하는 세액은 이를 환급하거나 다른 국세·가산금과 체납처분비에 충당하여야 한다.

제9절 | 국외자산양도에 대한 양도소득세

1. 납세의무자

국외자산에 대한 양도소득세는 거주자(국내에 해당 자산의 양도일까지 계속 5년 이상 주소 또는 거소를 둔 자)에 한하여 납세의무를 진다.

2. 과세대상

거주자(해당 자산의 양도일까지 계속 5년 이상 국내에 주소 또는 거소를 둔 자만 해당)의 국외에 있는 자산의 양도에 대한 양도소득은 해당 과세기간에 국외에 있는 자산을 양도함으로써 발생하는 다음의 소득으로 한다. 다만, 다음에 따른 소득이 국외에서 외화를 차입하여 취득한 자산을 양도하여 발생하는 소득으로서 환율변동으로 인하여 외화차입금으로부터 발생하는 환차익을 포함하고 있는 경우에는 해당 환차익을 양도소득의 범위에서 제외한다.

자산구분	내 용
토지 · 건물	• 토지는 지적공부의 등록여부에 관계없이 국외에 있는 토지 • 건물은 건물에 부속된 시설물과 구축물 포함
부동산에 관한 권리	• 지상권 · 전세권 · 부동산 임차권 · 부동산을 취득할 수 있는 권리 • 부동산을 취득할 수 있는 권리
기타자산	• 국외에 있는 자산으로 기타자산에 해당하는 자산

【 국외자산양도에 따른 과세대상 】

한편, 국내자산과 국외자산의 양도소득 과세대상은 다음과 같은 차이가 존재한다.
① 국외 토지는 지적공부의 등록여부와 관계없이 국외에 있는 모든 토지를 말한다. 그러나 국내 토지는 지적공부에 등록하여야 할 지목에 해당하는 국내의 모든 토지이다.
② 부동산임차권은 국외자산으로는 등기 · 미등기 모두 포함하지만, 국내자산은 등기된 임차권만을 말한다.
③ 3년 이상 보유를 하여도 장기보유특별공제를 적용하지 않는다.

3. 국외자산의 양도소득세 계산구조

국외자산의 양도소득에 대하여는 국내 양도소득세 계산 규정을 준용한다. 따라서 양도가액에서 필요경비(취득가액, 자본적 지출, 설비비와 개량비 및 양도비용 등)를 차감하고, 양도소득기본공제를 차감한 금액을 과세표준으로 한다.

(1) 양도가액과 취득가액의 계산

① 원 칙
양도가액과 취득가액은 실지거래가액에 의한다. 다만, 실지거래가액을 확인할 수 없는 경우에는 양도자산이 소재하는 국가의 양도 당시 현황을 반영한 시가에 의하되, 시가를 산정하기 어려운 때에는 해당 자산의 종류 · 규모 · 거래상황 등을 참작하여 상속세및증여세법의 보충적 평가방법에 의한다.

② 시가의 범위
다음에 해당하는 가액이 확인되는 때에는 이를 해당 자산의 시가로 한다.
㉠ 국외자산의 양도에 대한 과세와 관련하여 이루어진 외국정부(지방자치단체를 포함)의 평가가액

ⓒ 국외자산의 양도일·취득일 전후 6월 이내에 이루어진 실지거래가액

ⓒ 국외자산의 양도일·취득일 전후 6월 이내에 평가된 감정평가기관의 감정가액

ⓔ 국외자산의 양도일·취득일 전후 6월 이내에 수용 등을 통하여 확정된 국외자산의 보상가액

③ 시가평가액

부동산 및 부동산에 관한 권리는 상속세및증여세법의 보충적 평가방법을 준용하여 국외자산가액을 평가한 금액을 시가평가액으로 한다. 다만, 적절하지 아니한 경우에는 지가공시 및 토지 등의 평가에 관한 법률에 의하여 설립된 감정평가법인이 평가한 금액에 의한다.

④ 외화환산

양도차익을 계산함에 있어서는 양도가액 및 필요경비를 수령하거나 지출한 날 현재 외국환거래법에 의한 기준환율(basic rate) 또는 재정환율(arbitrage rate)[24]에 의하여 계산한다. 다만, 장기할부조건의 경우에는 소유권이전등기접수일·인도일·사용수익일 중 빠른 날을 양도가액 또는 취득가액을 수령하거나 지출한 날로 본다.

예를 들어, 양도한 가액은 $2,000(양도당시 환율은 1$당 1,000원)이고, 취득한 가액은 $1,000(취득당시 환율은 1$당 1,200원)인 경우에 있어서 양도차익은 2,000,000원- 1,200,000원 = 800,000원이 되는 것이다.

(2) 장기보유특별공제

국외자산의 양도에 대하여는 국외자산을 3년 이상 보유해도 장기보유특별공제를 적용하지 않는다.

---

24) 재정환율(裁定換率, arbitrage rate)이란 1국의 통화와 각국 통화와의 환율을 산정할 때, 그 기준으로 삼는 특정국 통화와의 환율을 기준환율(basic rate)이라고 하는데, 이 기준환율을 통해서 간접적으로 계산한 1국 통화와 제3국 통화 사이의 환율을 말한다. 여기서 특정국으로는 해당국과 경제적으로 가장 밀접한 관계에 있으며, 그 통화가치가 안정되어 있는 유력국이 선정된다. 한국의 경우, 미국을 특정국이라 하면 원화(貨)와 달러화의 환율이 우선 1달러 = 1,200원으로 결정되고, 달러와 유로화의 환율이 1유로 = 1.2달러이면, 원화와 유로화의 환율은 자동적으로 1유로 = 1,440원으로 결정된다. 이때 원화와 달러화의 환율이 원화와 다른 통화와의 환율을 결정하는 기준이 되기 때문에 기준환율이라 하고, 이 기준환율을 통해서 간접적으로 계산된 원화와 유로화 사이의 환율을 재정환율이라 한다. 재정환율을 계산하기 위하여 사용된 특정국 통화와 제3국 통화와의 환율을 크로스레이트(cross rate)라고 한다. 한편 공정환율(公定換率, official exchange rate)이란 공식적으로 정해진 외국통화에 대한 교환비율을 말한다. 외환의 수급관계에 따라 자유로이 변동하는 자유시장 외환율과는 달리, 정부에서 인위적으로 정한 외환율을 말한다. 공정환율에 상대되는 자유시장 외환율을 실세환율(實勢換率)이라고 한다. 수출입대금의 결제, 외화차입(外貨借入) 및 상환, 외국 통화의 환전(換錢) 등의 모든 공식적인 대외 거래는 공정환율이 적용된다. 외환율에는 외환시세를 고정시켜 두는 고정환율, 일정 범위 내의 변동을 인정하는 굴신환율(屈伸換率), 자유롭게 변동하는 변동환율 등이 있다.

(3) 양도소득기본공제

국외자산의 양도에 대한 양도소득이 있는 거주자에 대해서는 해당 과세기간의 양도소득금액에서 연 250만원을 공제한다.

그리고 양도소득금액에 감면소득금액이 있는 경우 공제순서는 다음과 같다.

① 해당 감면소득금액 외의 양도소득금액에서 먼저 공제하고,

② 감면소득금액 외의 양도소득금액 중에서는 해당연도 중 먼저 양도한 자산의 양도소득금액에서부터 순차로 공제한다.

(4) 세 율

국외자산의 양도소득에 대한 소득세는 해당 과세기간의 양도소득과세표준에 기본세율을 적용하여 계산한 금액을 그 세액으로 한다.

(5) 외국납부세액공제 등

국외자산의 양도소득에 대하여 해당 국가에서 과세를 하는 경우 그 양도소득에 대하여 국외자산 양도소득에 대한 세액(국외자산양도소득세액)을 납부하였거나 납부할 것이 있는 때에는 다음 방법 중 하나를 선택하여 적용받을 수 있다.

① 국외자산에 대한 양도소득세액은 다음 ㉠과 ㉡ 중 적은 금액을 양도소득 산출세액에서 공제한다.

㉠ 국외자산 양도소득세액

㉡ 공제한도액 $= $ 양도소득세 산출세액 $\times \dfrac{\text{국외자산의 양도소득금액}}{\text{해당 과세기간의 양도소득금액}}$

② 국외자산에 양도소득세 과세표준에 대하여 납부하였거나 납부할 국외자산 양도소득세액을 해당연도의 양도소득금액계산상 필요경비에 산입하여 공제한다.

(6) 준용규정

국외자산의 양도에 대한 양도소득세의 과세에 관하여는 국내자산의 양도에 관한 규정 중 비과세 양도소득, 양도소득세액의 감면, 양도소득과세표준의 계산, 양도소득세액계산의 순서, 양도소득 금액, 양도소득의 필요경비계산, 양도 또는 취득시기, 양도차익의 산정, 양도소득의 부당행위계산, 양도소득과세표준예정신고, 확정신고 및 자진납부, 양도소득에 대한 결정·경정과 징수 및 환급 등에 관한 것을 준용한다. 다만, 장기보유특별공제는 하지 아니한다.

🍀 예제 14. 국외자산 양도

다음 자료를 이용하여 거주자 손혜인氏의 양도소득 과세표준을 계산하라.

⑴ 미국에 소재한 토지를 2016.10.5에 $300,000에 매입하였다가 2025.3.5 $540,000에 매각하였다. 토지는 미등기된 토지이며, 양도에 따른 비용으로 $14,000이 소요되었다.

⑵ 2016.10.5의 기준환율은 1,200원/$이며, 2025.3.5의 기준환율은 1,000원/$이다.

⑶ 미국 정부에 납부한 양도소득세는 $1,000이다.

⑷ 양도소득세의 계산은 조세부담 최소화의 가정 하에 계산한다.

▌풀이▌

⑴ 양도차익 : 540,000,000원 - 374,000,000원 = 166,000,000원
  ① 양도가액 : $540,000 × 1,000원 = 540,000,000원
  ② 필요경비 : 360,000,000원 + 14,000,000원 = 374,000,000원
    ㉠ 취득가액 : $300,000 × 1,200원 = 360,000,000원
    ㉡ 양도비용 : $14,000 × 1,000원 = 14,000,000원
⑵ 양도소득 과세표준
  166,000,000원 - 2,500,000원 = 163,500,000원
  (외국에 납부한 양도소득세 처리)
  37,060,000원 + (163,500,000원 - 150,000,000원) × 38% - $1,000 × 1,000원 = 41,190,000원
  (외국에서 양도한 자산은 미등기에 대한 중과세율은 없다.)

제10절 ┃ 거주자의 출국 시 국내 주식 등에 대한 과세 특례

1. 거주자의 출국 시 납세의무

다음의 요건을 모두 갖추어 출국하는 거주자(이하 "국외전출자"라 한다)는 출국 당시 소유한 주식 등의 평가이익에 대하여 소득세를 납부할 의무가 있다.

① 출국일 10년 전부터 출국일까지의 기간 중 국내에 주소나 거소를 둔 기간의 합계가 5년 이상일 것

② 출국일이 속하는 연도의 직전 연도 종료일 현재 소유하고 있는 주식 등의 비율·시가총액 등을 고려하여 대통령령으로 정하는 대주주[25)]에 해당할 것

---

25) "대통령령으로 정하는 대주주"란 다음 각 호의 어느 하나에 해당하는 자(이하 "대주주"라 한다)를 말한다.
  1. 주권상장법인대주주
  2. 주권비상장법인의 주주로서 제157조 제4항 각 호의 어느 하나에 해당하는 주주. 다만, 대주주 여부를 판단할 때 소유주식의 비율은 4% 이상으로 하고, 시가총액은 「자본시장과 금융투자업에 관한 법률 시행령」에 따라 거

2. 과세표준의 계산

(1) 양도가액

주식 등(이하 "국외전출자 국내주식 등"이라 한다)의 양도가액은 출국일 당시의 해당 주식 등의 시가로 한다. 다만, 시가를 산정하기 어려울 때에는 그 규모 및 거래상황 등을 고려하여 다음의 구분에 따른 방법으로 한다.

① 주권상장법인의 주식등 : 소득세법상 기준시가
② 주권비상장법인의 주식등 : 다음의 방법을 순차로 적용하여 계산한 가액
　　㉠ 출국일 전후 각 3개월 이내에 해당 주식등의 매매사례가 있는 경우 그 가액
　　㉡ 상장법인 주식 중 장외거래 주식과 비상방법인주식 : 소득세법상 기준시가

(2) 과세표준

양도가액에서 공제할 필요경비는 거주자의 양도소득세 계산규정에 따라 계산하며, 양도소득금액 (평가이익을 말한다)은 양도가액에서 필요경비를 공제한 금액으로 한다. 또한 양도소득과세표준은 양도소득금액에서 연 250만원을 공제한 금액으로 하고, 양도소득과세표준은 종합소득, 퇴직소득 및 양도소득과세표준과 구분하여 계산한다.

3. 세율 및 산출세액

국외전출자의 양도소득세는 양도소득과세표준의 다음의 세율을 적용하여 산정된 금액을 산출세액으로 한다.

양도소득과세표준	세율
3억원 이하	20%
3억원 초과	6,000만원 + 3억초과분 × 25%

* 주권비상장 중소기업의 주식 등에 해당하는 경우에는 2020.1.1. 이후 거주자가 출국하는 경우부터 적용한다.

4. 조정공제

국외전출자가 출국한 후 국외전출자 국내주식 등을 실제 양도한 경우로서 실제 양도가액이 출국시 평가에 의한 양도가액보다 낮은 때에는 다음의 계산식에 따라 계산한 세액(이하 "조정공제액"이라 한다)을 산출세액에서 공제한다. 이 경우 조정공제, 외국납부세액공제 또는 법 비거주자의

래되는 벤처기업의 주식 등에 한정하여 40억원 이상으로 한다.

국내원천소득 세액공제를 받으려는 자는 주식 등(이하 "국외전출자 국내주식 등"이라 한다)을 실제 양도한 날부터 3개월 이내에 기획재정부령으로 정하는 세액공제신청서를 납세지 관할 세무서장에게 제출(국세정보통신망을 통한 제출을 포함)하여야 한다.

$$[국외 전출시 간주 양도가액 - 실제 양도가액] \times 양도 소득세율$$

5. 외국납부세액의 공제

(1) 개요

국외전출자가 출국한 후 국외전출자 국내주식 등을 실제로 양도하여 해당 자산의 양도소득에 대하여 외국정부(지방자치단체를 포함)에 세액을 납부하였거나 납부할 것이 있는 때에는 산출세액에서 조정공제액을 공제한 금액을 한도로 다음의 계산식에 따라 계산한 외국납부세액을 산출세액에서 공제한다.

$$해당자산의\ 양도소득에\ 대하여\ 외국정부에\ 납부한\ 세액 \times \frac{양도가액(또는\ 실제양도가액) - 필요경비}{실제양도가액 - 실제필요경비}$$

$$\underline{한도 : 산출세액 - 조정공제액}$$

(2) 적용배제

다음의 어느 하나에 해당하는 경우에는 제1항에 따른 공제를 적용하지 아니한다.
① 외국정부가 산출세액에 대하여 외국납부세액공제를 허용하는 경우
② 외국정부가 국외전출자 국내주식 등의 취득가액을 출국일 당시의 시가로 조정하여 주는 경우

6. 비거주자의 국내원천소득 세액공제

국외전출자가 출국한 후 국외전출자 국내주식 등을 실제로 양도하여 비거주자의 국내원천소득으로 국내에서 과세되는 경우에는 산출세액에서 조정공제액을 공제한 금액을 한도로 양도금액의 10%와 해당 유가증권의 취득가액 및 양도비용이 확인되는 경우 양도금액에서 취득가액과 양도비용을 차감한 금액의 20%에 해당하는 금액중 적은 금액을 산출세액에서 공제한다.

7. 신고 · 납부 · 납부유예

(1) 신고

국외전출자는 국외전출자 국내주식 등의 양도소득에 대한 납세관리인과 출국일이 속하는 연도의 직전 연도 종료일 현재 국외전출자 국내주식 등의 보유현황을 출국일 전날까지 납세지 관할 세무서장에게 신고하여야 하며, 양도소득과세표준을 출국일이 속하는 달의 말일부터 3개월 이내에 납세지 관할 세무서장에게 신고하여야 한다.

(2) 납부

국외전출자가 양도소득과세표준을 신고할 때에는 산출세액에서 이 법 또는 다른 조세에 관한 법률에 따른 감면세액과 세액공제액을 공제한 금액을 납세지 관할 세무서, 한국은행 또는 체신관서에 납부하여야 하며 이 경우 국외전출자 국내주식 등을 출국일 당시의 시가로 양도하고 다시 취득한 것으로 본다.

(3) 납부유예

1) 납부유예 신청

국외전출자는 납세담보를 제공하거나 납세관리인을 두는 등 다음 요건을 충족하는 경우에는 출국일부터 국외전출자 국내주식 등을 실제로 양도할 때까지 납세지 관할 세무서장에게 양도소득세 납부의 유예를 신청하여 납부를 유예 받을 수 있다.

① 「국세기본법」에 따른 납세담보를 제공할 것
② 납세관리인을 납세지 관할 세무서장에게 신고할 것

2) 사후관리

납부를 유예받은 국외전출자는 출국일부터 5년(국외전출자의 국외유학 등 일정 사유에 해당하는 경우에는 10년) 이내에 국외전출자 국내주식 등을 양도하지 아니한 경우에는 출국일부터 5년이 되는 날이 속하는 달의 말일부터 3개월 이내에 국외전출자 국내주식 등에 대한 양도소득세를 납부하여야 한다. 또한 납부를 유예 받은 국외전출자는 국외전출자 국내주식 등에 대한 양도소득세를 납부할 때 대통령령으로 정하는 바에 따라 납부유예를 받은 기간에 대한 이자상당액을 가산하여 납부하여야 한다.

8. 재전입 등에 따른 환급 등

1) 환급 및 납부유예 취소신청

국외전출자(③의 경우에는 상속인을 말한다)는 다음 중 어느 하나에 해당하는 사유가 발생한 경우 그 사유가 발생한 날부터 1년 이내에 납세지 관할 세무서장에게 납부한 세액의 환급을 신청하거나 납부유예 중인 세액의 취소를 신청하여야 한다.

① 국외전출자가 출국일부터 5년 이내에 국외전출자 국내주식 등을 양도하지 아니하고 국내에 다시 입국(국내에 다시 주소를 두거나 출국일 후 국내에 거소를 둔 기간이 2과세기간에 걸쳐 183일 이상인 것을 말한다)한 경우

② 국외전출자가 출국일부터 5년 이내에 국외전출자 국내주식 등을 거주자에게 증여한 경우

③ 국외전출자의 상속인이 국외전출자의 출국일부터 5년 이내에 국외전출자 국내주식 등을 상속받은 경우

2) 환급 및 납부유예 취소처분

납세지 관할 세무서장은 환급 및 납부유예 취소신청을 받은 경우 지체 없이 국외전출자가 납부한 세액을 환급하거나 납부유예 중인 세액을 취소하여야 한다.

3) 국세환급가산금 적용배제

다음 사유에 해당하여 국외전출자가 납부한 세액을 환급하는 경우에는 「국세기본법」규정에도 불구하고 국세환급금에 국세환급가산금을 가산하지 아니한다.

① 국외전출자가 출국일부터 5년 이내에 국외전출자 국내주식 등을 거주자에게 증여한 경우

② 국외전출자의 상속인이 국외전출자의 출국일부터 5년 이내에 국외전출자 국내주식 등을 상속받은 경우

실무사례연구

1 양도소득세 종합사례(1)

거주자 김용수氏는 다른 사업에 투자하기 위해 2025년에 보유 중인 자산 전부를 처분하였다. 다음 자료에 의하여 자산별 양도소득 산출세액을 계산하라.

(1) 처분자산의 내역

구 분	양도차익	양도일자	취득일자	비 고
건 물	6,000,000원	2025. 3. 20	2022. 4. 26	등 기
토지 갑	2,000,000원	2025. 4. 21	2024. 5. 18	등 기
토지 을	△5,000,000원	2025. 5. 11	2025. 1. 10	등 기
토지 병	24,000,000원	2025. 7. 26	2019.10. 20	등 기
비상장주식 A	△1,500,000원	2025. 3. 11	2019. 6. 17	-
비상장주식 B	4,900,000원	2025. 6. 28	2023. 3. 8	-
주권상장주식C	17,800,000원	2025. 9. 15	2025. 6. 18	-

(2) 위의 비상장주식 중 A와 B는 중소기업서 발행한 것이며, 주권상장주식 C는 김용수氏가 대기업에서 발행한 주식 4%를 해당 과세기간 중 취득하여 그 중 일부를 양도한 것이다.

(3) 각 자산별로 양도차손익을 통산하여라.

(4) 보유중인 부동산은 등기되어있으며, 사업용으로 사용하였다.

풀이

1. 통산 후 양도차익 및 산출세액
   (1) 부동산

구 분	건 물	토지갑	토지을	토지병
적용세율	누진세율	50%	50%	누진세율
통산 전 양도차익	6,000,000	2,000,000	△5,000,000	24,000,000
장기보유특별공제	0	0	0	△2,400,000
양도소득금액	6,000,000	2,000,000	△5,000,000	21,600,000
1차 통산		△2,000,000	2,000,000	
통산 후 양도소득금액	6,000,000	0	△3,000,000	21,600,000
2차 통산	△652,174[*1]	0	3,000,000	△2,347,826[*2]
통산 후 양도소득금액	5,347,826	0	0	19,252,174
양도소득기본공제	△2,500,000	0	0	0
양도소득과세표준	2,847,826	0	0	19,252,174
세 율	15%			15%
양도소득산출세액	(19,252,174 + 2,847,826) × 15% - 1,260,000 = 2,055,000			

*1 $3,000,000 \times \dfrac{6,000,000}{6,000,000 + 21,600,000} = 652,174$

*2 $3,000,000 \times \dfrac{21,600,000}{6,000,000 + 21,600,000} = 2,347,826$

   (2) 주식

구 분	비상장주식A	비상장주식B	상장주식C
적용세율	10%	10%	30%
통산 전 양도차익	△1,500,000	4,900,000	17,800,000
장기보유특별공제			
양도소득금액	△1,500,000	4,900,000	17,800,000
1차 통산	1,500,000	△1,500,000	
통산 후 양도소득금액		3,400,000	17,800,000
2차 통산			
통산 후 양도소득금액		3,400,000	17,800,000
양도소득기본공제		2,500,000	0
양도소득과세표준		900,000	17,800,000
세 율		10%	30%
양도소득산출세액		90,000	5,340,000

2 양도소득세 종합사례(2)

다음은 거주자 이현우氏의 토지 A, 토지 B 및 주식 C의 양도 관련 자료이다. 다음 자료를 토대로 요구사항에 답하시오.

〈자 료〉

1. 거주자인 이현우氏는 등기된 토지 A(사업용으로 사용)를 2025년 3월 10일에 양도하였는데, 토지 A 와 관련된 내용은 다음과 같다.

   (1) 토지 A의 양도시점의 개별공시지가는 450,000,000원, 실제양도가액은 500,000,000원이다. 동 토지는 2022년 2월 1일에 배우자 신다니엘(거주자)로부터 증여받은 것으로 증여시점의 개별공시지가는 350,000,000원이고 시가는 확인되지 않는다. 이현우氏는 동 토지에 대해 2022년 중 법 소정기한 내에 적법하게 증여세를 신고 납부하였다.

   (2) 배우자 신다니엘(거주자)은 동 토지를 2018년 10월에 취득하였으며, 취득시점의 개별공시지가는 360,000,000원, 실제취득가액은 400,000,000원이다.

   (3) 토지 A 취득 이후의 자본적 지출액과 양도비용의 합계는 32,000,000원이다.

   (4) H氏는 토지 A를 제외하고는 2022년 2월 이전에 타인으로부터 증여받은 재산이 없으며, 2022년 중 배우자간 증여에 대한 증여재산공제는 6억원이다. 증여세율은 과세표준이 1억원 이하인 경우 10%, 1억원 초과 5억원 이하인 경우 20%이다.

2. 거주자인 이현우氏는 2025년 9월 중 토지 B(등기, 사업용토지, 보유기간 5년 4개월)와 주식 C(중소기업 주식, 보유기간 1년 2개월)를 순서대로 양도하였다. 토지 B는 양도당시 실지거래가액 80,000,000원, 취득당시 실지거래가액 50,000,000원이고, 주식 C는 양도당시 실지거래가액 40,000,000원, 취득당시 실지거래가액 30,000,000원이다.

〈요구사항〉

1. 위 자료 1.을 이용하여 토지 A의 양도에 대한 양도소득산출세액을 계산하시오.
   양도비용은 10,800,000원이 소요되었다.

2. 위 자료 2.를 이용하여 토지 B와 주식 C의 양도에 대해 양도소득예정신고를 하는 경우 양도소득예정신고 산출세액을 계산하시오. 다만, 토지 A의 양도소득예정신고가 적정하게 이루어진 것으로 가정하고, 양도소득확정신고는 하지 아니하고자 한다. 토지 B 양도비용은 1,500,000원이고, 주식 C 양도비용은 300,000원 소요되었다.

풀이

1. 토지 A

양 도 가 액	500,000,000
취 득 가 액	△400,000,000
기 타 필 요 경 비	△32,000,000
양 도 차 익	68,000,000
장기보유특별공제	△8,160,000 [*1]
양 도 소 득 금 액	59,840,000
양도소득기본공제	△2,500,000
양도소득과세표준	57,340,000
양 도 소 득 세 율	기본세율
양도소득산출세액	8,001,600 [*2]

*1 장기보유특별공제 : 68,000,000 × 12%(배우자의 취득일 2018.10~양도일 2025.3) = 8,160,000
*2 양도소득산출세액 : 6,240,000 + (57,340,000 - 50,000,000) × 24% = 8,001,600

2. 토지 B 및 주식 C
  (1) 토지 B
      양도차익 : 80,000,000 - 50,000,000 - 1,500,000 =   28,500,000
      장기보유특별공제 : 28,500,000 × 10%(5년) =   △4,275,000

      양도소득금액(토지 B 과세표준*)   25,650,000
      토지 A 과세표준   57,340,000

      과세표준 합계   82,900,000

      산출세액 : 6,240,000 + (82,990,000 - 50,000,000) × 24% = 14,157,600
      토지 A 산출세액   △8,001,600

      토지 B 산출세액   6,156,000

   * 먼저 양도한 토지 A에서 기본공제를 적용하였으므로 토지 B는 기본공제를 적용하지 않는다.

  (2) 주식 C
      양도차익 : 40,000,000 - 30,000,000 - 300,000 = 9,700,000
      과세표준 : 9,700,000 - 2,500,000(양도소득기본공제) = 7,200,000
      산출세액 : 7,200,000 × 10% = 720,000

3 양도소득세 종합사례(3)

맞벌이 부부인 이현우氏와 이채율氏는 송파구에 위치한 흥망아파트를 10억원에 취득할 예정이다. 만약 5년 후 흥망아파트를 15억원에 매도 가능하다고 예상된다고 할 때, 공동명의로 취득한 경우와 이현우氏 단독명의로 취득한 경우 5년 후 조세부담 차이를 구하시오(1세대 1주택에 해당된다고 가정한다).

〈추가 자료〉

등기된 흥망아파트를 2025년 3월 10일에 취득예정이며, 부동산 등기 및 중개수수료 비용으로 2,000만원을 지불할 예정이다. 그리고 입주에 따른 도배공사비용이나 타일·욕조공사비로 지불예정인 비용은 2,000만원이고, 싱크대 설치비용은 1,000만원 정도 소요예정이다. 또한, 보일러비용과 바닥시공 비용, 샷시비용 등은 3,000만원 정도 소요 예정이다.

풀이

(1) 이현우 단독명의 구입시

양도차익 : (15억원 - 10억2천만원 - 3천만원)×(15억-12억)/15억 =	90,000,000
장기보유특별공제 : 90,000,000 × 40%(5년) =	△36,000,000
양도소득금액	54,000,000
양도소득기본공제	2,500,000
과세표준	51,500,000
세율	24%
산출세액	6,600,000

* 보일러비용 및 바닥시공 및 샷시 비용은 자본적지출이다.
** 싱크대 설치 및 도배공사비용 타일 욕조공사비는 수익적지출이다.

(2) 부부 공동명의 구입시

양도차익 : (15억원 - 10억2천만원 - 3천만원)×(15억-12억)/15억×0.5 =	45,000,000
장기보유특별공제 : 45,000,000 × 40%(5년) =	△18,000,000
양도소득금액	27,000,000
양도소득기본공제	2,500,000
과세표준	24,500,000
세율	15%
산출세액	2,415,000

이현우 2,415,000 + 이채율 2,415,000 = 합계 4,830,000

따라서 부부 공동명의를 함으로써 양도소득세 1,770,000원 절세효과가 있다.

4 양도소득세 종합사례(4)

거주자 김민선氏는 다음과 같이 등기된 아파트를 양도한 경우 자진납부세액은 얼마인가? 양도소득과세표준 신고 및 자진납부 계산서의 작성을 통해 계산하라.

(1) 아파트 현황

    – 구조 : 철근콘크리트조아파트(서울시 마포구 도화동 우성아파트 00-00호)

    – 면적 : 대지권 50.8㎡   건물 245.1㎡

    – 양도일자 : 2025. 08. 15

    – 취득일자 : 2008. 06. 20

(2) 실지거래가액

    – 실지양도가액 : 1,050,000,000원

    – 실지취득가액 : 알 수 없음

(3) 공동주택 기준시가 현황

    – 취득 당시 : 210,000,000원(2008. 05. 01)

    – 양도 당시 : 840,000,000원(2025. 04. 30)

(4) 기타 사항

    – 1세대1주택에 해당하지 않음

    – 예정신고기한(2025.10.31)까지 실지거래가액으로 신고 · 납부(분납 세액은 분납기한 내 납부)함.

    – 취득당시 실지거래가액 및 매매사례가액 · 감정가액은 없고, 조세특례제한법상 감면대상 주택이 아님.

(5) 인적사항

    ① 양도인 : 김민선 (800101-1234567), 인천시 계양구 계산동 101번지, 032-1234-5678

        (전화번호)

    ② 양수인 : 이태란 (821201-1234567), 서울시 동작구 흑석동 101번지, 02-6789-5678

        (전화번호)

1. 양도가액 계산
   - 양도당시의 실지거래가액 : 1,050,000,000원
2. 취득가액 계산
   - 취득시 실지거래가액을 알 수 없는 경우이므로 소득세법시행령 제176조의2 제2항 제2호의 규정에 의해 계산하여야 하는 바, 취득당시의 매매사례가액·감정가액이 없으므로 아래의 환산가액으로 취득가액을 계산한다.

   $$\text{환산한 취득가액} \ = \ \text{양도시 실지거래가액} \ \times \ \frac{\text{취득당시의 공동주택 기준시가}}{\text{양도당시의 공동주택기준시가}}$$

   $$262,500,000원 \ = \ 1,050,000,000 \ \times \frac{210,000,000}{840,000,000}$$

3. 기타 필요경비 계산
   - 취득 당시 공동주택기준시가에 3%를 곱하여 계산
     - ☞ 6,300,000원 = 210,000,000 × 3%
4. 양도차익 계산
   - 전체 양도차익 : 양도가액에서 취득가액과 기타 필요경비를 공제하여 계산
     - ☞ 781,200,000원 = 1,050,000,000 - 262,500,000 - 6,300,000
5. 장기보유특별공제
   - 전체 장기보유특별공제액 : 보유기간이 15년 이상에 해당하므로 양도차익에 30%를 곱하여 장기보유 특별공제액을 계산
     - ☞ 234,360,000원 = 781,200,000 × 30%
6. 양도소득금액
   양도차익 - 장기보유특별공제 = 781,200,000원 - 234,360,000원 = 546,840,000원
7. 양도소득기본공제
   등기자산에 해당하므로 2,500,000원
8. 과세표준
   양도소득금액 - 양도소득기본공제 = 546,840,000원 - 2,500,000원 = 544,340,000원
9. 산출세액(납부할세액)
   10억 원 이하이므로 세율은 42% 적용
   174,060,000원 + (544,340,000원 - 500,000,000원) × 42% = 192,682,800원

■ 소득세법 시행규칙 [별지 제84호서식] 〈개정 2023. 3. 20.〉
※ 2010. 1. 1. 이후 양도분부터는 양도소득세 예정신고를 하지 않으면 가산세가 부과됩니다.　　　　　　(4쪽 중 제1쪽)

(2025년 귀속)양도소득(국외전출자)과세표준 신고 및 납부계산서

([V]예정신고, [　]확정신고, [　]수정신고, [　]기한 후 신고)

관리번호	-

①신고인 (양도인)	성　명	김민선	주민등록번호	800101-1234567	내·외국인	[V]내국인, [　]외국인
	전자우편 주소		전 화 번 호	032-1234-5678	거주구분	[V]거주자, [　]비거주자
	주　　소	인천시 계양구 계산동 101번지			거주지국	KR 거주지국코드 410
					국적	KR 국적코드 410

②양 수 인	성　명	주민등록번호	양도자산 소재지	지　분	양도인과의 관계
	이태란	821201-1234567	도화동 우성apt 00-00호		타인

③세 율 구 분	코 드	양도소득세 합　계	국내분 소계	-	-	-	국외분 소계
④양 도 소 득 금 액		546,840,000	546,840,000				
⑤기신고·결정·경정된 양도소득금액 합계							
⑥소득감면대상　　　　소득금액							
⑦양 도 소 득 기 본 공 제		2,500,000	2,500,000				
⑧과 세 표 준(④+⑤-⑥-⑦)		544,340,000	544,340,000				
⑨세　　　　　　　　율		42%	42%				
⑩산 출 세 액		192,682,800	192,682,800				
⑪감 면 세 액							
⑫외국납부세액공제							
⑬원천징수세액공제							
⑭전자신고세액공제							
⑮ 가산세	무(과소)신고						
	납부지연						
	기장불성실 등						
	계						
⑯기신고·결정·경정세액, 조정공제							
⑰납 부 할 세 액(⑩-⑪-⑫-⑬-⑭+⑮-⑯)		192,682,800	192,682,800				
⑱분납(물납)할　　　　세액							
⑲납 부 세 액							
⑳환 급 세 액							

농어촌특별세 납부계산서		신고인은 「소득세법」 제105조(예정신고)·제110조(확정신고), 「국세기본법」
㉑소득세 감면세액		제45조(수정신고)·제45조의3(기한 후 신고), 「농어촌특별세법」 제7조에 따
㉒세 율		라 신고하며, 위 내용을 충분히 검토하였고 신고인이 알고 있는 사실
㉓산 출 세 액		그대로를 정확하게 적었음을 확인합니다.
㉔수정신고가산세등		2025 년 10 월 31 일
㉕기신고·결정·경정세액		신고인　 김 민 선 　(서명 또는 인)

㉖납 부 할 세 액		환급금 계좌신고	세무대리인은 조세전문자격자로서 위 신고
㉗분 납 할 세 액			서를 성실하고 공정하게 작성하였음을 확인합
			니다.
㉘납 부 세 액		㉚금 융 기 관 명	세무대리인　　　　(서명 또는 인)
㉙환 급 세 액		㉛계 좌 번 호	세무서장 귀하

붙임서류	1. 양도소득금액계산명세서(부표 1, 부표 2, 부표 2의2 중 해당하는 것) 1부 2. 매매계약서(또는 증여계약서) 1부 3. 필요경비에 관한 증빙서류 1부 4. 감면신청서 및 수용확인서 등 1부 5. 그 밖에 양도소득세 계산에 필요한 서류 1부	접수일 인
담당공무원 확인사항	1. 토지 및 건물등기사항증명서 2. 토지 및 건축물대장 등본	

세무대리인	성명(상호)		사업자등록번호	
	생년월일		전화번호	

210mm×297mm[백상지80g/㎡ 또는 중질지80g/㎡]

관리번호	-

양도소득금액 계산명세서

※ 관리번호는 적지 마십시오.

□ 양도자산 및 거래일

①세 율 구 분 (코드)		합　계	누진세율(1-10)	(－)		(－)	
② 소재지국	소　재　지		1				
③자 산 종 류 (코드)			일반주택(3)	(	)	(	)
거래일 (거래원인)	④ 양도일(원인)		2025.08.15.(매매)	(	)	(	)
	⑤ 취득일(원인)		2008.06.20.(매매)	(	)	(	)
거래자산 면적(㎡)	⑥ 총면적 (양도지분)	토지	대지권 50.8㎡(1/1)	(/	)	(/	)
		건물	건물 245.1㎡(1/1)	(/	)	(/	)
	⑦ 양도면적	토지	대지권 50.8㎡				
		건물	건물 245.1㎡				
	⑧ 취득면적	토지	대지권 50.8㎡				
		건물	건물 245.1㎡				
1세대1주택 비과세대상	⑨보 유 기 간		17년 이상 18년 미만	년 이상	년 미만	년 이상	년 미만
	⑩거 주 기 간		17년 이상 18년 미만	년 이상	년 미만	년 이상	년 미만

□ 양도소득금액　계산

거래금액	⑪ 양 도 가 액	1,050,000,000	1,050,000,000		
	⑫ 취 득 가 액	262,000,000	262,000,000		
	취득가액 종류	환산취득가액	환산취득가액		
⑬ 기납부 토지초과이득세					
⑭ 기 타 필 요 경 비		6,300,000	6,300,000		
양도차익	전체 양도차익	781,200,000	781,200,000		
	비과세 양도차익				
	⑮과세대상양도차익	781,200,000	781,200,000		
⑯ 장 기 보 유 특 별 공 제(코드)		234,360,000	234,360,000(02)	( )	( )
⑰ 장기보유특별공제적용대상거주기간			15 년 이상　년 미만	년 이상　년 미만	년 이상　년 미만
⑱ 양 도 소 득 금 액		546,840,000	546,840,000		
감면소득금액	⑲세액감면대상				
	⑳소득금액감면대상				
㉑ 감면종류	감면율				

□ 기준시가 (기준시가 신고 또는 취득가액을 환산취득가액으로 신고하는 경우에만 적습니다)

양도시 기준 시가	㉒ 건　　물	840,000,000	840,000,000		
	㉓ 토　　지				
	합　　계	840,000,000	840,000,000		
취득시 기준 시가	㉔ 건　　물	210,000,000	210,000,000		
	㉕ 토　　지				
	합　　계	210,000,000	210,000,000		

210mm×297mm[백상지80g/㎡ 또는 중질지80g/㎡]

Part. 2

상속세 및
증여세

Chapter
03

상 속 세

제1절 │ 상속세와 관련된 중요 용어

1. 상속

"상속"이란 「민법」에 따른 상속을 말하며, 다음의 것을 포함한다.

(1) 유증(遺贈)

유증이란 상대방이 없는 단독행위인 유언에 의해 재산의 무상증여를 말한다. 즉, 유언에 의해 재산이 무상 증여되는 것을 말하며, 수증자의 승낙이 필요하지 않는다.

(2) 사인증여(死因贈與)

사인증여란 「민법」에 따른 증여자의 사망으로 인하여 효력이 생길 일종의 정지조건부 증여(상속개시일 전 10년 이내에 피상속인이 상속인에게 진 증여채무 및 상속개시일 전 5년 이내에 피상속인이 상속인이 아닌 자에게 진 증여채무의 이행 중에 증여자가 사망한 경우의 그 증여를 포함)를 말한다. 즉, 자연인과 생전에 미리 증여계약을 한 후 사후(死後)에 재산을 무상 증여하는 것을 말하며, 수증자의 승낙이 필요하다.

(3) 특별연고자에 대한 분여

특별연고자에 대한 분여란 「민법」에 따른 피상속인과 생계를 같이 하고 있던 자, 피상속인의 요양간호를 한 자 및 그 밖에 피상속인과 특별한 연고가 있던 자(이하 "특별연고자"라 한다)에 대한 상속재산의 분여(分與)를 말한다.

(4) 유언대용신탁

신탁법에 따른 유언대용신탁

(5) 수익자연속신탁

신탁법에 따른 수익자연속신탁

2. 상속개시일

"상속개시일"이란 피상속인이 사망한 날을 말한다. 다만, 피상속인의 실종선고로 인하여 상속이 개시되는 경우에는 실종선고일을 말한다.

3. 상속재산

"상속재산"이란 피상속인에게 귀속되는 모든 재산을 말하며, 다음 각 목의 물건과 권리를 포함한다. 다만, 피상속인의 일신(一身)에 전속(專屬)하는 것으로서 피상속인의 사망으로 인하여 소멸되는 것은 제외한다.

① 금전으로 환산할 수 있는 경제적 가치가 있는 모든 물건
② 재산적 가치가 있는 법률상 또는 사실상의 모든 권리

4. 상속인

"상속인"이란 「민법」에 따른 상속인을 말하며, 상속을 포기한 사람 및 특별연고자를 포함한다. 상속인이란 피상속인의 사망으로 인해 재산을 무상으로 이전 받는 자(개인, 법인)를 말한다. 한편, 특별연고자에 대한 분여(分與)의 경우에는 상속권을 주장하는 자가 없는 때에는 피상속인과 생계를 같이 하고 있던 자, 피상속인의 양호간호를 한 자, 기타 피상속인과 특별한 연고가 있던 자의 청구에 의하여 상속재산의 전부 또는 일부를 분여할 수 있다. 이 경우 특별연고자는 피상속인의 재산을 실질적으로 상속받는 경우에 해당하므로 상속인에 포함된다.

5. 수유자

"수유자"(受遺者)란 유증을 받은 자 또는 사인증여에 의하여 재산을 취득한 자를 말하며, 수유자에는 상속인, 상속인 이외의 자연인 및 법인 등도 될 수 있다.

6. 증여

"증여"란 그 행위 또는 거래의 명칭·형식·목적 등과 관계없이 직접 또는 간접적인 방법으로

타인에게 무상으로 유형·무형의 재산 또는 이익을 이전(移轉)(현저히 낮은 대가를 받고 이전하는 경우를 포함한다)하거나 타인의 재산가치를 증가시키는 것을 말한다. 다만, 유증, 사인증여, 유언대용신탁 및 수익자연속신탁은 제외한다.

7. 증여재산

"증여재산"이란 증여로 인하여 수증자에게 귀속되는 모든 재산 또는 이익을 말하며, 다음의 물건, 권리 및 이익을 포함한다.
　① 금전으로 환산할 수 있는 경제적 가치가 있는 모든 물건
　② 재산적 가치가 있는 법률상 또는 사실상의 모든 권리
　③ 금전으로 환산할 수 있는 모든 경제적 이익

8. 거주자

"거주자"란 국내에 주소를 두거나 183일 이상 거소(居所)를 둔 사람을 말하며, "비거주자"란 거주자가 아닌 사람을 말한다. 이 경우 주소와 거소의 정의 및 거주자와 비거주자의 판정 등에 필요한 사항은 소득세법상 거주자 규정에 의하여 판단한다.

9. 수증자

"수증자"(受贈者)란 증여재산을 받은 거주자(본점이나 주된 사무소의 소재지가 국내에 있는 비영리법인을 포함한다) 또는 비거주자(본점이나 주된 사무소의 소재지가 외국에 있는 비영리법인을 포함한다)를 말한다.

10. 특수관계인

"특수관계인"이란 본인과 친족관계, 경제적 연관관계 또는 경영지배관계 등 대통령령으로 정하는 관계에 있는 자를 말한다. 이 경우 본인도 특수관계인의 특수관계인으로 본다.

11. 간주(看做)와 의제(擬制)

간주란 법규에 의한 의제(擬制)를 말하며, 이는 반증(反證)을 들어도 전복(顚覆)할 수 없다. 즉, 甲이라는 사실과 乙이라는 사실을 법률상 甲이라는 사실과 동일하게 취급하는 것을 말한다.

의제란 본질이 다른 것을 일정한 법률취급에 있어서 동일한 것으로 간주하고, 동일한 법률효과를 부여하는 것을 말한다. 이는 실체법상 요건의 변경이므로 추정과는 달리 본증(本證)에 의하여도 반증에 의하여도 전복할 수 없다.

12. 추정(推定)

추정이란 분명하지 아니한 사실을 일단 사실인 것으로 정하고, 법률효과를 발생시키는 것을 말한다. 이러한 추정은 당사자가 그렇지 않다는 사실을 증명(반증)하면 추정된 효과는 발생하지 아니한다.

13. 해제(解除)와 해지(解止)

해제란 당사자의 일방의 의사표시에 의하여 기존의 계약의 효력을 소급적으로 소멸시키는 것으로, 해제를 하면 계약이 처음부터 없었던 것과 같은 법률효과를 발생시키는 것을 말한다.

해지란 당사자의 일방의 의사표시에 의하여 계속적 채권관계를 종료시키고 그 효력을 미래에 있어서 소멸시키는 것을 말한다. 따라서 해지를 하면 계약의 효력은 그 시점부터 모두 정지되는 것이다.

14. 대습상속(代襲相續)

대습상속이란 상속인이 될 직계비속 또는 형제자매가 그 상속개시 전에 사망하였거나 결격자가 된 경우에 그 직계비속이 사망하거나 결격된 자의 순위에 갈음하여 상속인이 되고, 그 상속개시 전에 사망 또는 결격된 자의 배우자도 그 직계비속과 함께 같은 순위로 공동상속인이 되며, 그 상속인이 없을 때에는 단독상속인이 되는 것을 말한다. 다만, 상속인이 상속개시 전에 사망하거나 결격자가 되어야 하며, 상속포기는 상속개시 전에 할 수 없으므로 대습상속의 사유가 되지 아니한다. 또한 대습상속인은 피대습자의 직계비속이나 배우자이어야 한다.

15. 유언(遺言)

유언이란 유언자가 자기의 사망과 동시에 일정한 법률효과를 발생시키는 것을 목적으로 하는 상대방이 없는 단독행위로, 유언자가 사망한 때로부터 그 효력이 생긴다. 이러한 유언은 유언자의 최종 의사를 존중하는 것이기 때문에 유언자가 유효한 유언을 한 후라도 생전에는 언제든지, 특별한 이유가 없어도, 자유롭게 유언의 전부 또는 일부를 철회할 수 있다. 그리고 유언이 철회되면 그 유언은 처음부터 없었던 것과 마찬가지가 된다. 현재 민법에서 인정하는 유언의 방식에는 자필증서, 녹음, 공증증서, 비밀증서 및 구수증서 등이 있다.

16. 지상권(地上權)과 지역권(地域權)

지상권이란 타인의 토지에서 건물, 기타의 공작물 및 수목 등을 소유하기 위하여 그 토지를 사용하는 권리, 즉 물권(物權)을 말한다. 이 경우 토지소유자의 변경은 지상권에 영향을 주지 않으므로 양도성과 상속성이 있는 것이다.

지역권이란 자기 토지의 이용 가치를 늘리기 위하여 다른 사람의 토지를 설정 계약에 따라 지배·이용하는 권리, 즉 용익물권(用益物權)의 한 가지이다. 다시 말해, 甲地(요역지, 要役地)의 이용 가치를 증가시키기 위하여 乙地(승역지, 承役地)를 일정한 방법으로 지배하는 물권 즉, 甲地(갑지)를 위하여 乙地(을지)에서 물을 끌어온다든가, 乙地(을지)를 통행한다든가, 乙地(을지)에 일정한 건축을 시키지 않음과 같은 권리이다.

17. 유치권(留置權), 질권(質權) 및 저당권(抵當權)

유치권이란 남의 물건을 점유하고 있는 사람이 그 물건에 관하여 생긴 채권의 변제를 받을 때까지 그 물건을 유치할 수 있는 권리를 말한다.

질권이란 담보물권의 한 가지로, 목적물을 맡아 두었다가 갚지 않을 때 그 목적물로 우선 변제를 받을 수 있는 권리를 말한다.

저당권이란 채무자가 채무를 이행하지 않을 경우에 부동산 담보물에 대하여 다른 채권자에 우선 변제를 받을 수 있는 권리를 말한다.

제2절 | 상속의 개념

1. 상속과 상속세의 의의

(1) 상속

상속이란 일정한 친족적 신분관계가 있는 자가 사망(자연사망)하거나 또는 일정한 법률상의 원인이 발생(실종선고, 인정사망)하였을 때에 재산적 권리나 의무의 일체가 승계 되는 법률효과가 발생하는 것을 의미한다.

(2) 상속세

상속세는 자연인의 사망을 과세요건 사실로 하고, 사망한 자연인의 유산을 과세물건으로 하여 그 취득자에게 재산의 무상이전에 대하여 부과하는 조세이다. 이와 같이 자연인의 유산이 상속·유증·사인증여에 의하여 상속인 등에게 무상으로 이전됨으로써 발생하는 불로소득에 대하여 부과하는 상속세는 다음과 같은 사회정책적 의의를 갖는다.

첫째, 소득의 재분배 측면에서 소득세의 기능을 보완 및 강화시킨다.

둘째, 부의 집중현상을 직접적으로 조정하는 효과를 갖는다.

셋째, 무상취득재산에 대해 고율과세를 부과하여 불로소득에 대한 불건전한 사회풍토를 억제시킬 수 있다.

넷째, 조세의 형평기능을 강화시킨다.

2. 재산의 무상이전과 조세체계

상속세와 증여세는 모두 재산의 무상이전에 대하여 부과하는 조세이다. 상속세는 상속개시에 의하여 재산이 이전되는 경우에 과세되는 것이고, 증여세는 생존 중(죽기 전에) 재산을 이전하는 것에 대하여 과세하는 것이다. 즉, 증여세는 생존 중에 쌍방간 계약에 의하여 이전하는 재산에 대하여만 과세하는 것이다.

사후(死後) : 상속 (유증, 사인증여, 인정사망 등 포함)	개 인	상속세, 취득세 등	
	법 인	영리법인	법인세, 취득세 등
		비영리법인 수익회계	법인세, 취득세 등
		비영리법인 비수익회계	상속세, 취득세 등
생존(生存) : 증여 (쌍방간의 계약)	개 인	증여세, 취득세 등	
	법 인	영리법인	법인세, 취득세 등
		비영리법인 수익회계	법인세, 취득세 등
		비영리법인 비수익회계	증여세, 취득세 등

3. 상속개시의 원인

자연인의 사망을 기본적인 상속개시의 원인으로 보고 있으며, 실종선고나 인정사망과 같이 법률에 의해 자연인의 사망으로 간주하는 경우에도 상속개시의 원인으로 본다.

(1) 실종선고(失踪宣告)

부재자(不在者)의 생사(生死)를 모른 채 일정 기간이 지나 사망의 추측이 강한 경우, 그를 사망한 것으로 간주하여 신분이나 재산 관계를 확정시키는 선고를 말한다. 다시 말해, 부재자의 생사가 5년간 분명하지 아니한 때에는 법원은 이해관계인이나 검사의 청구에 의하여 실종선고를 하여야 한다. 또한 전지(戰地)에 임한 자, 침몰한 선박 중에 있던 자, 추락한 항공기 중에 있던 자, 기타 사망의 원인이 된 위난을 당한 자의 생사가 전쟁종료 후 또는 선박의 침몰, 항공기의 추락 기타 위난이 종료한 후 1년간 분명하지 아니한 때에는 실종선고를 하여야 한다.

민법에서는 실종선고를 받은 자는 그 기간이 만료한 때에 사망한 것으로 보고 있으나, 상속세및 증여세법에서는 실종선고일을 사망일로 간주하고 있다.

(2) 인정사망(認定死亡)

수재, 화재 및 기타 사변으로 인하여 사망한 것이 확실하지만 시신(屍身)이 발견되지 아니한 경우에는 이와 같은 사실을 조사·담당하는 관청의 사망보고서에 의하여 사망한 것으로 간주하는 제도를 말한다.

4. 상속개시의 시기

상속개시의 원인이 발생한 때, 즉 피상속인의 사망과 동시에 상속이 개시된다. 이러한 상속개시의 시기는 상속인의 자격과 범위, 상속순위 결정, 유류분(遺留分)을 결정하는 데 있어서 중요한 기준이 될 뿐만 아니라 납세의무의 성립과 신고기한의 결정 그리고 부과제척기간의 중요한 판단 기준이 된다.

(1) 자연적 사망

실제로 사망한 사실이 발생한 시점이 상속개시의 시기이다. 일반적으로 사망신고에 의하여 호적부에 기재된 사망 연, 월, 일, 시, 분으로 사망시기를 확인한다.

(2) 실종선고에 의한 사망

실종선고에 의하여 사망한 것으로 간주되는 경우에는 실종선고일을 사망일로 간주한다. 그러나 민법에서는 실종기간이 만료되는 시점을 사망일로 간주한다.

(3) 인정사망

사망보고서에 의해 사망으로 간주하는 경우에는 호적부에 기재된 사망 연, 월, 일, 시, 분으로 사망시기가 확정된다. 이 경우의 호적부 기재는 자연 사망시와 같은 추정적 효력을 갖게 된다.

(4) 동시사망

2인 이상이 동일한 위난(危難)으로 사망한 경우에는 동시에 사망한 것으로 본다. 그러나 상속세 및 증여세법에서는 2인 이상이 동일한 위난으로 인하여 사망한 경우에는 누가 먼저 사망하였는 지에 따라 상속인의 범위가 달라진다.

예를 들어 부모가 동일한 사고로 인하여 부(父)가 모(母)보다 먼저 사망한 경우에는 부의 재산은 모와 나머지 상속인에게 상속된다. 한편, 민법에서는 부모가 동시에 사망한 경우에는 사망의 선후를 증명하는 것이 어렵기 때문에 동시 사망한 것으로 추정하고 부모의 재산은 모두 상속인에게 상속된다.

🍎 예제 I. 상속개시일

김수종氏는 2019년 8월 8일 행방불명되어 경찰서에 신고하였다. 법원으로부터 2025년 1월 2일 실종신고신청에 대한 실종선고가 있는 경우 상속세및증여세법과 민법상 상속개시일은 각각 언제인가?

| 풀이 |

상속세및증여세법의 상속개시일은 실종선고일에 사망한 것으로 간주하고 있으므로 2025년 1월 2일이 된다. 그러나 민법상 실종선고의 기간만료일은 5년이므로 2024년 8월 8일에 해당된다. 따라서 2024년 8월 8일 오후 12시를 사망시기로 간주한다(민법이 상위법에 해당하므로).

5. 친족(親族)의 범위

친족이란 촌수가 가까운 겨레붙이, 즉 친속(親屬)을 말하며, 법률에서는 배우자, 혈족 및 인척 등을 모두 포함하는 말이다. 민법에서는 친족의 범위를 8촌 이내의 혈족, 4촌 이내의 인척 그리고 배우자로 규정하고 있다.

(1) 배우자

혼인에 의하여 결합된 상대방을 의미한다. 다만, 첩(妾)과 사실혼의 부부는 원칙적으로 배우자가 아니다.

(2) 8촌 이내의 혈족

혈통을 같이 하고 있는 자를 말한다. 혈족 중에서 자기의 직계존속[1]과 직계비속[2]을 직계혈족이

---

1) 조상으로부터 자기에 이르기까지 이어 내려온 혈족을 말하며, 부모·조부모·증조부모 등이 여기에 해당된다.

라 하고, 자기의 형제자매와 형제자매의 직계비속, 직계존속의 형제자매와 그 형제자매의 직계비속을 방계혈족이라 한다.

이러한 혈족은 다시 자연혈족과 법정혈족으로 나누어지는데, 자연혈족은 출생으로 인한 혈연관계가 있는 자를 말하며, 부계혈족과 모계혈족이 있다. 여기에 반해 법정혈족은 혈연관계가 없으나 법률에 의하여 혈족으로 인정되는 자와의 양친자(養親子)관계가 해당한다.

(3) 4촌 이내의 인척

혼인을 매개로 하여 일정한 신분관계에 놓이게 되는 사람을 말한다.

제3절 │ 재산상속방법

1. 지정상속(유언상속)

(1) 개요

고인(故人)이 유언으로 상속인과 상속지분을 지정하는 것을 지정상속(指定相續) 또는 유언상속이라고 한다. 즉, 피상속인이 재산상속에 대해서 유언을 하였다면, 법으로 정하는 상속인의 순위나 상속재산의 분배비율과는 관계없이 유언의 효력이 우선하므로 유언대로 상속이 이루어진다. 이와 같은 유언은 만 17세 이상인 사람은 정상적인 정신상태에 있는 한 누구나[3] 자유로이 할 수 있으나, 금치산자는 담당의사가 그 의사능력이 회복되었다고 유언증서에 부기(附記)하고 서명날인한 때에 한하여 유언을 할 수 있다. 그리고 유언은 본인의 의사를 존중하는 것이므로 유언의 대리는 허용되지 않는다.

(2) 유언의 방식

민법에서는 유언을 하는 사람의 진의를 명확히 하고 분쟁과 혼란을 피하기 위해서, 유언은 반드시 일정한 방식(要式性)으로 할 것을 요구하고 있다. 따라서 고인이 돌아기기 전에 가족이나 증인들을 모아놓고 말로만 유언을 남긴 경우나, 또 비록 유언장을 남겼더라도 그 유언이 그 형식을 엄격히 규정한 요식성에 부족한 점이 있다면 그 유언장은 유언으로서의 효력이 발생하지 않는다.

---

2) 자기로부터 아래로 이어 내려가는 혈족을 말하며, 자녀·손자·증손 등이 여기에 해당된다.

3) 미성년자·한정치산자도 정상적인 정신상태에 있는 한 법정대리인의 동의 없이 유언을 할 수 있다.

이러한 유언은 유언을 하는 방식에 따라 자필증서(自筆證書)·녹음(錄音)·공정증서(公正證書)·비밀증서(祕密證書)·구수증서(口授證書) 등에 의한 유언으로 구분된다.

(3) 유언증서의 검인청구

녹음이나 자필증서·비밀증서 등과 같은 유언증서를 보관하고 있는 사람이나 유언증서를 발견한 사람은 유언자의 사망 후 지체 없이 가정법원에 검인을 청구하여야 하고, 구수(口授)에 의한 유언증서는 증인 또는 이해관계인이 급박한 사유가 종료한 날로부터 7일 이내에 가정법원에 검인을 청구하여야 한다.

검인청구가 접수되면 가정법원은 검인(檢印)기일을 지정하여 검인을 하게 되는데, 유언증서가 봉인되어 있을 때에는 개봉하여 검인을 하게 되며, 이때에는 개봉기일과 검인기일을 같은 날로 지정하게 된다. 그리고 봉인된 증서를 검인할 때는 유언자의 상속인, 그 대리인 및 기타 이해관계가 있는 사람들이 참여하여야 한다.[4]

증서의 종류	봉인일자확인		검인청구		
	확인일자	확인기관	청구자	청구기한	청구할 곳
자필증서·녹음			증서를 보관하고 있거나 발견한 사람	유언자의 사망 후 지체 없이	가정법원
비밀증서	봉서표면 기재일부터 5일 이내	공증인 또는 가정법원			
구수증서			증인 또는 이해관계자	급박한 사유종료일부터 7일 이내	
공정증서	법원에서 따로 봉인일자 확인이나 검인을 받지 않아도 된다.				

【 유언증서의 봉인일자 확인 및 검인청구 】

(4) 유언의 증인이 될 수 없는 사람

유언 중에서 자필증서에 의한 유언을 제외한 녹음이나 공정증서·비밀증서·구수증서 등에 의한 네 가지 유언의 경우에는 모두 유언이 진실하게 성립되었다는 것을 확실하게 증명해 주는 증인이 반드시 있어야 한다.

그런데 만약 상속받을 사람에게 증인이 될 수 있는 자격을 준다고 한다면, 누구나 자기에게 유리하도록 증언하려고 할 것이므로 다음과 같은 사람들은 유언의 증인이 될 수 없다.

---

4) 검인조서에는 ① 제출자의 성명과 주소, ② 제출개봉과 검인의 일자, ③ 참여인의 성명과 주소, ④ 심문한 증인, 감정인, 상속인 기타 이해관계인의 성명, 주소와 그 진술의 요지, ⑤ 사실조사의 결과를 각각 기재하여야 한다.

① 미성년자

② 금치산자와 한정치산자

③ 유언에 의하여 이익을 받은 자, 그 배우자 및 직계혈족

(5) 유언의 철회

유언증서를 작성한 후 유언자가 심경의 변화나 주변 상황의 변화에 따라 유언을 철회하고 싶은 경우가 생길 수 있는데, 유언을 철회하는 방법에는 유언자가 살아 있을 때 유언의 전부나 일부를 철회하는 임의철회와 법률상 당연히 철회되는 법정철회의 2가지가 있다.

법률상 당연히 철회되는 법정철회에는 다음과 같은 3가지 경우가 있다.

① 유언을 2번 이상 한 때에, 먼저 한 유언과 나중에 한 유언이 서로 모순이 되는 경우에는 그 서로 모순된 부분의 먼저 한 유언을 철회한 것으로 보는 것이다. 예를 들어, 아버지가 먼저 장남에게 유언을 유서로써 남기고, 나중에 차남에게도 재산에 대한 다른 유언을 서면으로 남기고 돌아가셨다고 하면, 나중에 한 유언을 효력이 있는 것으로 보는 것이다.

② 유언 후 생존 중 행위가 유언과 서로 모순되는 경우에는 앞에 한 유언이 철회된 것으로 보는 것이다.

③ 유언을 한 사람이 고의로 유언증서를 찢어서 내버리거나 유증의 목적물을 깨뜨려서 헐어버린 경우에는 유언이 철회된 것으로 보는 것이다.

보충설명 금치산과 한정치산의 차이

• 금치산(禁治産) : 심신상실자를 보호하기 위하여 법원이 법률상 본인 스스로가 재산을 관리할 능력이 없음을 인정하고 재산의 처분을 금지하는 제도

• 한정치산(限定治産) : 심신 박약 따위로 재산을 관리할 능력이 없는 사람을 보호하기 위하여 재산관리행위의 능력을 제한하는 제도

<유언장의 예>

유 언 장

나 ○○○는 언제 만나게 될지 모르는 죽음에 대비하여 사랑하는 가족들에게 이 글을 남긴다.

- (가족들에게 하고 싶은 말을 쓴다) -

그리고 내 재산은 다음과 같이 나누어 갖도록 유언한다.

다 음

상속재산 중

1. 현재 살고 있는 서울특별시 ○○구 ○○동 ○○번지 ○○아파트 ○○동 ○○호와 은행예금
   ○○○원은 배우자 ○○○에게 준다.
2. ○○○도 ○○군 ○○면 산○○번지 임야 ○○○평방미터는 아들 ○○○에게 준다.
3. ○○○도 ○○군 ○○면 논 ○○○평방미터는 딸 ○○○에게 준다.

2○○○년 ○월 ○일

서울특별시 ○○구 ○○동 ○○번지 ○○아파트 ○○동 ○○호

○○○○○○ - ○○○○○○

유 언 자 ○ ○ ○ ㉑

* 공정증서와 구수증서의 경우에는 아래와 같은 증인기록란이 더 필요하다.

우리 두 사람은 위 ○○○氏가 유언증서를 작성하는데 증인으로 참여하였으며, 이 유언증서가 위
○○○氏의 유언임을 증언합니다.

증 인 ○ ○ ○ ㉑

증 인 ○ ○ ○ ㉑

2. 협의상속(협의분할)

(1) 개요

고인(피상속인)이 재산을 남겼으나 유언이 없었다면 공동상속인들끼리 협의하여 상속재산을 분할할 수 있다. 즉, 법에서 정한 지분대로 상속재산을 분할하게 되며, 토지나 건물과 같은 하나의 재산에 상속인의 지분대로 등기가 되어, 재산의 처분이나 권리의 행사 등에 많은 불편이 따르게 된다. 따라서 이러한 불편을 해소하기 위해서 공동상속인들이 전원 참가하여 협의를 하면, 유산을 얼마든지 나누어 가질 수 있는데 이것을 협의상속(協議相續)이라고 한다.

협의상속은 공동상속인 전원이 서로 양해하고 합의한 것이므로, 상속개시부터 상속인에게 귀속된 것으로 보아 소급하여 효력이 발생하며, 분할 결과에 따라 각 상속인이 법률상 받아야 할 상속지분과 실제로 상속받은 지분이 현저하게 차이가 나더라도 상관이 없으며 증여세도 과세되지 않는다. 다만, 상속부동산에 대한 상속지분을 포기하는 대가로 현금을 지급받았다면, 이것은 사실상 자산의 유상양도이므로 양도소득세의 과세대상이 된다.

(2) 상속재산분할협의서의 작성

협의분할을 할 때는 분할 후 사무적인 처리를 위해 일반적으로 상속재산분할협의서를 작성하게 된다. 이렇게 작성된 상속재산분할협의서를 제출 또는 제시함으로써 부동산의 소유자가 된 상속인은 상속등기를, 주권 등 유가증권의 소지자가 된 상속인은 명의개서를 단독으로 할 수 있으며, 채권을 취득한 상속인은 채무자에게 통지하여 다른 공동상속인에 대한 변제를 저지할 수도 있다.

<상속재산분할협의서의 예>

상속재산분할협의서

　2○○○년 ○월 ○일 서울특별시 ○○구 ○○동 ○○번지 ○○아파트 ○○동 ○○호 ○○○의 사망으로 인하여 개시한 상속에 있어 공동상속인 ○○○, 동 ○○○, 동 ○○○는 재산상속에 있어 다음과 같이 상속재산의 분할협의를 한다.

다　　음

1. 상속재산 중
　서울시 ○○구 ○○동 ○○번지 ○○아파트 ○○동 ○○호는 ○○○소유로 한다.
2. 상속재산 중
　○○○도 ○○군 ○○면 산○○번지 임야 ○○○평방미터
　○○○도 ○○군 ○○면 논 ○○○평방미터
　이상 2필지의 부동산은 ○○○소유로 한다.
3. 상속재산 중
　○○주식회사의 주식 ○○○주는 ○○○소유로 한다.

2○○○년 ○월 ○일

서울특별시 ○○구 ○○동 ○○번지 ○○아파트 ○○동 ○○호
○○○○○○ - ○○○○○○
○　○　○　㊞
○○○도 ○○군 ○○면 ○○번지
○○○○○○ - ○○○○○○
○　○　○　㊞
서울특별시 ○○구 ○○동 ○○번지 ○○아파트 ○○동 ○○호
○○○○○○ - ○○○○○○
○　○　○　㊞
위 미성년자의 특별대리인 삼촌　　○　○　○　㊞
서울특별시 ○○구 ○○동 ○○번지 ○○아파트 ○○동 ○○호

3. 법정상속

(1) 개요

고인(피상속인)이 별도로 유언을 남긴 경우에는 유언의 효력이 우선하므로 상속받을 수 있는 자격을 가진 사람이 여러 사람이라 하더라도 유류분을 제외하고 유언대로 분배하면 된다. 그러나 유언이 없거나 무효인 경우, 그리고 공동상속인간에 협의상속이 되지 않은 경우에는 재산상속에 관한 분쟁을 최소화하기 위하여 법으로 정하고 있는 상속방법에 따를 수밖에 없다.

(2) 법정상속순위

민법에 따라 재산을 상속받을 수 있는 사람은 원칙적으로 피상속인의 배우자·직계비속(直系卑屬)·직계존속(直系尊屬)·형제·자매·4촌 이내의 방계혈족(傍系血族)으로 한정한다. 그러나 피상속인의 배우자·직계비속·직계존속·형제·자매·4촌 이내의 방계혈족 중에서 재산상속을 받을 수 있는 사람이 아무도 없는 경우에는 사실혼의 배우자[5] 등 특별연고자가 재산을 나누어주도록 청구할 수도 있다.

현재 법에서 정하고 있는 상속순위는 다음과 같다. 그러나 상속은 상속순위에 따라 실제의 상속자가 결정되기 때문에, 비록 상속인의 범위에는 포함되었다고 하더라도 앞 순위에 해당하는 사람이 있는 경우에는 뒤 순위에 해당하는 사람은 하나도 상속받을 수 없으며, 같은 순위의 상속인이 여러 명이 있는 경우에는 모두 공동상속인이 되어 법률의 규정에 따라 균등하게 배분한다.

피상속인과의 관계			상속순위	상속 순위에 대한 설명
배우자		⇨	1순위 또는 2순위	항상 상속인이 된다.
혈족	직계비속	⇨	1순위	항상 상속인이 된다.
	직계존속	⇨	2순위	직계비속이 없을 때 상속인이 된다.
	형제·자매	⇨	3순위	배우자 및 1순위와 2순위의 상속인이 없을 때 상속인이 된다.
	4촌 이내의 방계혈족	⇨	4순위	배우자 및 1~3순위의 상속인이 없을 때 상속인이 된다.
특별연고자		⇨	특별순위	배우자와 1~4순위의 상속인이 없을 때 상속인이 된다.
국 가		⇨	최종순위	배우자, 1~4순위의 상속인 및 특별연고자가 없을 때 상속인이 된다.

【 재 산 상 속 순 위 】

---

5) 산업재해보상보험법과 공무원연금법, 군인연금법, 독립·국가유공자예우법 등에서는 사실혼 배우자도 각종 급여를 대신 받을 권리자로 규정하고 있다. 따라서 사실혼 당사자가 부부공동생활 사실을 입증할 수 있으면, 사실혼관계 존재확인 청구를 통해서 위자료 청구와 재산공유지분이전청구, 보험금 수령, 상속, 손해배상청구 등을 할 수 있다. 그리고 혼인신고특례법에서는 전쟁·사변으로 전투에 참가하거나 전투수행을 위한 공무에 종사함으로써 혼인신고를 하지 못한 배우자가 사망한 경우에는 생존자가 가정법원의 확인을 얻어 단독으로 혼인신고를 할 수 있도록 규정하고 있다.

① 제1순위 상속인

피상속인의 배우자와 직계비속(태아 포함)이다. 이 때 직계비속이 여러 명인 경우에는 촌수가 같으면 그 직계비속들은 같은 순위로 상속인이 되고, 촌수가 다르면 촌수가 가까운 직계비속이 먼저 상속인 된다.

즉, 자식(子)이 여러 명이 있을 경우에 이들은 같은 순위로 상속인이 되며, 직계비속으로서 자식과 손자(孫)가 있을 때에는 자식이 손자보다 우선하여 상속인이 된다. 하지만 직계비속의 경우 그것이 자연혈족이건 법정혈족이건, 혼인 중 또는 혼인 외의 출생자이건, 남녀 또는 기혼이나 미혼, 분가나 입양 등에 의하여 다른 호적에 있건 없건 그 상속순위에는 차이가 없다. 따라서 양자(養子)로 간 사람은, 양자로 간 집에서는 법정혈족으로, 태어난 친가에서는 자연혈족으로 직계비속에 해당되어 양쪽에서 모두 유산을 상속받을 수 있다. 그러나 호주(피상속인)가 후손이 없어 사망한 후에 양자가 되어서 그 후손이 없는 가문을 부흥한 경우에는 사후(死後)에 양자된 사람은 전 호주의 유산을 소급하여 상속할 권리가 없다. 그리고 상속개시 당시에 태아가 포태(胞胎)되어 있는 경우에는 태아도 이미 출생한 것으로 간주하기 때문에 유복자(遺腹子)도 상속인이 된다.

② 제2순위 상속인

피상속인의 배우자는 직계비속과 1순위이지만, 직계비속이 없는 경우에는 직계존속의 상속인과 같은 순위로 공동상속인이 되고, 그 상속인이 없는 경우에는 단독상속인이 된다.

물론 1촌인 부모가 생존해 계시면, 2촌인 조부모의 상속권은 자연히 상실된다. 그리고 부모 두 분이 모두 생존해 계실 경우에는 부모 두 분이 모두 공동상속인이 된다. 따라서 기혼 여성이 사망한 경우에는 1순위인 자녀와 남편이 가장 먼저 상속권을 갖게 되며, 자녀가 없는 경우에는 남편과 2순위인 친정부모가 상속인이 된다. 그리고 자녀도 남편도 모두 없다면, 그 상속재산은 당연히 2순위인 친정부모의 것이 된다.

③ 제3순위 상속인

피상속인의 배우자도, 자녀도, 부모와 조부모도 모두 없을 경우에는 피상속인의 형제자매가 제3순위 상속인이 된다. 그리고 형제자매는 남녀의 성별, 기혼·미혼, 호적의 이동, 자연혈족과 법정혈족, 동복(同腹)·이복(異腹)[6]의 차별은 없다. 형제자매가 여러 명인 경우에는 같은 순위로 상속인이 되며, 형제자매의 직계비속은 대습상속이 인정된다.

④ 제4순위 상속인

피상속인의 3촌부터 4촌 이내의 방계혈족[7]이다. 이들은 직계비속·직계존속·배우자·형제

---

6) 아버지가 돌아가신 경우에는 이복형제도 형제자매로서 상속인이 되나, 어머니가 돌아가신 경우의 이복형제는 어머니와는 아무런 관계가 없으므로 상속인이 될 수 없다.
7) 자기(피상속인)와 같은 시조(始祖)로부터 갈려 나간 혈족을 말한다.

자매가 없는 경우에만 상속인이 되고, 촌수가 같으면 공동상속인이 된다. 예를 들어, 3촌이 되는 방계혈족으로는 백부·숙부·고모·이모·이질·생질 등이 공동상속인이 되며, 4촌이 되는 방계혈족으로는 종형제자매·고종형제자매·외종형제자매·이종형제자매 등이 공동상속인이 된다. 물론 이 경우에도 3촌의 방계혈족이 있을 때는 4촌들은 상속인이 될 수 없다.

⑤ 특별순위 상속인
상속인이 없는 재산에 대하여 가정법원은 상속인 수색공고를 한 후, 공고일로부터 3개월 내에 상속권을 주장하는 사람이 없을 때에는 공고일로부터 3개월이 끝난 날로부터 2개월 내에 피상속인과 생계를 같이하고 있던 자(사실혼의 배우자), 피상속인을 요양·간호한 자, 기타 피상속인과 특별한 연고가 있던 사람들이 상속재산을 나누어주도록(분여) 청구를 할 수 있으며, 가정법원은 이에 의하여 상속재산의 일부 또는 전부를 분여할 수 있도록 규정하고 있다.

⑥ 최종순위 상속인
국가는 상속인 수색 공고기간(2년 이상) 내에 상속권을 주장하는 자가 없는 때에는 그 상속재산은 국가에 귀속된다.

(3) 상속인의 결격사유

다음 사유에 해당하는 자는 상속인이 되지 못한다.
- ① 고의로 직계존속, 피상속인, 그 배우자 또는 상속의 순위나 동 순위에 있는 자를 살해하거나 살해하려 한 자
- ② 고의로 직계존속, 피상속인과 그 배우자에게 상해를 가하여 사망하게 한 자
- ③ 사기 또는 강박으로 피상속인의 양자 기타 상속에 관한 유언 또는 유언의 철회를 방해한 자
- ④ 사기 또는 강박으로 피상속인의 양자 또는 기타 상속에 관한 유언을 하게 한 자
- ⑤ 피상속인의 양자 기타 상속에 관한 유언서를 위조·변조·파기 또는 은닉한 자

(4) 상속분

상속분이란 공동상속인의 경우 상속인 각자가 상속받거나 받을 수 있는 상속분을 말하며, 상속분에 따라 상속인 각자가 부담하는 상속세의 비율이 결정된다. 상속지분은 지정상속분과 법정상속분으로 구분된다.

① 지정상속분
피상속인은 유언에 의하여 공동상속인의 상속지분을 지정할 수 있으며, 지정상속분은 법정상속분에 우선하여 상속재산을 취득할 수 있다. 그러나 민법에서는 유류분의 보전제도를 두어 각 상속인이 최소한도로 받을 수 있는 상속지분을 보호하고 있다. 따라서 유류분 권리자가 유

증 등으로 인하여 유류분에 부족이 생긴 경우에는 그 부족분에 대하여 반환을 청구할 수 있다. 유류분은 직계비속 및 배우자는 법정상속분의 $\frac{1}{2}$을, 직계존속 및 형제자매는 법정상속분의 $\frac{1}{3}$에 해당한다.

② 법정상속분

유언상속이 없는 경우에는 법정상속지분에 따라 상속재산을 분할한다. 법정상속의 경우 같은 순위의 상속인이 여러 명인 경우에는 그 상속지분은 같다. 그러나 배우자의 상속분은 직계비속과 공동으로 상속하는 때에는 직계비속의 상속분에 50%를 가산하고, 직계존속과 공동으로 상속하는 때에는 직계존속의 상속분에 50%를 가산한다.

구 분	상 속 인	법정상속분	배분율
피상속인의 자녀 및 배우자가 있는 경우	장남 · 배우자만 있는 경우	장남 1	2/5
		배우자 1.5	3/5
	장남 · 장녀(미혼) · 배우자가 있는 경우	장남 1	2/7
		장녀 1	2/7
		배우자 1.5	3/7
	장남 · 장녀(출가) · 차남 · 차녀 · 배우자가 있는 경우	장남 1	2/11
		장녀 1	2/11
		차남 1	2/11
		차녀 1	2/11
		배우자 1.5	3/11
피상속인의 자녀가 없고, 배우자 및 직계존속(부 · 모)이 있는 경우		부 1	2/7
		모 1	2/7
		배우자 1.5	3/7

【 법 정 상 속 분 】

구 분	상 속 인	법정상속분	배분율
조부가 사망한 경우	장남 · 장녀 · 차남 단, 차남은 사망하였으며, 그 배우자와 아들 1명만 있음	장남 1 장녀 1 차남 1 〈대습상속〉 배우자 1.5 아들 1	1/3 1/3 (1/3) 3/15 2/15
남편 사망시	배우자 · 장남 · 장녀 · 차남 단, 장남은 사망하였으며, 슬하에 아들만 2명 있음	배우자 1.5 장남 1 장녀 1 차남 1	3/9 대습장남 1/9 대습차남 1/9 2/9 2/9

【 대습상속시 법정상속분 】

(5) 유류분 제도

협의상속이나 법정상속보다도 유언상속을 우선하는 것은 사유재산제도하에서는 누구나 자기의 재산을 임의로 처분할 수 있을 뿐만 아니라 각 상속인들에 대한 피상속인의 개인적 감정이나 상속재산의 증가에 대한 각 상속인들의 협력정도 등을 반영하려는 피상속인의 자유의사를 존중하려는데 그 취지가 있다. 그러나 피상속인이 지나치게 감정에만 치우쳐서 본인 사후에 상속인의 물적 생활기반을 희생하면서까지 총애하는 극소수의 사람에게만 유언으로 재산을 상속하고 다른 상속인들은 전혀 배려하지 않는다면 사회적으로도 바람직하다고 할 수 없다.

따라서 법에서는 유언의 자유의사를 존중하되, 상속인들의 희생을 강요해서는 안 되기 때문에, 유언에 약간의 제한을 두어서 각 상속인들이 피상속인의 재산 중에서 최소한도로 받을 수 있는 상속지분을 정하여 보호하고 있는데 이것을 유류분(遺留分) 제도라고 한다.

이와 같은 유류분을 청구할 수 있는 권리, 즉 유류분권을 가질 수 있는 사람은 피상속인의 직계비속 · 배우자 · 직계존속 · 형제 · 자매이다. 그리고 태아도 살아서 출생하면 직계비속으로서 유류분권을 가지며, 대습상속인에게는 피대습자 상속분의 범위 내에서 유류분권이 인정된다.

유류분의 비율은 법정상속순위에 따라서 달라지는데, 피상속인의 배우자와 직계비속은 법적으로 상속받을 수 있는 재산의 $\frac{1}{2}$, 피상속인의 직계존속과 형제 · 자매는 법적으로 상속받을 수 있는 재산의 $\frac{1}{3}$에 대하여 유류분권을 갖는다. 그리고 이와 같은 유류분권은 피상속인이 증여 또는 유증을 했더라도 침해할 수 없기 때문에, 피상속인의 증여나 유증으로 그 유류분에 부족이 생긴 때에는 유류분 권리자가 상속의 개시와 반환하여야 할 증여 또는 유증사실을 안 날로부터 1년 이내, 또는 상속이 개시된 날로부터 10년 이내에 유류분의 한도에 이르기까지 증여 또는 유증으로 인하여 생긴 부족분을 반환해 주도록 청구할 수 있다.

이와 같이 유류분의 침해에 대한 반환청구권의 행사여부는 유류분 권리자의 자유의사에 달려 있으며, 상속개시 후에는 반환청구권을 당연히 포기할 수도 있다.

(6) 상속재산의 분할

상속인이 여러 사람인 경우에는 협의상속이나 법정상속을 하기로 한 경우에도, 일반적으로 상속인들이 상속재산을 공동으로 소유하고 있는 경우가 많다. 이와 같은 상속재산의 공동소유관계를 끝내고자 할 때에는 각자의 상속지분에 따라서 그 재산을 배분 또는 귀속시키도록 상속재산을 분할하여야 한다. 그런데 상속재산을 분할하기 위해서는 다음과 같은 3가지 조건이 충족되어야 한다.

① 상속재산의 공유(共有)관계가 존재하여야 한다.
② 공동상속인이 확정되어 있어야 한다.
③ 피상속인의 유언 및 공동상속인 전원의 협의로써 상속재산분할의 금지가 없어야 한다.

따라서 분할방법 지정이나 지정위탁 유언이 무효이거나 분할방법 지정을 위탁받은 제3자가 적법하게 분할하지 아니한 경우에는 협의분할을 하여야 한다. 그러나 분할하느냐 하지 않느냐를 두고 의견이 일치하지 않거나 분할방법에 관해서 의견이 일치하지 않아 협의가 성립되지 아니할 때에는 각 공동상속인이 가정법원에 우선 분할조정을 신청하고, 조정도 성립되지 않으면 분할심판을 청구하여야 한다.

4. 한정승인과 상속포기

민법상 상속은 재산뿐만 아니라 채무도 포함되는 개념이다. 물론 대부분의 경우에는 채무보다 상속재산이 더 많은 것이 일반적이지만 채무가 더 많아서 상속재산만으로는 채무를 다 상환하지 못할 경우도 발생할 수 있다.

따라서 상속인들은 채무와 상속재산을 받지 아니하고 상속 자체를 완전히 포기할 수도 있으며, 상속으로 받은 재산의 한도 내에서만 피상속인의 채무를 변제한다는 조건부로 상속받는 한정승인(限定承認)도 가능하다.

상속을 포기하면 처음부터 상속인이 아니었던 것으로 되므로 피상속인의 유산뿐 아니라 채무도 모두 포기한 것이 되는 것이다. 만약 상속인이 여러 명인 경우에는 어느 한 상속인만이 상속을 포기하였다면, 그 상속분은 상속을 포기하지 않은 다른 상속인들의 비율로 다른 상속인들에게 귀속되므로 주의해야 된다.

물론 상속포기나 한정승인은 언제든지 할 수 있는 것은 아니다. 즉, 상속의 개시(사망일)있음을 안 날8)로부터 3개월이 지나면 상속재산과 채무를 당연히 모두 상속받는 것으로 간주되기 때문에 상속포기나 한정승인을 할 수 없다. 따라서 상속의 개시(사망일)있음을 안 날로부터 3개월 이내에 '상속포기신고 심판청구서'나 '한정승인신고 심판청구서'를 가정법원에 제출하여야 한다. 다만, 한정승인인 경우에는 상속채무가 상속재산을 초과하는 사실을 과실 없이 알지 못한 경우에 한하여 그 사실을 안 날로부터 3개월 내에 할 수 있도록 예외적으로 인정하고 있다.

그리고 일단 절차를 밟아서 상속을 포기한 뒤에는 상속포기한 것을 다시 취소할 수가 없으며, 공동상속인 전원이 일치된 의견으로 상속을 포기할 수도 있다. 그런데 1순위 상속인들이 모두 상속을 포기한 경우에는, 그 포기한 1순위 중 앞 순위 상속인들은 피상속인의 사망시점에 원래부터 없었던 것으로 보게 되므로, 그 채무를 1순위 중 후 순위인 손자들이 다음 상속순위자로서 채무까지 상속받게 된다. 또한 손자들도 없는 경우에는 2순위인 직계존속에게, 그 다음에는 3순위인 형제·자매에게, 또 그 다음에는 4순위인 4촌 이내의 형제·자매로 내려가면서 채무까지 상속받게 된다. 따라서 모든 상속인들이 상속채무를 완전히 상환하지 않게 하려면, 순위 여하를 불문하고 상속인 전원이 상속포기신청을 하여야 한다.

그러나 위와 같이 번거로운 상속포기절차를 밟는 것보다는 1순위의 공동상속인 전원이 일치된 의견으로 한정승인을 하게 되면, 1순위 중 후 순위인 손자들과 2순위인 직계존속 이하의 상속인들은 피상속인의 채무를 승계하지 않게 되어 상속문제를 복잡하지 않고 단순하게 해결할 수 있는 좋은 방법이라고 할 수 있다.

한편, 법원으로부터 한정승인 결정을 받으며, 한정승인을 받은 상속인은 결정일로부터 5일 이내에 채권자와 유증 받은 자에 대하여, 한정승인의 사실과 일정한 기간 내에 그 채권 또는 수증을 신고할 것을 2개월 이상 공고하여야 한다. 만약, 공고를 하지 아니하였더라도 한정승인의 효력은 없어지지 아니하나, 공고를 게을리 함으로써 채권자의 일부가 손해를 본 경우에는 배상을 하여야 한다.

---

8) 상속개시의 원인이 되는 사실의 발생을 알고, 또 이로써 자기가 상속인이 되었음을 안 날을 말한다.

제4절 │ 상속세의 개념

1. 상속세의 이론적 근거 및 특성

(1) 상속세의 이론적 근거

어느 특정한 개인이 생전에 많은 재산을 모을 수 있었다는 것은 그 개인의 노력과 능력이 다른 사람들보다 뛰어난 때문인 것도 틀림없겠지만, 어떻게 보면 사회의 많은 사람들로부터 도움을 받았거나, 폐를 끼쳤기 때문에 가능한 것이라 할 수 있다. 또한 국가로부터 그 사람이 그렇게 많은 재산을 모을 수 있도록 법률과 제도로서 그 개인의 재산권을 보호한 결과라고도 볼 수 있다. 가령, 소비가 많은 甲이라는 사람과 소비가 적은 乙이라는 사람이 국가로부터 동일한 혜택을 받는다면 동일한 소득에 대해 동일한 세금을 부담해야 하나, 현재 세법에 의하면 甲이라는 사람이 더 많은 세금(주세, 담배소비세 및 특별소비세 등)을 부담해야 한다. 즉, 乙이라는 사람이 소비하지 않고 모아 놓은 재산은 어떻게 보면 생존 중에 부담해야 할 세금 등을 부담하지 않았기 때문에 가능한 것이라 할 수 있다. 따라서 많은 재산을 상속하는 경우에는 상속세라는 세금을 통해 사회에 환원해야만 공평하다고 할 수 있다.

다시 말해, 상속세는 부(富)의 편재를 막고 소득의 재분배를 실현하여 조세부담의 공평성을 도모하기 위한 사회정의실현이라는 관점에서 사회정책설을 주장하고 있다. 또한 상속인이 무상으로 재산을 취득하게 되면 불로소득(不勞所得)에 의한 불건전한 사회풍토가 조장될 염려가 있어서 고율과세를 하여야 한다는 입장이다. 이처럼 대부분의 국가들은 피상속인의 유산이 상속에 의하여 상속인 등에게 무상으로 이전되는 것에 대하여 상속세를 과세하고 있는데, 이론적 근거는 다음과 같다.

① 소급과세설
피상속인이 생존시 정책적 지원 또는 조세회피 등에 의하여 축적된 재산에 대하여 과거의 과세 누락 또는 과소 부과된 세액을 소급하여 추징한다는 설이다.

② 국가상속권설
재산의 소유자가 사망하면 그 재산은 당연히 국가에 귀속되어야 할 것이지만, 국가가 사유재산을 인정하고 그 재산을 상속할 수 있는 권리를 부여하였으므로 상속재산은 상속인에게 귀속되는 까닭에 국가는 상속세를 징수할 수 있다는 설이다.

③ 국가공동상속설
국가도 상속인과 같이 상속재산에 대하여 일부의 상속권을 가지고 있기 때문에 상속이 개시되어 상속인에게 재산이 이전될 때에는 국가가 상속재산의 일부를 상속받아야 한다는 설이다.

④ 지불수수료설

부의 축적과 상속은 국가의 보호를 받은 결과로 나타난 것이기 때문에 이와 같은 국가의 협력에 대하여 당연히 수수료를 지불하여야 한다는 설이다.

⑤ 사회정책설

상속재산은 피상속인의 경제적 수완과 활동능력에 따라 축적된 것이다. 그러나 상속재산은 국가의 정책에 따라 이루어진 부분이 있으므로 이를 과세함에 따라 부의 편재를 막고 소득재분배를 실현하여 조세부담의 공평성을 도모하기 위한 사회정의 실현이라는 관점에서 사회정책설을 주장하고 있다. 또한 상속인이 무상으로 재산을 취득하게 되면 불로소득에 의한 불건전한 사회풍토가 조장될 염려가 있어서 고율과세를 하여야 한다는 입장이다.

(2) 상속세의 특성

① 상속인의 불로소득에 대한 과세이다.
② 과세물건이 확실하다.
③ 영속성이 없다.
④ 피상속인의 생존시 과세누락을 보완한다.
⑤ 부의 집중에 대한 소득의 재분배효과가 있다.

2. 상속세와 증여세와의 관계

상속세와 증여세는 모두 재산의 무상이전에 대하여 부과하는 조세이다. 상속세는 상속개시에 의하여 재산이 이전되는 경우에 과세하고, 증여세는 재산을 생존 중 이전(移轉)하는 것에 대하여 과세한다. 다만, 증여세는 생존 중에 쌍방 간의 계약에 의하여 이전하는 재산에 대하여 과세하는 것이다.

재산의 무상이전에 대해 사망 후에 상속세만 과세한다면 생존 중에 소유재산을 분산 증여함으로써 조세회피가 가능하게 될 것이다. 이러한 경우의 조세회피에 대해 납세자들은 조세부담의 불공평이 야기될 것이다. 따라서 이와 같은 조세부담의 불공평을 방지하기 위해 개인이 생존 중에 타인에게 자산을 증여한 경우에, 증여로 인하여 재산을 취득한 자에게 그 증여받은 재산의 가액을 대상으로 증여세를 부과하게 된다. 이러한 의미에서 증여세는 상속세의 보완세라고 할 수 있다.

3. 상속세와 소득세와의 관계

상속세는 상속의 개시에 의하여 무상 이전되는 상속재산을 과세대상으로 하기 때문에 일반적으로 상속재산에 대하여는 소득세가 과세되지 아니한다. 그러나 상속세는 피상속인의 사망 당시의 유산에 대하여 과세되는 조세이다. 따라서 피상속인의 생존 중 소득세에서 누락되었던 소득까지 재산으로 파악하여 과세하기 때문에 상속세는 소득세의 보완적 기능을 갖고 있다고 할 수 있다.

제5절 | 상속세의 과세방식

상속받는 사람이 한 사람뿐이라면 그 사람에게서 상속세를 받으면 되기 때문에 아무런 문제가 없다. 그러나 상속받는 사람이 여러 사람인 경우에는 누구에게 얼마만큼씩 상속세를 받아야 할 것인지를 결정해야 하는 문제가 생긴다.

이와 같이 상속받는 사람이 여러 사람인 경우에 상속세를 과세하는 방식에는 피상속인이 남긴 유산 전체를 하나로 보고 상속세를 부과하는 유산과세 방식과, 상속인별로 각자가 상속받은 재산을 기준으로 하여 과세하는 취득과세 방식의 두 가지가 있다.

1. 유산과세 방식

(1) 개요

유산과세 방식(Estate Tax System)은 상속재산이 각 상속인들에게 분배되었느냐, 분배되지 않았느냐 하는 것과는 관계없이 각 상속인에게 분배되기 직전 피상속인의 상속재산 전부를 과세단위로 하여 과세하는 것을 말한다. 즉, 여러 사람이 상속을 받는 공동상속의 경우에도 일단 피상속인의 모든 재산에 대하여 누진세율을 적용하여 상속세를 계산한 후 각 상속인의 상속지분에 따라 상속세를 안분계산하는 것이다.

이와 같은 유산과세 방식은 상속재산을 피상속인이 생존 중에 받은 세제상의 특혜나 사회로부터 받은 이익 등에 기인한 것으로 보기 때문에, 사망시점에서 그 동안 사회가 피상속인에게 관리 · 운용하도록 위탁하였던 부의 일부를 사회에 다시 환원하게 함으로써 세대간의 과도한 축적을 피할 수 있다는 피상속인에 대한 과세정산 측면을 강조함으로서 재산세적 성격을 갖는다고 볼 수 있다. 유산과세 방식은 미국 · 영국 · 네덜란드 · 캐나다 · 스위스 등과 같이 주로 영미법계 국가에서 채택하고 있으며, 현행 우리나라 상속세는 이 방식을 채택하고 있다.

(2) 유산과세 방식의 장단점

장 점	단 점
① 누진세율의 채택으로 공평과세에 가깝게 과세한다. ② 유산총액에 대하여 단 한 번의 부과로 그 과세를 종결시킬 수 있으므로 세무행정이 간단하고 편리하다.	① 각 상속인별로 상속재산액의 많고 적음에 관계없이 같은 수준의 한계세율이 적용되는 모순이 있다. ② 재산이 한 사람에게 상속되나, 여러 사람에게 분산 상속되나 조세의 총부담액이 같게 된다. ③ 중산계층에 대한 상속세 부담이 상대적으로 가중된다.

2. 취득과세 방식

(1) 개요

취득과세 방식(Inheritance Tax System)은 피상속인이 남긴 상속재산 전체의 크기와는 관계없이 상속인별로 각자 취득한 재산의 유무(有無)와 크기에 따라서 상속세를 결정하는 방법으로, 분할된 상속재산에 따라 상속세가 달라지는 방식을 말한다. 즉, 상속인이 여러 사람일 경우 먼저 상속재산을 상속지분에 따라 분할하고 상속인별로 실제 상속받은 각자의 몫을 과세대상으로 하여 초과누진세율을 적용하는 것으로, 상속인의 수에 따라서 납세액이 달라지므로 유산의 분할이 촉진될 수 있다.

그리고 취득과세 방식은 피상속인에 대한 과세정산 측면보다는 재산의 무상이전에 더 비중을 두고 있으며, 상속재산의 분할에 따라 과세한다는 점에서 수익세적 성격을 띠고 있다고 볼 수 있다. 이와 같은 취득과세세 방식은 주로 독일·프랑스 등의 유럽대륙 국가에서 채택하고 있다.

(2) 취득과세 방식의 장단점

장 점	단 점
① 상속인이 취득하는 재산에 상응한 과세를 함으로써, 공평한 조세부담을 실현할 수 있다. ② 부의 분산을 유도할 수 있다. ③ 중산층에 대한 상속세 부담이 상대적으로 가볍다.	① 동일한 수준의 세율에서는 세수가 감소한다. ② 상속재산의 위장 분할로 인한 조세부담의 회피현상이 발생할 우려가 있다. ③ 세무행정이 복잡해진다.

예) 유산과세 방식과 취득과세 방식의 가장 큰 차이는 부담하는 누진세율이다.

만약 유산총액 100억을 상속인이 10명이 동일하게 분배한다면, 유산과세 방식에서는 총액 100억에 높은 누진구간이 적용될 것이고, 취득과세 방식에는 10명으로 분배된 각 10명의

10억에 대하여 상대적으로 낮은 누진구간이 적용될 것이다.

제6절 | 상속세의 기초

1. 상속세의 목적

상속세 및 증여세법은 상속세 및 증여세의 과세(課稅) 요건과 절차를 규정함으로써 상속세 및 증여세의 공정한 과세, 납세의무의 적정한 이행 확보 및 재정수입의 원활한 조달에 이바지함을 목적으로 한다.

2. 과세대상

상속세는 상속·유증·사인증여 등에 의하여 상속이 개시되는 경우 상속재산에 대해 과세하며, 과세대상의 범위는 상속개시일 현재 피상속인이 거주자냐, 그렇지 않으면 비거주자냐에 따라 달라진다. 다시 말해, 피상속인이 국내에 주소를 두거나 183일 이상 거소를 둔 거주자인 경우에는 국내외에 있는 피상속인의 모든 상속재산에 대해서 상속세를 과세하게 되나, 피상속인이 비거주자인 경우에는 국내에 있는 상속재산에 대해서만 상속세를 과세한다. 이와 같이 과세대상을 구분하는 것은 피상속인이 거주자인가 또는 비거주자인가 하는 것이며, 상속인이 거주자인가 또는 비거주자인가 하는 것과는 아무런 관련이 없다. 그리고 주소의 판정에 있어서 국내에서 생계를 같이하는 가족과 함께 외국인등록을 하고 거주하는 외국인의 경우에는 국내에 주소가 있는 것으로 보며, 내국인으로서 해외이주신고를 하고 출국한 국외이주자의 경우에는 국내에 주소가 없는 것으로 본다.

구 분	과 세 대 상	비 고
거주자가 사망한 경우	국내외에 소재하는 모든 상속재산	무제한 납세의무
비거주자가 사망한 경우	국내에 소재하는 모든 상속재산	제한 납세의무

【 상속세 과세대상 】

3. 납세의무자

상속세의 납세의무자는 원칙적으로 자연인인 개인이다. 즉, 상속세법에서의 납세의무자는 피상속인의 재산을 상속하는 경우에는 그 상속인(태아, 상속포기자 및 특별연고자 포함)이며, 유증 및 사인증여의 경우에는 수유자(受遺者)이다. 따라서 상속·유증·사인증여에 의하여 재산을 취득한 사람은 부과된 상속세에 대하여 상속재산 중 각자가 받았거나 받을 재산을 한도로 연대하여 상속세를 납부할 의무가 있다.

상속재산을 취득한 자가 자연인이 아닌 비영리법인인 경우에는 비영리법인이 상속세 납세의무를 진다. 또한 법인으로 보는 법인 아닌 단체의 경우에도 비영리법인으로 보기 때문에 상속세 납세의무자가 될 수 있다.

① 상속인(또는 수유자) : 상속재산(상속재산에 가산하는 증여재산 중 상속인이나 수유자가 받은 증여재산을 포함) 중 각자가 받았거나 받을 재산을 기준으로 대통령령으로 정하는 비율에 따라 계산한 금액을 상속세로 납부할 의무가 있다. 연대납세의무는 각자가 받은 재산을 한도로 한다.

② 특별연고자 또는 수유자가 영리법인인 경우로서 그 영리법인의 주주 또는 출자자(이하 "주주등"이라 한다) 중 상속인과 그 직계비속이 있는 경우에는 대통령령으로 정하는 바에 따라 계산한 지분상당액을 그 상속인 및 직계비속이 납부할 의무가 있다.

③ 사전(死前) 증여 받은 상속인이 상속포기를 한 경우에도 상속세 (연대)납세의무가 있다.

상속인	납 세 의 무
개 인	① 자연인(개인) : 상속세의 납세의무를 진다. 그러나 소득세의 납세의무는 없다. ② 사업과 관련하여 받은 개인사업자 : 자산수증익으로 소득세 납세의무를 진다. 그러나 상속세의 납세의무는 없다.
법 인	① 영리법인 : 상속세의 납세의무는 없다. 그러나 자산수증이익은 익금항목에 해당하므로 법인세가 과세된다. ② 비영리법인 : 상속세의 납세의무를 진다. 그러나 법인세가 과세되지 않는다.

【 재산의 무상이전에 대한 납세의무 】

4. 과세관할(납세지)

과세관할이란 납세의무자가 세법에 의한 의무를 이행하고 권리를 행사하는데 기준이 되는 장소를 말한다. 상속세의 납세지는 피상속인이 거주자인 경우에는 상속개시 시점의 주소지(주소지가 없거나 분명하지 아니한 경우에는 거소지)이며, 비거주자인 경우에는 상속재산의 소재지이다. 다만, 상속개시지가 국외인 때에는 국내에 있는 재산의 소재지를 관할하는 세무서장이 관할하고, 상속재산이 2이상의 세무서장 등의 관할구역 안에 있을 경우에는 주된 재산의 소재지를 관할하는 세무서장 등이 과세한다.

또한 실종으로 인한 사망의 경우 상속과세 관할은 피상속인의 상속개시지를 관할하는 세무서장으로 한다. 다만, 피상속인의 상속개시지가 불분명한 경우에는 주된 상속인(상속지분이 큰 자이며, 지분이 큰 자가 2이상인 경우에는 호주 또는 호주승계인으로 함)의 주소를 관할하는 세무서장으로 한다.

(1) 상속개시지

상속개시지란 상속이 개시되는 장소 즉, 피상속인의 주소지를 말한다. 따라서 상속은 피상속인의 주소지에서 개시된다.

① 주소
주소란 각자 생활의 근거가 되는 곳을 말한다. 이 경우 생활의 근거가 되는 곳인지의 여부는 객관적인 사실에 의하여 판정하며, 원칙적으로는 주민등록지를 기준으로 한다. 다만, 주소가 명확하지 않을 경우 국내에서 생계를 같이 하는 가족 및 국내에 소재하는 재산의 유무 등 생활관계의 객관적 사실에 따라 주소를 판정한다.

② 거소
거소란 주소 이외의 장소 중 상당기간에 걸쳐 거주하는 장소로서 주소와 같이 밀접하고 일반적인 생활관계가 형성되지 아니한 장소를 말한다.

(2) 상속재산 소재지

피상속인이 비거주자인 경우에는 국내 상속재산에만 납세의무가 발생하며, 그 상속재산의 소재지에 의해 납세지가 결정되기 때문에 상속재산 소재지를 다음과 같이 정하고 있다.

① 부동산 또는 부동산에 관한 권리
부동산 또는 부동산에 관한 권리에 대하여는 부동산의 소재지에 의한다.

② 광업권(鑛業權)9) 또는 조광권(租鑛權)10)
광업권 또는 조광권에 대하여는 광구의 소재지에 의한다.

③ 어업권(漁業權)11)과 입어권(入漁權)12)
어업권과 입어권에 대하여는 어장에 가까운 연안에 의한다.

---

9) 일정한 광구(鑛區)에서 광물을 채굴할 수 있는 권리를 말한다.
10) 남의 광구에서 광물을 캐내어 차지할 수 있는 권리를 말한다.
11) 특정 어장(漁場)에서 독점적으로 어업을 할 수 있는 권리를 말하며, 어로권(漁撈權)이라고도 한다.
12) 타인이 점유하고 있는 어장(漁場) 등, 특정한 어장에서 어업을 하는 권리를 말한다.

④ 선박(船舶)

선박에 대하여는 선적의 소재지에 의한다.

⑤ 항공기(航空機)

항공기에 대하여는 항공기 정치장의 소재지에 의한다.

⑥ 주식·출자지분 또는 사채

주식·출자지분 또는 사채에 대하여는 주식·출자지분 또는 사채 등을 발행한 법인 또는 그 출자자가 되어 있는 법인의 본점 또는 주된 사무소의 소재지에 의한다. 다만, 외국법인이 국내에서 발생한 주식·출자지분 또는 사채에 대하여는 그 거래를 취급하는 금융회사 등 영업장의 소재지에 의한다.

⑦ 신탁재산(信託財産)

자본시장과 금융투자업에 관한 법률의 적용을 받는 신탁업을 경영하는 자가 취급하는 금전신탁에 대하여는 해당 신탁재산을 인수한 영업장의 소재지에 의한다. 다만, 금전신탁 외의 신탁재산에 대하여는 재산의 소재지에 의한다.

⑧ 금융(金融)재산

신탁재산 외의 대통령령이 정하는 금융재산에 대하여는 해당 재산을 취급하는 금융기관 영업장의 소재지에 의한다.

⑨ 금전채권

금전채권에 에 대하여는 채무자의 주소지에 의한다.

⑩ 기타 유형재산 또는 동산

기타 유형재산 또는 동산에 대하여는 그 유형재산의 소재지 또는 동산이 현존하는 장소에 의한다.

⑪ 특허권[13]·상표권[14] 등 등록을 요하는 권리

특허권·상표권 등 등록을 요하는 권리에 대하여는 그 권리를 등록한 기관의 소재지에 의한다.

⑫ 저작권[15](출판권[16]·저작인접권[17])

저작권의 목적물인 저작물이 발행되었을 경우 그 발행장소에 의한다.

---

13) 공업 발명품에 대하여 그 권리를 전용(專用)·독점할 수 있는 권리를 말한다.

14) 상표의 등록에 따라, 상표를 독점적으로 사용할 수 있는 권리를 말한다.

15) 저작자가 자기 저작물의 복제·번역·방송·상연 등을 독점적으로 이용할 수 있는 권리를 말한다.

16) 출판권(出版權)이란 첫째, 저작자가 자기의 저작물을 복제하여 발행할 수 있는 권리와 둘째, 출판자가 저작권자로부터 설정을 받아 저작물을 일정 기간 복제하여 발행할 수 있는 권리, 즉 판권을 말한다.

17) 저작인접권(著作隣接權)이란 가수나 연주자 등 저작물의 내용을 실연(實演)하는 사람, 음반 제작자, 방송 사업자 등에게 인정하는, 저작권에 준하는 권리를 말한다.

⑬ 위의 재산 이외에 영업장을 가진 자의 영업에 관한 권리

그 영업장의 소재지 그 재산의 권리자의 주소에 의한다.

위에 규정되지 아니한 재산의 소재지는 그 재산의 권리자의 주소로 한다.

제7절 | 상속재산의 범위

1. 총상속재산의 구성

총상속재산은 본래의 상속재산, 간주상속재산, 추정상속재산 및 증여재산으로 구성된다.

> 총상속재산 = 본래의 상속재산 + 간주상속재산 + 추정상속재산 + 증여재산

2. 본래의 상속재산

(1) 의의

본래의 상속재산이란 민법상의 상속재산으로, 상속개시일 현재 피상속인에게 귀속되는 재산(유증·사인증여·특별연고자 분여재산 포함)으로서 금전으로 환가할 수 있는 경제적 가치가 있는 모든 물건과 재산적 가치가 있는 법률상 또는 사실상의 모든 권리를 포함한다.

(2) 상속재산의 범위

토지·건물·예금 등 피상속인에게 귀속되는 경제적 가치가 있는 재산으로서 금전으로 환가할 수 있는 모든 물건과 재산적 가치가 있는 법률상 또는 사실상의 권리를 말한다. 다시 말해, 경제적 가치 또는 재산적 가치가 있는 것만 상속재산(유증, 사인증여 등)에 포함되므로 피상속인의 일신(一身)에 전속하여 피상속인의 사망으로서 소멸하는 것이나 인정상여 등과 같이 실질적인 재산이 없는 것은 상속재산에 해당하지 아니한다. 기타 이와 유사한 상속재산의 범위는 다음과 같다.

① 물권, 채권 및 무체재산권, 신탁수익권, 전화가입권 등이 포함된다.

② 법률상 근거에 불구하고 경제적 가치가 있는 영업권과 같은 것이 포함된다.

③ 질권, 저당권 또는 지역권과 같은 종(從)된 권리는 주(主)된 권리의 가치를 담보하고 또는 증가시키는 것으로서 독립하여 상속재산을 구성하지 않는다.

④ 피상속인에게 귀속되는 소득이 있는 경우에는 그 소득의 실질내용에 따라 상속재산인지의 여부를 결정한다. 따라서 상속개시일 현재 인정상여 등과 같이 실질적으로 재산이 없는 경우에는 상속재산에 포함하지 아니하며, 현금채권인 배당금, 무상주를 받을 권리 등 실질적으로 재산이 있는 경우에는 상속재산에 포함한다.

⑤ 상속개시 전 피상속인 부동산 양도계약을 체결하고 잔금을 영수하기 전에 사망한 경우 양도대금 전액에서 상속개시 전에 영수한 계약금과 중도금을 차감한 잔액을 상속재산가액으로 한다. (양도대금 - 계약금 - 중도금 = 상속재산가액).

⑥ 상속개시 전 피상속인 부동산 양수계약을 하고 잔금지급 전에 사망한 경우 이미 지급한 계약금과 중도금을 상속재산에 포함한다.

⑦ 상속개시 후 피상속인의 재산을 상속인을 취득자로 하여 증여 또는 매매를 원인으로 하는 소유권 이전등기 등을 한 경우 해당 재산은 상속재산에 포함되며, 별도로 증여세를 과세하지 않는다.

⑧ 상속개시 전 증여받은 부동산을 증여등기하지 않는 경우는 상속세 과세대상이다.

⑨ 배당기준일 현재 생존한 주주가 주주총회에서 잉여금처분결의 전에 사망한 경우 그 배당금과 상여금은 상속재산에 포함되며, 그에 따른 종합소득세는 공과금에 포함한다.

⑩ 피상속인의 개인사업자의 소득세 결정과정에서 간주매출액이 발생된 경우 상속세 과세가액에 산입한다.

⑪ 가업상속재산에 포함되는 법인의 주식은 다음과 같은 산식에 의해 계산한다.

$$
\text{상증법상} \atop \text{법인주식평가액} \times (1 - \text{가업에 직접 사용하지 않는 비사업용 자산 비율})
$$

여기서 비사업용 자산에는 업무무관자산, 비사업용 토지, 임대용 부동산, 대여금, 주식 · 채권(매출채권 제외) 등 금융자산 및 과다보유현금 등이 포함된다.

3. 간주상속재산(의제상속재산)

간주상속재산이란 상속(유증 및 사인증여)의 원인에 의해 취득한 재산이 아니라도 그 재산의 취득사실의 결과가 상속 등에 의한 재산취득과 동일한 결과가 발생하는 경우에는 실질과세의 원칙에 따라 상속재산으로 간주되는 재산을 말한다. 즉 피상속인의 사망으로 인하여 상속인이 받는 보험금 · 신탁재산 · 퇴직금 등을 말한다.

$$
\text{간주상속재산} = \text{보험금} + \text{신탁재산} + \text{퇴직금 등}
$$

(1) 보험금

생명보험이나 손해보험의 계약을 체결할 때에는 일반적으로 계약자 자신을 피보험자로 하고, 다른 사람을 보험수익자로 하여 계약하게 된다. 따라서 계약자인 피보험자가 사망하였다면, 그 보험계약에 따라 보험수익자는 보험금을 받게 된다.

즉, 피상속인의 사망으로 인하여 상속인과 상속인 이외의 다른 사람이 지급받는 생명보험 또는 손해보험의 보험금으로서 피상속인이 보험계약자이거나 실질적으로 보험료를 불입한 보험계약에 의하여 지급받는 보험금은 상속재산에 포함한다. 다만, 피상속인 이외의 자가 불입한 보험료가 있을 때에는 보험금 중 피상속인이 부담한 보험료의 금액이 해당 보험계약에 의하여 피상속인의 사망시까지 불입된 보험료 총액에 대하여 차지하는 비율에 상당하는 금액만을 간주상속재산으로 본다.

피상속인이 부담한 보험료는 보험증권에 기재된 보험료의 금액에 의하여 계산하고, 보험계약에 의하여 피상속인이 지급받는 배당금 등으로서 해당 보험료에 충당한 것이 있을 경우에는 그 충당된 부분의 배당금 등의 상당액은 피상속인이 부담한 보험료에 포함한다.

$$
\text{간주상속재산보험금} = \text{보험금수령액} \times \frac{\text{피상속인부담보험료의 합계액}}{\text{납입된 보험료의 총합계액}}
$$

🍎 예제 2. 간주상속재산인 보험금 (1)

2025년 3월 24일 교통사고로 피상속인이 사망하여 보험회사로부터 생명보험금 2억원을 받았다. 생명보험의 보험료불입액은 총 15,000,000원이나, 이 중 6,000,000원은 피상속인이 불입하였고 잔액은 상속인이 불입하였다. 이 경우 상속재산에 가산할 보험금은 얼마인가?

┃풀이┃

　간주상속재산보험금 = 2억원 × (6,000,000원 ÷ 15,000,000원) = 80,000,000원

🍎 예제 3. 간주상속재산인 보험금 (2)

2025년 5월 20일 피상속인의 사망으로 인하여 수령한 보험금은 6억원이다. 국세청의 조사결과 피상속인의 사망시까지 불입된 보험료의 합계액은 50,000,000원이며, 그 중 20,000,000원은 상속인이 불입한 것으로 판명되었다. 이 경우에 상속재산으로 보는 보험금은 얼마인가?

┃풀이┃

　간주상속재산보험금 = 6억원 × (30,000,000원 ÷ 50,000,000원) = 360,000,000원

(2) 신탁재산

피상속인이 신탁한 재산은 상속재산으로 본다. 다만, 타인(상속인 이외)이 신탁의 이익을 받을 권리를 소유하고 있는 경우에는 그 이익에 상당하는 가액을 제외한다. 그러나 피상속인이 신탁으로 인하여 타인으로부터 신탁의 이익을 받을 권리를 소유하고 있는 경우에는 해당 이익에 상당하는 가액을 상속재산에 포함된다.

다시 말해, 수익자가 이익을 받기 전에 위탁자가 사망하는 경우 수익자에게 증여로 과세하며, 상속재산에서는 제외한다. 그러나 수익자가 이익을 받기 전에 사망하는 경우에는 그 이익에 상당하는 금액을 상속재산에 포함한다.

① 유언대용신탁

신탁계약에 의해 위탁자의 사망시 수익자가 수익권을 취득 또는 신탁재산에 기한 급부를 받는 신탁으로써 유증·사인증여와 유사하므로 증여세를 과세하지 않고 상속재산에 포함한다.

② 수익자연속 신탁

수익자가 사망한 경우 그 수익자가 갖는 수익권이 소멸하고 타인이 새로 수익권을 취득하는 신탁으로써 각 수익자에게 귀속될 수익권의 가액을 한도로 상속재산에 포함한다.

(3) 퇴직금 등

퇴직금·퇴직수당·공로금·연금 또는 이와 유사한 것으로서 피상속인에게 지급할 것이 피상속인이 사망으로 인하여 지급되는 것에 대하여는 그 금액은 상속재산에 포함한다. 다만, 다음에 해당하는 경우에는 그러하지 아니한다.

① 각종 법(국민연금법·공무원연금법·사립학교교직원연금법·군인연금법)에 의하여 지급되는 유족연금·유족보상금·반환일시금·유족연금일시금·재해보상금 등

② 산업재해보상보험법에 의하여 지급되는 유족보상연금·유족보상일시금·유족특별급여 또는 진폐유족연금

③ 근로자의 업무상 사망으로 인하여 근로기준법 등을 준용하여 사업자가 그 근로자의 유족에게 지급하는 유족보상금 또는 재해보상금과 그밖에 이와 유사한 것

4. 추정상속재산

상속개시일 전 일정기간 내에 거액의 재산을 처분하였거나 또는 차입한 경우에 상속인이 그 자금의 사용처를 입증하지 못하면, 그 금액을 현금 등 과세자료가 포착되지 않는 재산을 상속받은 것으로 보는데, 이것을 추정상속재산이라고 한다. 다시 말해, 피상속인이 피상속인의 재산을 처분하였거나 채무를 부담한 경우로서 다음에 해당하는 경우에는 이를 상속받은 것으로 추정하여

상속세과세가액에 산입한다.

(1) 피상속인의 재산처분 및 피상속인 재산에서의 인출한 경우

피상속인이 재산을 처분하여 받거나 피상속인의 재산에서 인출한 금액이 상속개시일 전 1년 이내에 재산종류별로 계산하여 2억원 이상인 경우와 상속개시일 전 2년 이내에 재산종류별로 계산하여 5억원 이상인 경우로서 그 용도가 객관적으로 명백하지 아니한 것은 이를 과세가액에 산입한다. 이 경우 재산종류별이란 다음과 같이 구분한다.

① 현금·예금 및 유가증권
② 부동산 및 부동산에 관한 권리
③ 위 이외의 재산

예를 들어 상속개시일 전 1년 이내에 부동산의 처분가액이 1억 6천만원, 유가증권의 처분가액이 8천만원인 경우 총재산의 처분가액은 2억원 이상이나 재산종류별로는 2억원 이상이 아니므로 용도가 불분명한 금액이 있다하더라도 과세가액에 산입하지 않는다.

(2) 피상속인이 채무를 부담한 경우

상속개시일 전 1년 이내에 피상속인이 부담한 채무의 합계액이 2억원 이상인 경우와 상속개시일 전 2년 이내에 피상속인이 부담한 채무의 합계액이 5억원 이상인 경우로서 그 용도가 객관적으로 명백하지 아니한 것은 이를 과세가액에 산입한다. 다만, 피상속인이 국가·지방자치단체·금융회사 등 이외의 자에 대하여 부담한 채무로서, 이자지급사실이나 상속재산에 담보된 사실에 의하여 상속인이 변제할 의무가 없다고 추정되는 경우에는 차입일이나 차입금액에 관계없이 상속세 과세가액에 산입한다.

(3) 용도가 객관적으로 명백하지 아니한 경우

다음에 해당하는 경우에는 그 용도가 객관적으로 명백하지 아니한 것으로 본다.

① 피상속인이 재산을 처분하여 받은 금액이나 피상속인의 재산에서 인출한 금전 등 또는 채무를 부담하고 받은 금액을 지출한 거래상대방이 거래증빙의 불비 등으로 확인되지 아니하는 경우
② 거래상대방이 금전 등의 수수사실을 부인하거나 거래상대방의 재산상태 등으로 보아 금전 등의 수수사실이 인정되지 아니하는 경우
③ 거래상대방이 피상속인과 특수관계인으로서 사회통념상 그 지출사실이 인정되지 아니하는 경우

④ 피상속인이 재산을 처분하거나 채무를 부담하고 받은 금전 등으로 취득한 다른 재산이 확인되지 아니하는 경우

⑤ 피상속인의 연령·직업·경력·소득·재산상태 등으로 보아 지출사실이 인정되지 아니하는 경우

(4) 과세가액 산입액

피상속인이 처분한 재산·피상속인의 재산에서 인출한 금액이나 부담한 채무 중 용도가 불분명한 금액만을 과세가액에 산입한다. 즉, 사용용도가 객관적으로 명백하지 아니한 금액이 다음의 기준금액 이상인 경우에만 과세가액에 산입하는데, 이 경우 용도불분명금액에서 기준금액을 차감한 금액을 과세가액에 산입한다. 다만, 사용용도가 객관적으로 명백하지 아니한 금액이 다음의 기준금액에 미달하는 경우에는 이를 과세가액에 산입하지 않는다.

기준금액 = Min[①, ②]
① 피상속인의 재산 중에서 피상속인이 처분한 재산이나 인출한 금전 등 또는 채무를 부담하고 받은 금액의 20%에 상당하는 금액
② 2억원

상속받은 재산으로 추정하는 경우 : 용도불분명금액 〉 기준금액
상속받은 재산으로 추정하지 아니하는 경우 : 용도불분명금액 〈 기준금액

추정상속재산가액 = 재산처분액·인출액·채무부담액 – 용도입증금액 – 기준금액

🍎 예제 4. 추정상속재산

다음 자료에 의하여 추정상속재산가액을 계산하라.

⑴ 피상속인의 사망으로 2025. 7. 10 상속이 개시되었다.
⑵ 피상속인의 상속개시 전 처분재산 등은 다음과 같다.
   ① 2023. 7. 11 채권 130,000,000원을 처분하였다.
   ② 2023. 7. 19 건물 390,000,000원과 특허권 250,000,000원을 처분하였다.
   ③ 2024.10. 20 은행예금 200,000,000원을 인출하였으며, 토지 180,000,000원을 처분하였다.
   ④ 2024.11. 17 은행에서 230,000,000원을 차입하였다.
⑶ 위 재산처분 또는 채무부담액 중 용도가 확인된 것은 다음과 같고, 나머지는 용도가 불분명하다.
   ① 예금인출액 중 150,000,000원은 채무상환에 사용되었다.
   ② 건물처분액 중 350,000,000원은 주식매입에 사용되었다.

┃풀이┃

(1) 재산처분·채무부담액의 분석

구 분	현금·예금·유가증권	부동산·부동산권리	기타재산	채 무
2년~1년	130,000,000원	390,000,000원	250,000,000원	–
1년 이내	200,000,000원	180,000,000원	–	230,000,000원
2년 이내 합계	330,000,000원	570,000,000원	250,000,000원	230,000,000원

① 채권과 예금 : 2년 이내에 처분한 재산이 5억원 이상이 아니므로 채권은 상속추정대상이 아니며, 1년 이내 2억원 이상의 요건을 충족하는 예금만 상속추정대상이 된다.
② 토지와 건물 : 2년 이내에 처분한 재산이 5억원 이상이므로 처분액 모두 상속추정대상이 된다.
③ 특허권 : 2년 이내에 처분한 재산이 5억원 이상이 아니므로 상속추정대상이 아니다.
④ 채무 : 1년 이내 2억원 이상이므로 상속추정대상이 된다.

(2) 추정상속재산가액

합계	예금인출액	부 동 산	기타자산	채무부담액
300,000,000원	10,000,000원	106,000,000원	0원	184,000,000원

〈계산근거〉
① 예금인출액(1년 이내 2억원) : (2억원 - 1억5천만원) - min(2억원×20%, 2억원) = 1천만원
② 부동산(2년 이내 5억원) : (5억7천만원 - 3억5천만원) - min(5억7천만원×20%, 2억원) = 1억6백만원
③ 기타자산 : 해당사항 없음
④ 채무(1년 이내 2억원) : (2억3천만원 - 0원) - min(2억3천만원×20%, 2억원) = 1억8천4백만원

5. 증여재산

상속개시일 전 10년 이내에 피상속인이 상속인에게 증여한 재산의 가액과 상속개시일 전 5년 이내에 피상속인이 상속인 이외의 자에게 증여한 재산의 가액은 이미 증여세를 과세하였더라도 모두 상속재산가액에 가산한다. 이 경우 수증자가 영리법인으로서 상속세 납세의무가 없는 경우에도 그 수증자산은 가산된다. 또한 상속개시 전에 증여받은 부동산을 증여등기 하지 않은 경우에는 증여시점에 상관하지 않고 상속세 과세대상이 된다.

(1) 상속세 과세가액에 가산하는 증여재산에 대한 과세방법

상속세 과세가액에 가산하는 증여재산에 대해 증여세가 부과되지 아니한 경우에는 해당 재산에 대해 증여세를 먼저 과세하고, 그 증여재산가액을 상속재산가액에 가산하여 상속세를 부과한다.

(2) 합산되는 증여재산가액의 평가

상속재산가액에 가산하는 증여재산의 가액은 증여일 현재의 시가에 의한다.

(3) 부담부증여재산의 합산과세

부담부증여재산을 합산과세하는 경우에는 증여일 현재의 증여재산가액에서 해당 증여재산에 담보된 채무로서 수증자가 인수한 금액을 차감한 금액을 합산한다. 그러나 배우자·직계존비속간 부담부증여인 경우에는 수증자가 증여자의 채무를 인수한 경우에는 해당 채무액은 수증자에게 채무가 인수되지 아니한 것으로 추정하여 차감하지 아니한다. 다만, 배우자·직계존비속간 부담부증여인 경우에는 채무를 객관적으로 입증하는 것으로 인정되는 경우에는 차감한다.

🍎 예제 5. 총상속재산가액(1)
. . . .
2025. 4. 10 사망한 피상속인의 상속재산과 관련된 다음의 자료에 의하여 총상속재산가액을 계산하라.

⑴ 건 물   500,000,000원
⑵ 일본에 소재하는 건물로서 친구에게 사인증여한 것   120,000,000원
⑶ 퇴직금   60,000,000원
　　(이 중 10,000,000원은 공무원연금법에 의한 유족보상금임)
⑷ 생명보험금   50,000,000원
　　(피상속인의 사망으로 지급받은 것으로서 총불입보험료는 10,000,000원인 바, 이 중 4,000,000원은 상속인이 불입하였고 잔액은 피상속인이 불입하였다)

┃풀이┃

　⑴ 본래의 상속재산
　　　① 건물   500,000,000원
　　　② 사인증여분   120,000,000원
　⑵ 간주 상속재산
　　　① 퇴직금(=60,000,000-10,000,000)   50,000,000원
　　　② 보험금(=5천만원 × 6백만원/1천만원)   30,000,000원
　⑶ 총상속재산가액   700,000,000원

　　㈜ 각종 연금법 등에 의해 지급되는 유족연금·유족보상금 등은 상속재산에 포함되지 아니한다.
. . . .

🍎 예제 6. 총상속재산가액(2)

다음은 2025. 8. 26에 사망한 피상속인의 재산자료이다. 이에 따라 총상속재산가액을 계산하라.

⑴ 상속재산가액 : 300,000,000원
⑵ 사망일 전 처분한 자산 등의 내역

구 분	처분가액	처분일
토 지	210,000,000원	2024. 10. 10.
점 포	250,000,000원	2023. 10. 16.
부동산에 관한 권리	60,000,000원	2023. 9. 25.
유가증권	10,000,000원	2025. 3. 30.
계	530,000,000원	

　　토지의 처분가액 중 20,000,000원은 처분금액의 사용용도가 명백하고 나머지 재산의 처분가액은 그 사용용도가 명백하지 않다.
⑶ 사망일 전 피상속인이 증여한 재산은 다음과 같다.
　　2024. 4. 10 장남에게 증여한 토지　60,000,000원
　　2018. 8. 20 친구에게 증여한 건물　40,000,000원

┃풀이┃

⑴ 본래의 상속재산가액	300,000,000원
⑵ 추정상속재산⁽주1⁾	396,000,000원

　(= 530,000,000원-10,000,000원-20,000,000원-104,000,000원)

⑶ 증여재산(장남 증여분)⁽주2⁾	60,000,000원
⑷ 총상속재산가액	756,000,000원

<주1>　㉠ 유가증권은 1년 이내 2억원 이상에 해당하지 아니하므로 추정상속재산 계산대상이 아니다.
　　　㉡ 부동산·부동산에 관한 권리 : 2년 이내 5억원 이상에 해당하므로 점포, 부동산에 관한 권리, 토지 모두 추정상속재산의 계산대상이 된다.
　　　㉢ 기준금액은 520,000,000원 × 20% = 104,000,000원

구분	금융자산	부동산등
~1년	10,000,000	210,000,000
1년~2년		310,000,000
합계		520,000,000
입증가액		20,000,000
기준금액		104,000,000
추정상속재산가액		396,000,000

<주2>　상속인 이외의 자(친구)에게 증여한 건물은 상속재산에 가산하는 기간인 5년(2018.8.20 증여분이므로 2023.8.20까지)이 지났으므로 상속재산에 가산하지 아니한다.

제8절 | 상속세의 과세제외

1. 비과세 상속재산

경제적·사회정책적인 고려에 의해 다음의 재산에 대하여는 상속세를 부과하지 아니한다.

(1) 전사자 등에 대한 상속세 비과세

전쟁 또는 사변 또는 이에 준하는 비상사태로 토벌 또는 경비 등 작전업무를 수행 중 사망하거나 해당 전쟁 또는 공무의 수행 중 입은 부상 또는 그로 인한 질병으로 사망하여 상속이 개시되는 경우에는 상속세를 부과하지 아니한다.

(2) 비과세되는 상속재산

① **국가·지방자치단체 또는 공공단체[18]에 유증 또는 사인증여한 재산**
국가·지방자치단체 또는 공공단체에서 상속세를 받더라도 그 세금은 결국 국가·지방자치단체 또는 공공단체에 쓰일 것이므로 국가·지방자치단체 또는 공공단체에 유증 또는 사인증여한 재산에 대해서는 과세하지 않는 것이다.

② **금양임야(禁養林野), 묘토(墓土)[19]인 농지 및 족보와 제구(祭具)**
제사를 주재하는 상속인[20](다수의 상속인이 공동으로 제사를 주재하는 경우 그 공동으로 주재하는 상속인 전체를 말한다)을 기준으로 다음에 해당하는 재산은 비과세한다. 다만, 금양임야와 묘토인 농지의 재산가액의 합계액이 2억원을 초과하는 경우에는 2억원을 한도로 하고, 족보와 제구의 재산가액의 합계액이 1천만원을 초과하는 경우에는 1천만원을 한도로 한다.

　　㉠ 피상속인이 제사를 주재하고 있던 선조의 분묘에 속한 9,900제곱미터(3,000평) 이내의 금양임야[21]
　　㉡ 분묘에 속한 1,980제곱미터(600평) 이내의 묘토인 농지
　　㉢ 족보 및 제사에 쓰이는 제구

---

18) 지방자치단체조합·공공도서관·공공박물관 등을 의미한다.
19) 토지로부터의 수익을 제사비용·분묘의 보수 등에 충당하기 위한 농지를 말한다.
20) 원칙적으로 호주승계인을 말하며, 호주승계인이 제사를 주재할 형편이 되지 못하는 사유로 인하여, 상속인간의 협의에 따라 다른 상속인이 제사를 주재하는 경우에는 실제로 제사를 주재하는 자를 말한다.
21) 피상속인의 선조의 분묘에 속하여 있는 임야로 분묘 또는 그 예정지 주위의 벌목이 금지되는 임야를 말한다.

③ 정당법의 규정에 의한 정당에 적법하게 유증 등을 한 재산

④ 사내근로자복지기금법의 규정에 의한 사내근로복지기금, 우리사주조합[22] 및 근로복지진흥기금에 유증 등을 한 재산

⑤ 사회통념상 인정되는 이재구호금품·치료비 등과 불우한 자를 돕기 위하여 유증한 재산

⑥ 상속재산 중 상속인이 신고기한(상속개시일이 속하는 달의 말일부터 6개월) 이내에 국가·지방자치단체 또는 공공단체에 증여한 재산

2. 과세가액불산입

일정한 요건을 갖추어 운영되고 있는 비영리법인인 공익법인에게 귀속되는 상속재산에 대하여는 상속세 과세가액에 산입하지 아니하여 상속세의 납세의무를 한정적으로 면제해 주고 있다. 그러나 상속세의 부담을 회피하기 위한 수단으로 이와 같은 공익법인에 상속하거나 출연하는 경우도 있으므로, 공익법인에 상속하거나 출연하는 경우에는 납세관리를 엄격히 하고 있다.

다시 말해, 공익을 목적으로 출연되었다는 정책적인 측면에서 그 재산은 출연목적에 따라서 계속 사용하여야 한다는 엄격한 규제와 조건을 붙여서 특별히 과세가액에서 제외시키고 있는데, 이와 같은 것을 과세가액불산입 상속재산이라고 하며, 실질적으로는 조건부 비과세라고도 한다.

(1) 공익법인 등에 출연[23]한 재산에 대한 상속세 과세가액불산입

1) 개요

상속재산 중 피상속인이나 상속인이 종교·자선·학술 관련 사업 등 공익성을 고려하여 법에서 정하는 사업을 하는 자(이하 "공익법인등"이라 한다)에게 출연한 재산의 가액으로서 상속세 과세표준 신고기한(법령상 또는 행정상의 사유로 공익법인등의 설립이 지연되는 등 부득이한 사유가 있는 경우에는 그 사유가 없어진 날이 속하는 달의 말일부터 6개월까지) 이내에 출연한 재산의 가액은 상속세 과세가액에 산입하지 아니한다(상증법 16 ①).

2) 공익법인 특례

내국법인의 의결권 있는 주식 또는 출자지분(이하 "주식 등"이라 한다)을 공익법인 등에 출연하는 경우로서 출연하는 주식 등과 다음의 주식 등을 합한 것이 그 내국법인의 의결권 있는 발행주식총수 또는 출자총액(자기주식과 자기출자지분은 제외한다. 이하 "발행주식총수등"이라 한다)

---

22) 우리사주조합(Employee Stock Ownership Plan)은 기업과 종업원이 공동으로 출연하여 조성된 기금으로 자사주를 취득한 후 종업원에게 배분하는 제도이다.

23) 공익사업에 재산적 가치가 있는 것을 무상으로 제공하는 것으로, 기부 및 증여를 포함한 포괄적 개념이다.

의 5%[외부감사, 전용계좌의 개설 및 사용, 결산서류등의 공시, 장부의 작성·비치, 그 밖에 법으로 정하는 요건을 모두 갖춘 공익법인 등으로서 「독점규제 및 공정거래에 관한 법률」에 따른 상호출자제한기업집단과 특수관계에 있지 아니한 성실공익법인등에 출연하는 경우에는 10%(출연받은 주식 등의 의견권을 행사하지 아니하고 자산·장학 또는 사회복지를 목적으로 하는 경우 20%)]를 초과하는 경우에는 그 초과하는 가액을 상속세 과세가액에 산입한다(상증법 16 ②).

① 출연자가 출연할 당시 해당 공익법인등이 보유하고 있는 동일한 내국법인의 주식 등

② 출연자 및 그의 특수관계인이 해당 공익법인등 외의 다른 공익법인등에 출연한 동일한 내국법인의 주식 등

③ 상속인 및 그의 특수관계인이 재산을 출연한 다른 공익법인등이 보유하고 있는 동일한 내국법인의 주식 등

3) 상호출자제한기업집단과 특수관계에 있지 아니한 공익법인등에 대한 특례

원칙에도 불구하고 다음 중 어느 하나에 해당하는 경우에는 그 내국법인의 발행주식총수등의 5%(공익법인등에 출연하는 경우에는 10%)를 초과하는 경우에도 그 초과하는 가액을 상속세 과세가액에 산입하지 아니한다.

① 공익법인 등으로서 상호출자제한기업집단과 특수관계에 있지 아니한 공익법인 등에 그 공익법인 등의 출연자와 특수관계에 있지 아니한 내국법인의 주식 등을 출연하는 경우로서 주무관청이 공익법인 등의 목적사업을 효율적으로 수행하기 위하여 필요하다고 인정하는 경우

② 상호출자제한기업집단과 특수관계에 있지 아니한 공익법인 등(공익법인 등이 설립된 날부터 3개월 이내에 주식 등을 출연받고, 설립된 사업연도가 끝난 날부터 2년 이내에 공익법인 등이 되는 경우를 포함)에 발행주식총수 등의 10%(20%)를 초과하여 출연하는 경우로서 해당 공익법인 등이 초과보유일부터 3년 이내에 초과하여 출연받은 부분을 매각(주식 등의 출연자 또는 그의 특수관계인에게 매각하는 경우는 제외한다)하는 경우

③ 「공익법인의 설립·운영에 관한 법률」 및 그 밖의 법령에 따라 내국법인의 주식 등을 출연하는 경우

4) 사후관리

1)부터 3)까지의 규정에 따라 공익법인 등에 출연한 재산의 가액을 상속세 과세가액에 산입하지 아니한 경우로서 다음의 어느 하나에 해당하는 경우에는 대통령령으로 정하는 가액을 상속세 과세가액에 산입한다.

① 상속세 과세가액에 산입하지 아니한 재산과 그 재산에서 생기는 이익의 전부 또는 일부가 상속인(상속인의 특수관계인을 포함한다)에게 귀속되는 경우

② 3)의 ②에 해당하는 경우로서 초과보유일부터 3년 이내에 발행주식총수등의 10%을 초과하여 출연받은 주식 등을 매각(주식 등의 출연자 또는 그의 특수관계인에게 매각하는 경우는 제외한다)하지 아니하는 경우

🍎 예제 7. 상속세의 과세제외

다음 자료에 의하여 상속세 과세가액을 계산하라.
(사망일 2025.2.1, 사망신고일 2025.4.4)

(1) 피상속인 소유 부동산 10억원
(2) 2023.12.15에 막내아들에게 대전 소유 토지 2억원을 증여하다.
(3) 2024.3.11에 부동산을 3억원에 처분하였으나 그 처분액 중 용도불명에 해당하는 금액은 91,000,000원이다.
(4) 2025.9.1에 피상속인의 소유부동산 10억원 중 4억원을 공익법인에 출연하였다.
(5) 은행채무 1억원
(6) 장례비용 20,000,000원(증빙 완비, 이 중 비석설치에 소요된 비용은 15,000,000원임)

┃풀이┃

과세가액 = 본래상속재산 10억원[주1] + 추정상속재산 31,000,000원[상속개시 전 1년 이내 재산종류별로 처분금액 2억원 이상 요건 충족, 불분명 금액 91백만원 〉 Min(2억원, 3억원×20%) 이므로 요건 충족, 91,000,000원 중 3억원의 20%를 차감한 금액만 포함] + 증여재산 2억원(상속개시일 전 10년 이내 증여분 가산) − 은행채무 1억원 − 장례비 1천만원 = 1,121,000,000원

[주1] 신고기한인 상속개시일이 속하는 달의 말일로부터 (2.28)로부터 6개월(8.31)내에 공익법인에 출연한 것만 과세가액 불산입된다)

(2) 공익신탁재산에 대한 상속세 과세가액불산입

상속재산 중 피상속인 또는 상속인이 신탁법 규정에 의한 공익신탁으로서 종교·자선·학술 기타 공익을 목적으로 하는 신탁을 통하여 공익법인 등에 출연하는 재산의 가액은 상속세 과세가액에 산입하지 아니한다.

제9절 │ 상속세 과세가액

1. 상속세 과세가액의 계산

상속세 과세가액이란 상속세의 과세대상이 되는 상속재산을 화폐가치로 평가한 금전적 가치를 말한다. 이와 같은 상속세 과세가액은 상속개시일 현재의 상황에 의한 시가를 기준으로 한 본래 상속재산가액에 간주상속재산가액·추정상속재산가액과 상속개시일로부터 소급하여 일정기간 내에 증여한 증여재산가액을 더하고, 비과세 상속재산가액·공익법인 출연재산가액·공익신탁 재산가액과 피상속인의 공과금·장례비용·채무 등을 차감하여 구한다.

상속세 과세가액 = 본래상속재산 + 간주상속재산 + 추정상속재산 + 증여재산
　　　　　　　　 - 비과세상속재산 - 공익법인 출연재산 - 공익신탁재산
　　　　　　　　 - 공과금 - 장례비용 - 채무

2. 상속세 과세가액에서 차감하는 금액

(1) 거주자의 사망으로 상속되는 경우

1) 공과금

공과금이란 상속개시일 현재 피상속인이 납부할 의무가 있는 것으로서 상속인에게 승계된 조세·공공요금 기타 이와 유사한 것을 말하며, 납부의무가 확정된 것뿐만 아니라 피상속인에게 납부의무가 성립된 것으로서 상속인에게 승계된 공과금도 포함된다. 다만, 상속개시일 이후 상속인의 귀책(歸責)사유로 납부 또는 납부할 가산금(加算金)[24]·체납처분비(滯納處分費)[25]·벌금(罰金)[26]·과료(科料)[27]·과태료(過怠料)[28] 등은 공제할 수 없다. 또한 상속등기에 따른 등록세 등의 공과금은 상속재산가액에서 공제하지 아니한다.

---

24) 세금이나 공공요금 따위를 납부기한까지 내지 아니한 때에, 그 세금이나 요금에 더 보태어 내게 하는 돈을 말한다.

25) 체납자에 대하여 그 재산을 압류하고 공매에 붙여 체납된 세금 등을 강제로 징수하는 행정 처분을 할 때 발생하는 비용을 말한다.

26) 재산형(財産刑)의 한 가지로 범죄의 처벌로서 부과하는 돈 또는 못된 짓에 대한 징계로 물리는 돈을 말하는 것으로 벌과금(罰科金)이라고도 한다.

27) 경범죄(輕犯罪)에 과하는 재산형(財産刑)을 말한다.

28) 공법상의 의무 이행, 질서의 유지 등을 위하여 위반자에게 과하는 금전상의 벌을 말한다.

2) 장례비용

장례비용이란 피상속인의 사망일부터 장례일까지 장례에 직접 사용된 금액과 납골시설의 사용에 소요된 금액 등과 같이 상속이 개시되면 필연적으로 지출되는 비용을 말한다. 이와 같은 장례비용은 사회통념상으로도 당연히 피상속인의 재산에서 지급되는 성질의 비용이라고 할 수 있으므로, 다음과 같이 구분한 비용을 합한 금액을 장례비용으로 공제해 준다.

① 피상속인의 사망일로부터 장례일까지 장례에 직접 소요된 비용(예 : 시신의 발굴, 안치에 직접 소요되는 비용, 묘지구입비나 공원묘지 사용료, 비석, 상석 등)으로 그 지출된 금액이 5백만원 미만인 경우 5백만원을 공제하며, 세금계산서 · 계산서 및 영수증 등 증빙서류에 의하여 지출이 확인되는 장례비용은 그 비용을 모두 인정하되, 그 금액이 1천만원을 초과하는 경우에는 1천만원만을 공제한다.

② 봉안시설 또는 자연장지의 사용에 소요된 금액이 있을 경우에는 5백만원을 한도로 공제하되, 5백만원을 초과하는 경우에는 5백만원만 공제한다. 여기서 자연장(自然葬)이란 화장한 유골의 골분(骨粉)을 수목 · 화초 · 잔디 등의 밑이나 주변에 묻어 장사하는 것을 말한다.

따라서 장례비용은 봉안시설 또는 자연장지 사용할 경우 모든 비용을 포함하여 1,500만원까지 공제가 가능하다.

🍎 예제 8. 상속세 과세가액에서 차감하는 금액 (장례비용)

다음 자료에 근거하여 본래의 상속재산을 계산하라.

⑴ 간주 상속재산	50,000,000원
⑵ 비과세 재산	30,000,000원
⑶ 추정상속재산	10,000,000원
⑷ 상속세 과세가액	200,000,000원
⑸ 증여재산가액	40,000,000원
⑹ 과세가액 불산입액	15,000,000원

┃풀이┃

	본래의 상속재산	?
(+)	간주상속재산	50,000,000원
(+)	추정상속재산	10,000,000원
(−)	비과세재산	30,000,000원
(−)	과세가액 불산입액	15,000,000원
(−)	장례비*	5,000,000원
(+)	증여재산가액	40,000,000원
	상속세 과세가액	200,000,000원

따라서 본래의 상속재산은 150,000,000원이다.

* 장례비는 언급이 없는 경우 무조건 최소금액 5,000,000원을 차감함에 유의하여야 한다.

3) 채무

상속개시 당시 피상속인이 부담하여야 할 확정(確定)된 채무로서 공과금 이외의 모든 채무를 말한다. 따라서 보증채무(保證債務)29) · 연대채무(連帶債務)30) · 증여채무(贈與債務)라도 피상속인이 부담할 확정채무인 경우에는 채무로 인정된다. 다만, 피상속인이 상속개시 전 10년 이내에 상속인에게 진 증여채무와 상속개시 전 5년 이내에 상속인 이외의 자에게 진 증여채무는 공제하지 않는다.

① 국가나 금융기관 등에 대한 채무

국가나 금융기관 등에 대한 채무는 특정한 개인이 임의적으로 조정하기 어렵기 때문에 채무약정서나 부채확인서 등만 있으면 공제가능한 채무로 인정받을 수 있다.

② 개인간의 채무

개인간의 채권 · 채무약정은 임의적으로 조정이 가능한 경우가 많기 때문에, 소비대차 약정이나 차용증서만으로는 채무입증의 증빙으로 인정받기가 어렵다. 따라서 채권자의 대여능력이나 차입금의 사용처 등이 계약서나 차용증뿐만 아니라 담보제공상태나 이자지급증빙 등으로 명확하게 확인되어, 실제로 채무를 부담한 사실이 입증되어야만 사실상의 채무로 인정받아 공제받을 수 있다.

③ 반환의무 있는 보증금과 전세금

부동산과 같은 상속재산을 임대할 때는 경상적인 임대료 외에도 이행보증의 목적으로 보증금이나 전세금 등을 받는 경우도 많다. 이와 같이 반환의무가 있는 부동산의 임대보증금이나 주택전세금 등도 사계약상의 채무인 것은 분명하지만, 실제로 존재하는 것이 객관적으로 입증이 되기 때문에 공제가능한 채무로 인정받을 수 있다.

4) 공제요건

공과금 · 장례비용 · 채무를 상속세 과세가액에서 공제받으려면, 공과금 · 장례비용 · 채무명세서에 공과금 · 장례비용 · 채무에 해당하는 것을 입증할 수 있는 서류를 첨부하여 상속세 과세표준 신고와 함께 납세지관할세무서장에게 제출하여야 한다.

---

29) 채무자가 채무를 이행하지 아니할 때, 본인을 대신하여 제삼자가 부담하는 채무를 말한다.

30) 같은 내용의 채무에 대하여, 몇 사람의 채무자가 각기 독립하여 그 전부를 상환할 의무를 지지만, 누구든 한 사람이 상환하면 다른 채무자는 채무를 면하게 되는 채무 관계를 말한다.

🍎 예제 9. 상속세 과세가액에서 차감하는 금액 (채무)

다음 자료를 기초로 상속세 과세가액을 계산하라.

⑴ 피상속인의 상속개시 당시 재산가액   1,000,000,000원
⑵ 장례비용   5,000,000원
⑶ 상속개시 8개월 전에 피상속인이 은행으로부터 4억원을 차입하였고, 상속개시당시까지 미상환 중이며 해당 차입자금의 용도는 객관적으로 명백하지 아니하다.
⑷ 상속개시 2년 전에 피상속인은 당시 시가 3억원의 토지(상속개시당시의 시가 7억원)를 상속인에게 증여한 바 있다.

▮ 풀이 ▮

과세가액 = 10억원(상속재산가액) + 320,000,000원(추정상속) + 3억원(상속개시 전 증여액)
 － 4억원(채무) － 5,000,000원(장례비) = 1,215,000,000원
상속개시 8개월 전에 차입한 4억원은 채무로 공제되는 동시에 용도가 명백하지 않으므로 상속받은 것으로 추정하여 상속재산가액에 가산한다. 또한 상속개시 전 증여받은 재산을 상속재산가액에 가산하는 경우 그 가액은 증여당시의 가액으로 하고 과세가액은 상속공제를 차감하기 전의 가액이다.

(2) 비거주자의 사망으로 상속되는 경우

비거주자의 경우에는 사망으로 상속이 개시되는 경우에도 국내에 있는 상속재산에 대해서만 상속세가 부과되기 때문에, 장례비용·병원치료비 등은 상속재산가액에서 공제되지 않는다. 따라서 비거주자의 상속세 과세가액은 상속재산가액에서 다음의 금액만을 차감하여 구한다.

1) 공과금

국내에 소재하는 재산에 대한 공과금과 국내 사업장이 있는 경우로서 증빙에 의하여 확인되는 사업장의 공과금만 공제한다.

2) 채무

국내에 소재하는 재산을 목적으로 하는 유치권·질권 또는 저당권으로 담보된 채무 및 국내사업장에 관한 증빙에 의하여 확인되는 사업장의 채무만 공제한다.

🍎 예제 10. 상속세 과세가액

다음 자료에 의하여 2025. 4. 5 상속이 개시된 피상속인의 상속세 과세가액을 계산하라.

⑴ 상속재산의 내용
  ① 국내에 소재한 건물 4억원과 국외에 소재한 토지 3억원이 있다.
  ② 안타까워氏의 사망으로 인한 생명보험금 1억원이 보험회사로부터 상속인에게 지급되었다. 총불입

보험료 중 피상속인이 불입한 보험료는 80%에 해당한다.

⑵ 2024. 4. 20 피상속인은 천국은행에서 1억5천만원을 차입하여 그 중 4천만원은 생활비로 사용하였으나 나머지는 용도가 확인되지 아니하였다. 동 채무는 상속개시일 현재 상환되지 아니하였다.

⑶ 피상속인은 상속재산인 건물 중 2억원을 국가에게 유증하였으며, 상속인은 상속세 신고기한 내에 토지 중 5천만원을 공익법인에 출연하였다.

⑷ 상속개시일 현재 공과금·장례비용
  ① 상속개시일 현재 피상속인이 미납한 공과금은 1천만원이다. 그런데 그 후 상속인이 납부를 지연함에 따라 추가된 가산금을 포함하여 실제로 납부한 금액은 1천2백만원이다.
  ② 장례비용으로는 1천6백만원이 소요되었으나 증빙으로 입증되는 금액은 9,000,000원이다. 또한 납골시설 사용료로 별도로 6,000,000원이 지급되었다.

⑸ 상속개시 전 증여재산
  ① 상속인에게 2010. 7. 5에 1억원을, 2019. 8. 7에 3억원을 증여하였다.
  ② 상속인 외의 자인 친구에게 2022. 12. 31에 2억원을 증여하였다.

┃풀이┃

(1) 본래상속재산가액   700,000,000원
  ① 건 물   400,000,000원
  ② 토 지   300,000,000원<주1>

(2) 간주상속재산가액   80,000,000원
  보험금   100,000,000×80% = 80,000,000원

(3) 추정상속재산가액   0원
  부담 채무   - <주2>

(4) 증여재산가액<주3>   500,000,000원
  ① 상속인분 증여재산   300,000,000원
  ② 비상속인분 증여재산   200,000,000원

(5) 비과세재산(국가에 유증한 건물)   (-)200,000,000원
(6) 과세가액 불산입재산(공익법인 출연재산)   (-) 50,000,000원
(7) 과세가액 공제   (-)174,000,000원
  ① 공과금   10,000,000원<주4>
  ② 장례비용   14,000,000원<주5>
  ③ 채무(은행차입금)   150,000,000원<주2>

(8) 상속세 과세가액   856,000,000원

<주1> 피상속인이 상속개시 당시 거주자이므로 국내외 모든 재산이 상속세 과세대상이 된다.
<주2> 상속개시 전 1년 이내에 부담한 채무가 2억원에 미달하므로 추정상속재산의 요건에 해당하지 아니하지만 과세가액 공제액 중 채무에는 포함된다.
<주3> 증여재산의 합산과세기간은 1998. 12. 31 이전 증여분은 5년, 1999. 1. 1 이후 증여분은 10년이다. 2010.7.5 증여분은 2020.7.5로서 합산과세기간이 종료되었으므로 합산대상이 아니다.
<주4> 상속인 귀책사유분(가산금) 제외
<주5> 증빙이 있는 경우 인정되는 장례비용의 최고한도는 1,000만원이며, 납골시설과 관련한 비용은 별도로 500만원까지 공제가능하다.

1. 상속세 산출세액 계산과정

(1) 피상속인이 거주자인 경우

구 분 항 목	내 역
본 래 상 속 재 산 가 액	국내외 모든 재산
(+) 간 주 상 속 재 산 가 액	보험금, 신탁재산, 퇴직금 등
(+) 추 정 상 속 재 산 가 액	1년(2년) 이내 재산처분가액(채무부담액) 등이 2억원(5억원) 이상으로 사용용도가 불분명한 경우
(+) 증 여 재 산 가 액	상속인에게 10년 이내, 상속인 이외의 자에게 5년 이내 증여한 재산
(-) 비 과 세 상 속 재 산	전사자 등에 대한 비과세, 공공단체 등에 대한 유증·문화재 등에 대한 비과세 등
(-) 과 세 가 액 불 산 입	공익법인 등의 출연재산, 공익신탁재산
(-) 과 세 가 액 공 제 액	공과금, 장례비용, 확정채무
상 속 세 과 세 가 액	
(-) 기 초 공 제	2억원
(-) 기 타 인 적 공 제	자녀 : 1인당 5천만원 미성년자 : 1,000만원 × 19세에 달하기까지의 연수 [배우자 제외함] 연로자(65세 이상) : 1인당 5천만원 [배우자 제외함] 장애인 : 1,000만원 × 기대여명의 연수 ※ 기초공제와 기타인적공제의 합계액이 5억원 미만일 경우에는 일괄공제(5억원) 선택하여 공제
(-) 추 가 공 제	가업 상속, 영농 등 상속 및 동거주택의 상속
(-) 배 우 자 상 속 공 제	Max : 배우자 실제 상속가액(한도 : 배우자 법정순상속범위내 금액, 30억원 한도) Min : 5억원
(-) 금 융 재 산 상 속 공 제	① 순금융자산이 2천만원을 초과한 경우 : 순금융자산의 가액×20%(최고 2억원, 최소 2천만원) ② 순금융자산이 2천만원 이하인 경우 : 해당 순금융자산의 가액
(-) 재 해 손 실 공 제	과세표준신고기간 중 재해에 의해 멸실·훼손된 상속재산가액
(-) 감 정 평 가 수 수 료 공 제	
상 속 세 과 세 표 준	50만원 미만인 경우 상속세를 부과하지 아니한다.
(×) 세 율	10% ~ 50%의 5단계 초과누진세율
상 속 세 산 출 세 액	
(+) 세 대 생 략 할 증 세 액	30%(40%) 가산(산출세액의)
(-) 증 여 세 액 공 제	증여재산에 대한 증여세 산출세액
(-) 외 국 납 부 세 액 공 제	외국상속재산에 대한 외국납부세액
(-) 단 기 재 상 속 세 액 공 제	
(-) 문 화 재 등 징 수 유 예 세 액	
(-) 신 고 세 액 공 제	
상 속 세 신 고 납 부 세 액	(=상속세 결정세액)

(2) 피상속인이 비거주자인 경우

(거주자인 경우)	구 분 항 목	내 역
본래상속재산가액	상 속 재 산 가 액	국내소재 상속재산
(+) 간 주 상 속 재 산 가 액		
(+) 추 정 상 속 재 산 가 액		
(+) 증 여 재 산 가 액	(+) 증 여 재 산 가 액	상속인에게 10년 이내, 상속인 이외의 자에게 5년 이내 증여한 재산
(-) 비 과 세 상 속 재 산		
(-) 과 세 가 액 불 산 입		
(-) 과 세 가 액 공 제 액	(-) 과 세 가 액 공 제 액	공과금, 유치권·질권·저당권담보채무, 국내사업장의 채무
상 속 세 과 세 가 액	상 속 세 과 세 가 액	
(-) 기 초 공 제	(-) 기 초 공 제	2억원
(-) 추 가 공 제		
(-) 배 우 자 상 속 공 제		
(-) 기 타 인 적 공 제		
(-) 금 융 재 산 상 속 공 제		
(-) 재 해 손 실 공 제		
상 속 세 과 세 표 준	상 속 세 과 세 표 준	50만원 미만인 경우 상속세를 부과하지 아니한다.
(×) 세 율	(×) 세 율	10%~50%의 5단계 초과누진세율
상 속 세 산 출 세 액	상 속 세 산 출 세 액	
(+) 세 대 생 략 할 증 세 액		
(-) 증 여 세 액 공 제	(-) 증 여 세 액 공 제	증여재산에 대한 증여세 산출세액
(-) 외 국 납 부 세 액 공 제	(-) 외 국 납 부 세 액 공 제	외국상속재산에 대한 외국납부세액
(-) 단 기 재 상 속 세 액 공 제	(-) 단 기 재 상 속 세 액 공 제	
(-) 문 화 재 등 징 수 유 예 세 액	(-) 문 화 재 등 징 수 유 예 세 액	
(-) 신 고 세 액 공 제	(-) 신 고 세 액 공 제	
상 속 세 신 고 납 부 세 액	상 속 세 신 고 납 부 세 액	(= 상속세 결정세액)

2. 상속공제

(1) 기초공제

기초공제는 거주자나 비거주자가 사망하여 상속이 개시되는 경우에는 상속세과세가액에서 2억원을 공제해 주는 것이다. 따라서 상속세과세가액이 2억원에 미달하는 경우에는 상속세가 과세되지 아니한다.

(2) 기타인적공제

기타인적공제는 부양가족에 대한 공제로서, 상속이 개시되는 경우에 피상속인의 배우자를 제외한 자녀와 미성년자·연로자·장애인 등이 있는 경우에 공제해주는 것이다. 이와 같은 기타인적공제는 그 사실이 확인되는 경우에는 신고나 신청이 없어도 공제해 주며, 자녀 등 그 인적공제대상자가 상속을 포기하여 상속을 받지 아니하는 경우에라도 인적공제를 적용한다.

> 기타인적공제 = 자녀공제 + 미성년자공제 + 연로자공제 + 장애인공제

① 자녀공제
자녀공제란 피상속인의 자녀(태아 포함)에 대해서 나이나 인원, 그리고 동거여부에 관계없이 1인당 5천만원을 공제해 주는 것이다. 그러나 피상속인이 사실상 부양하고 있더라도 대습상속인(손자, 손녀)은 자녀공제를 받을 수 없다.

② 미성년자공제
미성년자공제란 상속인(배우자는 제외한다) 및 동거가족 중 미성년자(태아 포함)에 대해서는 1천만원에 19세가 될 때까지의 연수를 곱하여 계산한 금액이다. 이 때 자녀가 미성년자인 경우에는 자녀공제와 미성년자공제를 중복하여 모두 공제받을 수 있다.
이와 같은 미성년자공제는 피상속인이 사실상 부양하고 대습상속인(손자, 손녀)도 공제받을 수 있다. 여기서 기타 인적공제 대상이 되는 동거가족이란 피상속인이 사실상 부양하고 있는 직계존비속(배우자의 직계존속을 포함) 및 형제자매를 말한다.

③ 연로자공제
연로자공제란 상속인(배우자는 제외) 및 동거가족 중에서 65세 이상인 연로자에 대해서 인원에 관계없이 1인당 5천만원을 공제해 주는 것이다. 따라서 배우자의 경우에는 65세 이상으로서 연로자공제에 해당되더라도 연로자공제를 받을 수 없다.

④ 장애인공제

장애인공제란 상속인 및 동거가족 중에서 심신상실자·정신지체자·상이자 및 근로능력이 없는 자·청각장애인·시각장애인 및 항시 치료를 필요로 하는 중증환자가 있는 경우에는 인원에 관계없이 1인당 1천만원에 상속개시일 현재 통계청장이 승인하여 고시하는 통계표에 따른 성별·연령별 기대여명(期待餘命)의 연수를 곱한 금액이다. 이와 같은 장애인공제는 배우자공제 또는 기타의 인적공제(자녀공제·미성년자공제·연로자공제)와 중복되는 경우에도 중복하여 공제받을 수 있다.

⑤ 중복적용 배제

기타인적공제는 중복하여 적용을 받을 수 없으나, 다음의 경우에는 예외로 한다.

  ㉠ 자녀가 미성년자인 경우 자녀공제와 미성년자공제를 중복 적용
  ㉡ 장애인공제는 배우자공제 및 다른 기타인적공제와 중복 적용
    위 이외의 인적공제는 중복하여 적용받을 수 없다. 즉, 자녀가 연로자공제를, 배우자가 연로자공제와 미성년자공제를 중복 공제받을 수 없다.

⑥ 특수한 경우의 인적공제

  ㉠ 손자 : 손자가 피상속인의 재산으로 생계를 유지하는 경우에는 인적공제 대상이나, 그의 부모가 부양능력이 있는 경우에는 인적공제를 받을 수 없다.
  ㉡ 대습상속인 : 상속인이 될 자가 상속개시 전 사망 하여 대습상속되는 경우 피상속인이 대습상속인(손자등)을 사실상 부양하고 있었다면 그 대습상속인에 대하여 미성년자공제는 받을 수 있으나 자녀공제는 받을 수 없다.

구 분	대 상 자	공 제 액	비 고
자 녀	자녀	1인당 5천만원	나이 및 동거여부에 상관없이 공제한다. 인원제한이 없다.
연 로 자	상속인(배우자 제외) 및 동거가족 중 65세 이상인 자	1인당 5천만원	남녀 65세 이상. 인원제한이 없다.
미성년자	상속인(배우자 제외) 및 동거가족 중 미성년자	(19세 – 현재나이) ×1천만원	1년 미만의 단수는 1년으로 본다. 인원제한이 없다.
장 애 인	상속인(배우자 포함) 및 동거가족 중 장애인	(상속인의 기대수명 – 현재나이)×1천만원	나이여부에 상관없이 공제한다. 인원제한이 없다. 1년 미만의 단수는 1년으로 본다.

【 기 타 인 적 공 제 의 요 약 】

(3) 일괄공제

$$Max[\bigcirc, \bigcirc] \quad \begin{cases} \bigcirc \ 기초공제 \ 2억원 \ + \ 기타인적공제 \\ \bigcirc \ 일괄공제 \ 5억원 \end{cases}$$

기타인적공제는 복잡하여 자녀공제 · 미성년자공제 · 연로자공제 · 장애인공제 등 항목별로 일일이 계산하여 공제받는 것이 쉽지 않다. 따라서 세법에서는 납세자의 편의를 위하여 그 계산을 간소화하여 기초공제를 포함하여 일정금액까지는 일괄적으로 공제해주기 위한 제도인 일괄공제를 규정하고 있다.

다시 말해, 기초공제와 기타인적공제의 합계액과 5억원 중 큰 금액으로 공제할 수 있도록 하고 있다. 다만, 상속세를 신고하지 않는 경우에는 5억원을 공제하고, 피상속인이 배우자 단독으로 상속받는 경우에는 일괄공제 적용을 배제하고, 기초공제액과 기타 인적공제액의 합계액으로만 한다. 한편, 직계비속이나 직계존속 등 공동상속인이 포기하여 배우자가 단독으로 상속받게 되는 경우에도 일괄공제를 적용받을 수 있다.

따라서 일반적으로 배우자와 자녀가 상속인이 될 경우가 많은데, 배우자공제 5억원(최소)과 일괄공제 5억원을 합한 10억원이 공제되기 때문에 상속재산이 10억원 이하인 경우에는 상속세를 납부하지 아니하게 된다. 이처럼 일괄공제는 상황에 따라 다르게 적용될 수 있다.

구　분	공제대상
신고기한 내 신고하는 경우	일괄공제 또는 항목별 공제를 납세의무자가 선택하여 적용한다.
무신고의 경우	일괄공제만이 적용된다.
배우자 단독상속의 경우	항목별 공제만이 적용된다.

【 일 괄 공 제 의 적 용 여 부 】

🍎 예제 11. 일괄공제

피상속인은 2025년 5월 30일에 낙뢰를 맞아 사망하였다. 다음 자료에 의해 상속세 과세표준을 계산하라. 단, 상속세부담의 최소화를 가정한다.

(1) 재산현황

토지	5억원
퇴직금	2억원
건물	3억원
생명보험금	2억원

(2) 피상속인의 미납재산세　　5,000,000원

(3) 상속인 및 동거가족

부인	76세
아들	3명 (미성년자 없음)
손녀	15세

| 풀이 |

상속재산가액 = (5억원 + 3억원 + 2억원 + 2억원) =　　　　12억원

공제가액 = 5,000,000원(재산세) + 5,000,000원(장례비) =　　1천만원

과세가액　　　　　　　　　　　　　　　　　　　　　　11억9천만원

공제액 ·　일괄공제　　　　5억원*

　　　　　배우자공제　　　5억원

　　　　　금융공제　　　4천만원**　　　　　　　　　10억4천만원

과세표준　　　　　　　　　　　　　　　　　　　　　　1억5천만원

　 * Max(5억원, 5천만원 × 3명 + 1천만원 × 4년) = 5억원
　** 2억원(보험금) × 20% = 4천만원
　　　한도액 =(최저 2천만원 ~ 최대 2억원)

(3) 배우자상속공제

배우자[31)]가 실제 상속받은 재산이 없거나 상속받은 재산이 5억원 미만인 경우에는 5억원을 공제한다. 상속세 및 증여세법상 배우자상속공제에 있어 사실혼 관계에 있는 배우자를 포함한다는 규정이 없으므로 사실혼 관계자는 배우자 상속공제가 안 된다.

① 배우자상속공제액

거주자의 사망으로 인하여 배우자가 실제 상속받은 재산의 가액을 상속세 과세가액에서 공제한다. 다만, 그 금액은 상속재산(상속재산 중 상속인이 아닌 수유자가 유증 등을 받은 재산은 제외하고 상속개시일 전 10년 이내에 피상속인이 상속인에게 증여한 재산가액은 포함)의 가액에 배우자의 법정상속분(공동상속인 중 상속포기자가 있을 경우에는 그 자가 포기하지 아니한 경우의 배우자의 법정상속분을 말함)을 곱하여 계산한 금액에서 상속재산에 가산한 증여재산 중 배우자에게 증여한 재산에 대한 과세표준을 차감한 금액(그 금액이 30억원을 초과하는 경우에는 30억원을 한도)을 한도로 한다. 다시 말해, 배우자의 법정상속공제한도액은 다음과 같이 계산한다.

MIN(㉠, ㉡)
㉠ 배우자가 실제 상속받은 재산
㉡ 배우자상속공제한도액 = {(상속재산가액〈본래+간주+추정〉+상속개시 10년내 상속인에게 증여한 재산가액) - (비과세상속재산 · 과세가액불산입 · 공과금과 채무 + 상속인 이외의 자에게 유증된 재산가액)} × 배우자의 법정상속분 - 상속개시 10년 내에 배우자에게 증여한 재산에 대한 과세표준

---

31) 민법상 혼인으로 인정되는 혼인관계에 의한 배우자를 말한다.

② 재산분할신고

부득이한 사유로 배우자상속재산분할기한까지 배우자의 상속재산을 분할할 수 없는 경우로서 배우자상속재산분할기한[부득이한 사유가 소(訴)의 제기나 심판청구로 인한 경우에는 소송 또는 심판청구가 종료된 날]의 다음 날로부터 9월이 되는 날(배우자상속재산분할기한의 다음 날부터 6개월을 경과하여 과세표준과 세액이 결정이 있는 경우에는 결정일)까지 상속재산을 분할(등기·등록·명의개서 등을 요하는 경우에는 그 등기·등록·명의개서 등이 된 것에 한함)하여 신고하는 경우에는 배우자상속재산분할기한 이내에 분할한 것으로 본다. 다만, 상속인이 그 부득이한 사유를 배우자상속재산분할기한까지 납세지관할세무서장에게 신고하는 경우에 한한다.

③ 특정한 목적으로 동거한 배우자공제의 여부

상속개시 당시에 피상속인에게 배우자가 있는 경우에는 배우자공제를 받을 수 있으나, 특정한 목적을 위하여 피상속인과 동거한 사유만으로는 배우자공제를 받을 수 없다.

④ 배우자가 상속포기시 배우자공제의 여부

상속개시 당시에 피상속인에게 배우자가 있는 경우에는 그 배우자가 상속포기 등으로 상속을 받지 아니한 경우에도 배우자공제를 받을 수 있다. 다시 말해, 배우자가 상속을 포기하여 실제로 상속받는 금액이 한 푼도 없거나, 또는 상속받은 금액이 5억원 미만인 경우에는 배우자상속공제로 5억원을 공제하게 된다.

⑤ 부모 동시사망의 경우에 있어서 배우자공제의 여부

구 분	과 세 방 법
시차를 두고 부모 사망	동일자에 시차를 두고 사망한 경우 상속세의 과세는 부와 모의 재산을 각각 계산하되 후에 사망한 자의 상속세과세가액에는 먼저 사망한 자의 상속재산 중 그의 지분을 합산하고 단기상속에 대한 세액공제를 한다. 또한 배우자공제는 적용한다.
동일, 동시에 부모 사망	동시 사망하였을 경우 상속세의 과세는 부와 모의 상속재산에 대하여 각각 개별로 계산하여 과세하며, 배우자공제는 적용하지 않는다.

🍎 예제 I2. 배우자상속공제액 (1)

다음 자료에 의하여 2025년 5월 8일 사망한 피상속인의 배우자상속공제액을 계산하라.

⑴ 총상속재산가액은 76.3억원이며, 이 중에는 비영리법인에게 유증한 재산 5억원이 포함되어 있다.
⑵ 총상속재산가액 외에 다음의 증여재산가액이 있다.
   2020년도에 장남에게 증여한 재산가액　　　　　　6억원
   2019년도에 상속인 외의 자에게 증여한 재산가액　　5억원
⑶ 상속세 과세가액 계산시 공제할 공과금은 10,000,000원, 장례비는 5,000,000원, 채무는 20,000,000원이다.
⑷ 상속인으로 장남, 장녀 및 배우자가 있으며, 배우자가 실제로 상속받은 재산가액은 35억원이다.

┃풀이┃

배우자공제액 : Min[①,②] = 30억원
① 실제 상속받은 금액 = 35억원
② 법정 상속분
　= [76억3천만원+6억원(상속인에 대한 증여재산) - 5억원(상속인외의 자에게 유증을 한 재산)
　　- 1천만원(공과금) - 2천만원(채무)] × 1.5/3.5 = 33억원(한도액 30억원)

🍎 예제 I3. 배우자상속공제액 (2)

다음 자료에 의하여 상속세를 최소화하기 위한 과세표준을 계산하라.

⑴ 상속재산
   주택　　　　　　　　　　　　　　　　　950,000,000원
   피상속인의 사망으로 수취한 생명보험금　300,000,000원
⑵ 장례비지출액　　　　　　　　　　　　　　4,500,000원
⑶ 동거가족으로 배우자와 연령이 20세 초과하는 자녀 2명이 있다.
⑷ 배우자가 실제 상속받은 금액은 없다.

┃풀이┃

상속세 과세가액 = 1,250,000,000원 - 5,000,000원 = 1,245,000,000원
상속공제액 = 일괄공제 + 배우자상속공제 + 금융재산상속공제 = 10억6천만원
일괄공제 = Max[㉠,㉡] = 5억원
　㉠ 기초공제 2억원 + 기타 인적공제 1억원(2인 × 5천만원) = 3억원
　㉡ 5억원
배우자상속공제 = 5억원
금융재산상속공제 = 3억원 × 20% = 6천만원
상속공제한도액 = 1,245,000,000원
상속세 과세표준 = 1,245,000,000원 - 1,060,000,000원 = 185,000,000원

(4) 가업상속공제와 영농상속공제

① 가업상속공제

가업상속이란 피상속인이 10년 이상 계속하여 경영(단, 재임기간의 50% 이상을 대표이사의 직위를 유지 또는 상속개시 전 10년 중 5년 이상을 대표이사 직위 유지)하여 온 중소기업 또는 대통령령으로 정하는 중견기업(상속이 개시되는 소득세 과세기간 또는 법인세 사업연도의 직전 3개 소득세 과세기간 또는 법인세 사업연도의 매출액의 평균금액이 5천억원 이상인 기업은 제외)의 최대주주 또는 최대출자자인 경우로서 그와 특수관계인의 주식 등을 합하여 해당 기업의 발행주식총수 또는 출자총액의 40%(거래소에 상장되어 있는 법인이면 20%) 이상을 계속하여 보유하는 상속을 말한다(단, 영농상속공제를 받는 사업과 개별소비세법에 의한 과세유흥장소 영위사업을 제외하고, 음식점업은 포함). 또한 가업의 전부를 상속인 중 해당 가업에 종사하는 자가 상속받아야 하는 바(상속세 신고기한까지 임원으로 취임하고 상속세 신고기한부터 2년 이내 대표이사 등으로 취임하여야 함), 해당 상속인은 상속개시일 현재 18세 이상인 자로서 상속개시일 2년 전부터 계속하여 직접 가업에 종사(단, 부득이한 경우 예외 인정)하여온 자로 제한된다.

한편, 사후관리차원에서 5년 이내에 상속으로 물려받은 가업용 자산의 40% 이상을 처분하는 경우와 상속개시일부터 5년 간 정규직근로자의 수의 전체 평균이 상속개시일이 속하는 소득세 과세기간 또는 법인세 사업연도의 직전 2개 소득세 과세기간 또는 법인세 사업연도의 정규직근로자 수의 평균이 90%에 미달하는 경우 또는 상속개시일부터 5년간 총급여액의 전체 평균이 상속개시일이 속하는 소득세 과세기간 또는 법인세 사업연도의 직전 2개 소득세 과세기간 또는 법인세 사업연도의 총급여액의 평균의 90%에 미달하는 경우에는 공제받은 금액에 해당일까지의 기간을 고려하여 대통령령으로 정하는 율을 곱하여 계산한 금액(가업용 자산의 40% 이상을 처분한 경우에는 가업용 자산의 처분 비율을 추가로 곱한 금액)을 상속개시 당시의 상속세 과세가액에 산입하여 상속세를 부과한다. 이 경우 대통령령으로 정하는 바에 따라 계산한 이자상당액을 그 부과하는 상속세에 가산한다. 다만, 비상장주식만 상속받은 경우에는 주식의 상속세 납부로 인한 지분감소가 발생하므로 최대주주지분이 유지되는 경우에는 추징 예외사유로 인정한다.

가업상속금액은 가업상속재산가액의 100%에 상당하는 금액(다만, 그 금액이 300억원을 초과하는 경우에는 피상속인이 10년 이상 20년 미만 계속하여 경영한 경우 300억원을 한도로 하며, 피상속인이 20년 이상 30년 미만 계속하여 경영한 경우에는 400억원, 피상속인이 30년 이상 계속하여 경영한 경우에는 600억원을 한도로 한다)으로 한다.

가업상속공제액 min(①, ②)
　① 가업상속공제액
　② 한도
　　피상속인이 10년 이상 20년 미만 계속하여 경영 : 300억원
　　피상속인이 20년 이상 30년 미만 계속하여 경영 : 400억원
　　피상속인이 30년 이상 계속하여 경영 : 600억원

🍎 예제 14. 가업상속공제

다음 자료에 의하여 상속세 과세표준을 계산하라.

⑴ 상속재산으로는 주택 1동(시가 17억원), 은행예금 5억원, 가업상속재산(피상속인의 가업계속 영위기간 11년) 6억원이 있다.
⑵ 장례비용은 16,000,000원으로 그 지출내역을 제반증빙과 함께 제출하였다.
⑶ 피상속인의 가족으로 배우자(50세), 아들(21세) 및 딸(15세)이 있다.
⑷ 배우자가 실제 상속받은 재산가액은 15억원이다.
⑸ 상속재산은 분할되지 아니하였다.

┃풀이┃

⑴ 상속세 과세가액 = 17억원 + 5억원 + 6억원 - 1천만원(장례비) = 27억9천만원
⑵ 상속세 과세표준 = 27억9천만원 - 일괄공제 5억원 - 배우자공제 12억원
　- 금융재산상속공제 1억원 - 가업상속공제 6억원 = 3억9천만원
　① 일괄공제 : Max[㉠,㉡] = 5억원
　　㉠ 기초공제 2억원 + 기타 인적공제 1억4천백만원(자녀공제 : 1억원, 미성년공제 : 4천만원)
　　　= 3억4천백만원
　　㉡ 5억원
　② 배우자공제 : Min[㉠,㉡] = 12억원
　　㉠ 실제 상속받은 재산가액 = 15억원
　　㉡ 법정상속분 = 28억원 × (1.5/3.5) = 12억원
　③ 금융재산상속공제 : Min[㉠,㉡] = 1억원
　　㉠ Max[5억원×20%, 2천만원] = 1억원
　　㉡ (한도액) 2억원
　④ 가업상속공제 : Min[㉠,㉡] = 6억원
　　㉠ 가업상속재산가액 = 6억원
　　㉡ (한도액) 300억원

---

② 영농상속공제

영농(營農)[32]〈양축(養畜)[33]·영어(營漁)[34] 및 영림(營林)[35]〉상속[36]에 해당하는 경우에는 영

---

32) 농업을 경영하는 것으로 경농(經農)이라고도 함.
33) 가축을 기르는 것.

농상속재산가액에 상당하는 금액(30억원 한도)을 상속세 과세가액에서 공제한다. 다만, 피상속인의 거주지[37] 소재 농지 등을 상속개시일 8년 전부터 계속하여 직접 영농 등에 종사하여야 한다. 그러나 상속개시일로부터 5년 이내에 정당한 사유 없이 가업 및 영농상속재산을 처분하거나 영농에 종사하지 아니하는 경우에는 공제받은 금액을 상속세 과세가액에 산입하여 상속세를 추징한다.

「법인세법」을 적용받는 영농의 경우 상속재산 중 법인의 주식 등도 포함한다.

가업상속공제와 영농상속공제는 동일한 상속재산에 대하여 동시에 적용하지 아니한다(중복적용배제).

(5) 동거주택상속공제

거주자의 사망으로 인하여 상속이 개시되는 경우로서 피상속인과 상속인(직계비속 또는 상속인이 된 그 직계비속의 배우자로 한정)이 상속개시일부터 소급하여 10년 이상(상속인이 미성년자인 기간은 제외) 계속하여 동거한 주택이 1세대 1주택(고가주택 포함)이고 무주택자인 상속인이 상속받은 주택일 경우에는 주택가액의 100%에 상당하는 금액을 상속세 과세가액에서 공제한다. 다만, 그 금액이 6억원을 초과하는 경우에는 **6억원**을 한도로 한다. 다만 그 기간을 적용함에 있어서 피상속인과 상속인이 징집, 취학, 근무상 형편 또는 질병 요양, 이농·귀농주택, 상속인의 혼인합가, 일시적 2주택, 문화재주택, 직계존속 동거봉양, 피상속인의 혼인합가로 2주택이 된 경우(합가일 이후 5년 이내 1주택 양도한 경우만 해당) 등과 같은 부득이한 사유에 해당하여 동거하지 못한 경우에는 이를 계속하여 동거한 것으로 본다.

(6) 금융재산상속공제

① 금융재산 상속공제액

전액	2천만원	20%공제	2억원(한도)
0원	2천만원	1억원	10억원

상속재산 중 부동산의 경우에는 시가가 확인되지 않으면 개별공시지가 등 보충적 방법에 따라 평가하기 때문에 일반적으로 시가보다 낮은 금액으로 평가된다. 그러나 상속재산 중 금융재산을 보유하는 경우에는 그 금융재산을 시가대로 평가하기 때문에 부동산을 보유하는 경우에

---

34) 어업을 경영하는 것.

35) 산림을 관리하고 경영하는 일.

36) 피상속인이상 계속개시일 2년 전부터 계속해서 직접 영농에 종사한 경우로서 영농상속재산의 전부를 상속인 중 영농에 종사하는 상속인이 상속받는 것을 말한다.

37) ① 동일 또는 연접 시·군·구 또는 ② 직선거리 30Km 이내에 있어야 한다.

비해서 상속세의 부담이 많아진다.

따라서 상속재산간의 과세형평도 유지하면서 금융저축도 장려하기 위하여, 금융재산에 대하여 금융재산상속공제를 두고 있다. 즉, 금융재산상속공제란 상속개시일 현재의 상속재산 중 순금융재산가액이 포함되어 있는 경우에는 과세가액에서 다음과 같이 2억원을 한도로 공제하여 주는 것을 말한다.

구 분	공 제 액
순금융재산가액이 2천만원을 초과하는 경우	순금융재산가액의 20% (2천만원 미만인 경우 2천만원 공제) (2억원을 초과하는 경우 2억원 공제)
순금융재산가액이 2천만원 이하인 경우	순금융재산가액 전액

② **순금융재산가액 = 금융재산가액 − 금융채무**

순금융재산가액이란 금융재산가액에서 금융채무를 차감한 가액을 말한다.

　㉠ 금융재산가액

　　금융기관에서 취급하는 예금·적금·부금38)·계금(契金, money of loan club)39)·출자금·금전신탁40)재산·보험금(피상속인이 불입한 부분만 해당)·공제금·주식·채권·수익증권·출자지분·어음 등의 금전 및 유가증권과 기타 이와 유사한 것을 말한다. 다만, 최대주주 또는 최대출자자41)가 보유하고 있는 주식 또는 출자지분주식 등과 상속세 과세표준 신고기한까지 신고하지 아니한 타인 명의의 금융재산은 포함되지 아니한다.

　㉡ 금융채무

　　상속개시 당시 피상속인이 실제로 부담할 것으로 확인된 금융기관에 대한 채무를 말한다.

---

38) 일정한 기간마다 부어 나가는 돈으로 부과금이라고도 한다.

39) 금전의 융통을 목적으로 일정한 인원이 구성한 계에 가입한 자가 곗날에 내는 정해진 금액을 계금이라 한다. 소득세법 및 법인세법에서의 계금은 상호신용금고에서 영위하는 상호신용계에 가입한 계원이 구좌별 정기적으로 납입하는 일정한 금액을 말한다.

40) 신탁 은행 같은 데서 고객의 돈을 신탁 재산으로 맡아 운용하여, 신탁 기간 만기에 원금과 수익금을 수익자에게 돌려주는 신탁을 말한다.

41) 주주 또는 출자자 1인과 특수관계자의 보유주식 등을 합하여 그 보유주식 등의 합계가 가장 많은 경우에 해당하는 주주를 말한다.

🍎 예제 15. 금융재산상속공제(1)

피상속인의 상속재산 중 금융자산의 내용이 다음과 같을 때 각 사례별 금융재산상속공제를 계산하라.

〈 CASE 1 〉 은행예금 2억원, 상장주식 5억원(최대주주임), 금융채무 1억2천만원
〈 CASE 2 〉 은행예금 25억원, 금융채무 5억원
〈 CASE 3 〉 보험금 1천8백만원

❙풀이❙

CASE 1	CASE 2	CASE 3
Min[㉠,㉡] = 2천만원 ㉠ Max[8천만원×20%, 2천만원] = 2천만원 ㉡ (한도액)2억원	Min[㉠,㉡] = 2억원 ㉠ Max[20억원×20%, 2천만원] = 4억원 ㉡ (한도액)2억원	순금융재산가액이 2천만원 이하이므로 해당 순금융재산가액 전액(18,000,000원)을 금융재산 상속공제로 공제한다.

🍎 예제 16. 금융재산상속공제(2)

2025년에 사망한 피상속인이 다음과 같은 상속재산자료를 보유하고 있는 경우 금융재산상속공제액을 계산하라.

⑴ 수익증권   2천만원
⑵ 토지   1억8천만원
⑶ 은행으로부터의 차입금   5백만원
⑷ 신탁재산   3천만원 (이 중 금전신탁재산은 1천만원)
⑸ 甲회사 주식   3천만원 (장하다氏는 甲사의 최대주주에 해당됨)
⑹ 보험금   4천만원 (총불입보험료 중 장하다氏가 불입한 부분은 50%)

❙풀이❙

⑴ 순금융재산가액의 계산
　① 금융자산* : 2천만원(수익증권) + 신탁재산 중 금전신탁재산 1천만원 + 보험금 2천만원(4천만원×50%) = 5천만원
　　* 최대주주의 주식은 금융재산상속공제가 적용되지 아니한다.
　② 금융채무 : 은행 차입금 5,000,000원
　③ 순금융재산가액 : ① - ② = 50,000,000원 - 5,000,000원 = 45,000,000원
⑵ 금융재산상속공제액 : Min[①,②] = 20,000,000원
　① Max[㉠,㉡] = 20,000,000원
　　㉠ 45,000,000원 × 20% = 9,000,000원
　　㉡ 20,000,000원
　② (한도액)200,000,000원

(7) 재해손실공제 = 재해손실가액 − 보험금·구상권 등으로 보전가능한 금액

상속세 신고기한(사망일이 속하는 달의 말일로부터 6개월) 이내에 화재·붕괴·폭발·환경오염 사고 및 자연재해 등의 재난으로 인하여 상속재산이 멸실·훼손된 경우에는 그 손실가액을 상속세 과세가액에서 공제한다. 다만, 손실가액에 대한 보험금 등의 수령 또는 구상권[42] 등의 행사에 의하여 해당 손실가액에 상당하는 금액을 보전 받는 경우에는 그러하지 아니한다. 즉, 상속세 과세가액에서 공제하는 가액은 재난으로 인하여 손실된 상속재산의 가액으로 한다.

(8) 공제적용의 한도

상속세 과세가액에서 공제할 상속공제의 합계액은 다음의 금액을 한도로 한다. 이는 본래의 상속인이 상속당시 실제 물려받는 재산을 한도로 상속공제한다는 의미이다. 다만, 아래 산식 중 사전증여재산가액은 상속세 과세가액이 5억원을 초과하는 경우에만 적용한다.

$$
\begin{array}{l}
\text{상속공제} \\
\text{한도액}
\end{array}
=
\begin{array}{l}
\text{상속세} \\
\text{과세가액}
\end{array}
-
\begin{array}{l}
\text{선순위인 상속인이} \\
\text{아닌자에게} \\
\text{유증등을 한 가액}
\end{array}
-
\begin{array}{l}
\text{선순위인 상속인의} \\
\text{상속포기로 그다음} \\
\text{순위의 상속인이} \\
\text{상속받은 재산의 가액}
\end{array}
-
\begin{array}{l}
\text{사전증여} \\
\text{재산가액}
\end{array}
$$

🍎 예제 17. 상속공제(1)

2025년 6월 20일 사망한 피상속인의 다음 자료에 의하여 상속공제액을 계산하라.

⑴ 상속재산

토지	주택	예금	서화
17억원	17억1천만원	9천만원	10억원(비영리법인에 유증함)

⑵ 가족은 배우자, 모친(78세), 장녀(30세, 출가), 장남(18세, 장애인임) 4명
⑶ 상속재산을 협의분할하여 배우자는 토지를, 장녀는 주택을, 장남은 예금을 상속받았다.
⑷ 장례비용은 확인되지 아니하였고, 통계청장이 고시한 기대수명은 75세라고 가정한다.

┃풀이┃

기초공제	200,000,000원
배우자공제 : Min[17억원, 35억원 × 1.5/3.5]	1,500,000,000원
기타인적공제〈주1〉	720,000,000원

---

42) 채무자를 대신하여 채무를 변제한 연대 채무자나 보증인 등이, 그 채무자에 대해 가지는 반환 청구의 권리를 말한다.

금융재산상속공제 : Max[순금융자산가액×20%, 2천만원]	20,000,000원
계	2,440,000,000원

<주1> 기타인적공제의 내역

자녀공제(50,000,000원×2명)	100,000,000원
연로자공제(50,000,000원×1명)	50,000,000원
미성년자공제(10,000,000원×1년)	10,000,000원
장애인공제(10,000,000원×57년)	570,000,000원
계	730,000,000원

🍎 예제 18. 상속공제(2)

2025. 3. 10 사망한 피상속인의 다음 자료에 의하여 상속공제액을 계산하라.

(1) 상속재산과 그 가액은 다음과 같다.

토지	17억원
예금	9억원
주택	9억원
유증재산	10억원(비영리법인에 유증한 자산)

(2) 상속재산을 협의분할하여 배우자는 토지를, 장녀는 주택을, 장남은 예금을 상속받았다.

(3) 피상속인의 가족상황으로 배우자(62세), 모친(78세), 장녀(30세), 장남(24세, 항시 간호를 요하는 환자임)

(4) 장례비로 실지 사용된 금액(증빙에 의하여 입증됨)은 묘지구입비 8,000,000원을 포함하여 18,000,000원이고, 채무와 미납된 공과금은 없음

(5) 통계표에 따른 기대수명은 75세라고 가정한다.

┃풀이┃

(1) 기초공제와 기타 인적공제

기초공제	200,000,000
기타 인적공제 : 자녀공제(2인 × 5천만원)	100,000,000
장애인공제(75세 - 24세)×1천만원	510,000,000
연로자공제(1인 × 5천만원)	50,000,000
계	860,000,000

기초공제와 기타 인적공제를 합한 금액이 일괄공제액보다 크므로 항목별공제를 적용받음

(2) 배우자공제 : Min[㉠,㉡] = 15억원

㉠ 실제 상속받은 금액 : 17억원

㉡ 법정상속분 : [17억원 + 9억원 + 9억원 + 10억원

  - 10억원(상속인외의 자에게 유증한 재산)] × (1.5/3.5) = 15억원

(3) 금융재산 상속공제 : Min[㉠,㉡] = 1억8천만원

㉠ Max[9억원×20%, 2천만원] = 1억8천만원

㉡ (한도액)2억원

(4) 상속공제합계액 = (1) + (2) + (3) = 2,540,000,000원

(9) 감정평가수수료 공제

상속세를 신고 납부하기 위하여 상속재산을 평가하는데 소요되는 수수료로서 아래의 요건에 해당하는 것은 상속세 과세가액에서 공제한다.

① 신용평가 전문기관에 의한 비상장주식의 평가에 따른 수수료

일정한 요건을 갖춘 비상장 중소기업의 주식을 상속 또는 증여받는 자 등의 신청에 따라 국세청에 설치된 비상장주식평가위원회가 신용평가전문기관에 그 가액에 대한 평가를 의뢰한 경우, 평가신청자에게 평가수수료를 부담하도록 하면서도 과세표준 계산시 상속재산가액 등에서 평가수수료를 공제할 수 있는 대상을 신용평가전문기관의 평가액으로 상속세 등을 신고 납부한 경우로 한정하고, 공제금액도 최대 1천만원 까지로 제한하고 있어 평가수수료를 지급한 납세자의 부담을 완화하였다.

비상장주식평가심의위원회가 신용평가전문기관에 평가를 의뢰하여 납세자가 부담한 평가수수료는 신용평가전문기관의 평가가액으로 상속세 등을 신고 납부하였는지 여부와 관계없이 평가대상법인의 수 및 평가를 의뢰한 신용평가전문기관의 수별로 각 1천만원 한도 내에서 공제할 수 있다.

② 「부동산공시 및 평가에 관한 법률」의 규정에 의한 감정평가업자의 평가에 따른 수수료

「부동산공시 및 평가에 관한 법률」에 의하여 평가된 가액으로 상속세 신고 납부하는 경우에 한하여 이를 적용한다.

감정평가수수료를 공제받고자 하는 자는 해당 수수료(500만원 한도)의 지급사실을 입증할 수 있는 서류를 상속세 과세표준 신고와 함께 납세지 관할세무서장에게 제출하여야 한다.

③ 서화·골동품 등 예술적 가치가 있는 유형재산에 대한 전문가 평가수수료(500만원 한도)

🍎 예제 19. 상속세 과세표준(1)

2025. 11. 1에 사망한 피상속인의 다음 자료에 의하여 상속세 과세표준을 계산하라. 단, 상속세부담의 최소화를 가정한다.

(1) 상속재산

토지	9억원
건물(피상속인의 지인(知人)에게 사인증여한 재산)	16억원
甲회사 주식(최대주주임)	1억원

(2) 장례비로 증빙에 의하여 확인되는 금액은 6,000,000원인데, 이 중 2,000,000원은 비석구입비이다.

(3) 피상속인의 가족은 다음과 같다.

부친	85세
배우자	62세
장남	33세 (별거하고 있으며, 장애인임)

(4) 상속재산 중 배우자는 토지를 받았고, 주식은 장남이 상속받았다.

(5) 통계표에 따른 기대수명은 75세라고 가정한다.

┃풀이┃

(1) 상속세 과세가액

총상속재산가액(9억원 + 16억원 + 1억원) =	2,600,000,000원
과세가액공제액(장례비)	(−) 6,000,000원
계	2,594,000,000원

(2) 상속공제

일괄공제와 "기초공제 + 기타 인적공제" 중 큰 금액	720,000,000원
배우자공제	600,000,000원
계	1,320,000,000원

주1) 상속공제의 한도 = 상속세 과세가액 − 상속인외의 자에게 유증·사인증여한 재산가액
= 2,594,000,000원 − 1,600,000,000원 = 994,000,000원
따라서 상속공제액은 11억원이 아닌 994,000,000원이 된다.

주2) 기초공제(2억) + 기타 인적공제액(자녀공제 5천만원 + 연로자공제 5천만원 + 장애인 공제 4억2천만원) = 7억2천만원, 일괄공제액(5억원)보다 크므로 기초공제 및 기타인적공제를 적용

주3) 배우자공제 : Min[㉠,㉡] = 6억원
㉠ 실제 상속받은 금액 : 9억원
㉡ 법정 상속분 : (26억원 − 16억원) × 1.5/2.5 = 6억원

(3) 상속세 과세표준 : 상속세 과세가액 − 상속공제
= 2,594,000,000원 − 1,320,000,000원 = 1,274,000,000원

🍎 예제 20. 상속세 과세표준(2)

2025. 7. 4에 사망한 피상속인의 상속세 과세표준을 계산하라.

(1) 상속재산의 내역

주택	상가	최대주주 보유 주식	보험금
450,000,000	1,500,000,000	300,000,000	200,000,000

※ 보험금중 피상속인이 불입한 보험료는 60%

(2) 2023. 9. 8에 처분한 토지매각대금 6억원 중 1억5천만원의 용도가 불분명하다.

(3) 상속개시 전 증여재산 내역
   ① 2008. 12. 20 자녀에게 증여한 주식 1억원(증여세 과세표준 7천만원)
   ② 2022. 1. 1 상속인 외의 자에게 증여한 현금 5천만원(증여세 과세표준 5천만원)

(4) 상가에 대한 사업소세와 재산세 미납액 1천만원과 은행차입금 8천만원이 있다. 이 금액은 전부 배우자가 상속받았다.

(5) 상속인 및 동거가족 현황

배우자	장남	차남	장녀	부친
55세	30세	25세	16세	78세

※ 배우자는 주택을 상속받기로 하고 협의분할하였고, 장남은 장애인임

(6) 통계청장이 고시한 기대수명은 75세라고 가정한다.

▌풀이▐

(1) 총상속재산가액	2,400,000,000원[주1]
(2) 과세가액 공제	(-)95,000,000원[주2]
(3) 증여재산 (상속인 외의 자)	(+)50,000,000원[주3]
(4) 상속세 과세가액 ((1) - (2) + (3))	2,355,000,000원[주3]
(5) 상속공제	(-)1,400,000,000원[주4]
(6) 과세표준 : 2,355,000,000원 - 1,400,000,000원 =	955,000,000원[주3]

[주1] 총상속재산가액

합계	주택	상가	주식	보험금	재산처분액
2400,000,000	450,000,000	1,500,000,000	300,000,000	120,000,000	30,000,000

[주2] 과세가액 공제

합계	공과금	장례비(최저금액)	채무
95,000,000	10,000,000	5,000,000	80,000,000

[주3] 상속인(자녀)에게 증여한 시점이 2008.12.20.이고 2018.12.20까지 산입시한이므로 상속인에게 증여한 주식은 가산되지 아니한다.

<주4> 1) 기초공제와 기타 인적공제 : Max[①,②] = 880,000,000원
　　　① 항목별 공제 880,000,000원
　　　　기초공제 200,000,000원
　　　　자녀공제(5천만×3인) 150,000,000원
　　　　미성년자공제(1천만×3년) 30,000,000원
　　　　연로자공제(5천만×1인) 50,000,000원
　　　　장애인공제(1천만×45년) 450,000,000원
　　　② 일괄공제 500,000,000원
　　2) 배우자 상속공제* 500,000,000원
　　　* 배우자 상속공제 : 배우자가 실제 상속받은 금액이 5억원에 미달하므로 5억원을 배우자 상속공제로 함.
　　3) 금융재산 상속공제** 20,000,000원
　　　Max[①,②] ={①(1억2천만원-8천만원)×20%, ② 20,000,000원}
　　　** 상속재산에 포함된 주식 3억원은 엄청분氏가 최대주주에 해당하므로 금융재산상속공제의 대상에서 제외
　　　된다.
　　4) 합 계 1,400,000,000원

----

3. 상속세의 산출세액

(1) 과세최저한

상속세의 과세표준이 50만원 미만일 때에는 상속세를 부과하지 아니한다.

(2) 산출세액 = 상속세 과세표준 × 세율

(3) 세율 ☞ 상속세의 세율은 최저 10%부터 최고 50%의 5단계 초과누진세율구조로 되어 있다.

과 세 표 준	세 율	누진공제
1억원 이하	과세표준의 10%	
1억원 초과 5억원 이하	1천만원 + 1억원 초과액의 20%	1천만원
5억원 초과 10억원 이하	9천만원 + 5억원 초과액의 30%	6천만원
10억원 초과 30억원 이하	2억4천만원 + 10억원 초과액의 40%	1억6천만원
30억원 초과	10억4천만원 + 30억원 초과액의 50%	4억6천만원

(4) 세대생략상속에 대한 할증과세

세대생략상속(Generation Skipping Transfer)이란 할아버지의 재산을 아버지를 거치지 않고 곧바로 손자에게 넘겨주는 것이다. 즉, 상속단계를 줄여서 세금을 적게 내자는 것으로, 아버지를

거칠 경우에는 두 차례 물어야 할 상속세를 한번으로 줄일 수 있으므로 탈세에 해당하는 것이다. 따라서 세법에서는 상속인 또는 수유자가 피상속인의 자녀를 제외한 직계비속(손자, 증손주 등) 인 경우에는 상속세 산출세액에 상속재산 중 그 상속인 또는 수유자가 받았거나 받을 재산이 차지하는 비율을 곱하여 계산한 금액의 30%(피상속인의 자녀를 제외한 직계비속이면서 미성년 자에 해당하는 상속인 또는 수유자가 받았거나 받을 상속재산의 가액이 20억원을 초과하는 경우 에는 40%)에 상당하는 금액을 가산한다. 이 경우 상속재산은 상속세 과세가액에 산입한 증여재 산가액 중 상속인 또는 수유자가 증여받은 재산을 포함한다.

다만, 민법에 의한 대습상속의 경우에는 세대를 건너뛴 것에 정당한 사유가 있으므로 할증세율 을 적용하지 아니한다. 즉, 할아버지보다 아버지가 먼저 사망하여 아버지에 대한 상속분을 손자 가 상속받는 것과 같은 대습상속의 경우에는 상속세의 회피의사와는 관계가 없는 것이므로 할증 세율을 적용하지 아니하고 일반세율로 과세한다.

$$\text{산출세액에 가산할 할증세액} = \text{상속세 산출세액} \times \frac{\text{세대생략상속(유증)재산가액}}{\text{총상속재산가액}} \times 30\% \ (40\%)$$

🍎 예제 21. 할증과세 및 산출세액(1)

다음 자료에 의하여 상속세 산출세액을 계산하라.

(1) 상속세 과세표준   21억원
(2) 상속재산가액
   자녀상속분   50억원
   손자상속분(세대생략 상속임) 6억원

┃풀이┃

세대생략상속에 대한 상속세액 : (1) + (2) = 701,857,143원
(1) 일반적인 경우의 상속세 산출세액
   2억4천만원 + (21억원 - 10억원) × 40% = 6억8천만원
(2) 할증세액
   6억8천만원 × 6억원/56억원 × 30% = 21,857,143원

🍎 예제 22. 할증과세 및 산출세액(2)

다음 자료에 의해 상속세 산출세액을 계산하라.

(1) 상속재산은 총50억원으로 이 중 5억원은 손자(차남의 아들)에게 유증되었으며, 10억원은 영리법인에게 사인증여되었다. 나머지 상속재산은 상속인인 장남, 차남에게 민법상의 상속지분율대로 분배되었다.

(2) 위의 자료에 의하여 계산된 과세표준은 13억5천만원이고, 상속세 세율은 2억4천만원 + 10억원 초과액의 40%이다.

| 풀이 |

(1) 산출세액 : 240,000,000원 + (1,350,000,000원 − 1,000,000,000원) × 40% = 380,000,000원

㈜ 영리법인은 공익법인이 아니므로 사인증여 받은 재산은 상속세과세가액에 불산입되지 아니한다. 그러나 영리법인이 수유자인 상속재산에 대해서는 법인세가 과세되므로 이중과세를 방지하기 위하여 납부할 상속세액을 계산한 후 세액의 납부를 면제시켜 주고 있다. 이 경우의 면제세액은 신고납부세액 계산시 산출세액에서 차감하게 된다.

(2) 할증세액(손자 유증분) : 380,000,000원 × 5억/50억원 × 30% = 11,400,000원

(3) 합　계 : 380,000,000원 + 11,400,000원 = 391,400,000원

제11절 | 상속세의 신고 및 납부

1. 상속세의 과세표준 신고

(1) 개요

상속세의 과세표준과 세액은 상속세의 신고에 의하여 결정된다. 이 경우 신고에 의하여 결정한다고 함은 납세의무자의 신고 그 자체로써 납세의무가 확정된다는 뜻이 아니라, 상속세의 납세의무가 성립되면 일단 상속세에 관계되는 사항을 정부에 신고하도록 하고, 그 신고내용을 기초로 정부가 이를 조사하여 확정한다는 것이다. 즉, 상속세는 정부의 과세처분이라는 행정처분을 통하여 납세의무를 확정시키는 부과과세방식을 채택하고 있다.

(2) 과세표준 신고의무

상속세의 신고의무란 상속세에 관한 사항을 정부에 보고하는 협력의무이며, 상속세의 구체적인 납세의무는 정부의 과세표준 및 세액의 결정과 이에 대한 통지로써 확정되는 것이다. 따라서 상속이 개시된 경우 상속세 납부의무가 있는 상속인 또는 수유자 등은 상속세 과세표준신고서에 상속세 과세표준 계산에 필요한 상속재산의 종류·수량·평가가액·재산분할 및 각종 공제 등을 입증할 수 있는 다음과 같은 서류 등을 첨부하여 납세지관할세무서장에게 제출하여야 한다.

① 피상속인 및 상속인의 가족관계등록부
② 기획재정부령이 정하는 상속재산명세 및 그 평가명세서
③ 법령에 의한 채무사실을 입증할 수 있는 서류
④ 배우자의 상속재산이 분할된 경우에는 상속재산분할명세 및 그 평가명세서
⑤ 가업상속, 영농상속, 배우자의 상속재산의 미분할사유, 장애인공제, 금융재산상속공제, 재해손실공제, 외국납부세액공제 등에 관한 서류 및 기타 상속세및증여세법에 의하여 제출하는 서류

(3) 신고기한

상속이 개시된 때에는 상속인 또는 수유자는 다음과 같은 법정기한 내에 상속세의 과세가액 및 과세표준을 납세지 관할세무서장에게 신고하여야 한다.

① 상속세 납부의무가 있는 상속인 또는 수유자는 상속개시일이 속하는 달의 말일부터 6개월 이내에 상속세의 과세가액 및 과세표준을 납세지 관할세무서장에게 신고하여야 한다.

② ①의 기간은 유언집행자 또는 상속재산관리인에 대해서는 그들이 ①의 기간 내에 지정되거나 선임되는 경우에 한정하며, 그 지정되거나 선임되는 날부터 계산한다.

③ 피상속인이나 상속인이 외국에 주소를 둔 경우에는 ①의 기간을 9개월로 한다.

④ ①의 신고기한까지 상속인이 확정되지 아니한 경우에는 ①의 신고와는 별도로 상속인이 확정된 날부터 30일 이내에 확정된 상속인의 상속관계를 적어 납세지 관할세무서장에게 제출하여야 한다.

2. 세액공제

세액공제는 성실신고에 의한 납세제도의 확립 등 조세정책적인 고려에서 그 조세부담능력과는 관계없이 납세의무자가 일정조건을 갖추었을 때, 산출세액에서 일정한 금액(또는 비율)을 공제해 줌으로써 세금의 부담을 덜어주는 것이다.

상속세의 세액공제에는 증여세액공제, 외국납부세액공제, 단기재상속세액공제 및 신고세액공제 4가지가 있다.

(1) 증여세액공제

① 개요

피상속인이 상속개시일 전 10년 이내에 상속인에게 증여한 재산과, 상속개시일 전 5년 이내에 상속인이 아닌 다른 사람에게 증여한 재산에 대해서는 이미 증여세를 과세하였더라도 모두 상속세의 과세대상에 합산하도록 되어 있다.

그런데 이와 같이 상속재산에 증여재산을 합산하게 되면, 동일한 재산에 대해서 증여세와 상속세가 이중으로 과세되는 문제가 발생함으로 이미 납부한 증여세는 상속세를 납부할 때에 공제해 주어야할 것이다. 즉, 이미 납부한 증여세액공제란 상속재산에 가산한 증여재산에 대한 증여세액(증여 당시의 해당 증여재산에 대한 증여세 산출세액을 말함)을 상속세 산출세액에서 공제하는 것을 말한다.

② 수증자가 상속인 또는 수유자인 경우

상속재산에 가산한 증여재산에 대한 증여세액(증여재산에 대한 증여 당시의 산출세액)을 각자가 납부할 상속세 산출세액에서 기납부 증여세액을 공제하되, 가산한 증여재산에 대한 각자의 상속세 산출세액 상당액을 한도로 한다.

> • 증여세액공제 = ㉠과 ㉡ 중에서 적은 금액
> ㉠ 상속인 또는 수유자 각자의 증여세 산출세액
> ㉡ 상속인 등 각자가 $\times$ $\dfrac{\text{상속인 등 각자의 증여재산에 대한 증여세 과세표준}}{\substack{\text{상속인 등이 각자가 받았거나 받을 상속재산} \\ \text{(증여재산 포함)에 대한 상속세과세표준상당액}}}$
> 납부할 상속세
> 산출세액

③ 수증자가 상속인·수유자가 아닌 경우

상속재산에 가산한 증여재산에 대한 증여세액(증여재산에 대한 증여 당시의 산출세액)을 상속세 산출세액에서 공제하되, 증여재산에 대한 상속세 산출세액 상당액을 한도로 한다.

> • 증여세액공제 = ㉠과 ㉡ 중에서 적은 금액
> ㉠ 증여세 산출세액
> ㉡ 상속세 산출세액 $\times$ $\dfrac{\text{상속재산에 가산한 증여재산에 대한 증여세 과세표준}}{\text{상속세 과세표준}}$

④ 증여세액공제의 적용배제

국세기본법에 의하여 증여세부과의 제척기간인 10년이 만료되어 증여세를 부과하지 못한 경우와 상속세 과세가액이 5억원 이하인 경우에는 증여세액공제를 적용하지 아니한다. 그러나 다음과 같은 경우에는 증여세부과의 제척기간이 15년이다.

㉠ 납세자가 사기 기타 부정한 행위로써 상속세·증여세를 포탈하거나 환급·공제받은 경우
㉡ 상속세 또는 증여세의 과세표준신고기한 내에 신고서를 제출하지 아니한 경우
㉢ 상속세 또는 증여세의 과세표준신고기한 내에 신고서를 제출하였으나, 다음과 같이 허위신고 또는 누락신고를 한 경우(허위신고 또는 누락신고를 한 부분에 한한다)
ⓐ 상속재산가액 또는 증여재산가액에서 가공의 채무를 공제하여 신고한 경우
ⓑ 권리의 이전이나 그 행사에 등기·등록·명의개서 등을 필요로 하는 재산을 상속인 또는 수증자의 명의로 등기 등을 하지 아니한 경우로서 그 재산을 상속재산 또는 증여재산의 신고에서 누락한 경우
ⓒ 예금·주식·채권·보험금 기타의 금융자산을 상속재산 또는 증여재산의 신고서 누락한 경우

🍎 예제 23. 증여세액공제 : 수증자가 상속인인 경우

다음 자료에 의하여 증여세액공제액을 계산하라.

(1) 상속재산 등의 현황과 상속세 과세가액은 다음과 같다.

구 분	합 계	배 우 자 (상속인)	장 남 (상속인)	차 남 (상속인)
① 상속재산가액(순액)	30억원	18억원	7억원	5억원
② 증여재산가산액	10억원	-	6억원	4억원
③ 상속세 과세가액(①+②)	40억원	18억원	13억원	9억원

(2) 상속공제는 20억원이고, 상속세 과세표준은 20억원이며, 이에 대한 상속세 산출세액은 6억4천만원이다.

(3) 증여재산가산액에 대한 증여세 산출세액은 장남 수증분(증여세 과세표준 5억7천만원) 111,000,000원이며, 차남 수증분(증여세 과세표준 3억7천만원) 6천4백만원이다.

(4) 상속인인 장남과 차남은 모두 성인이라고 가정한다.

┃풀이┃

(1) 상속인별로 분배할 상속세액 : 640,000,000원

(2) 상속인별 과세표준

상속공제를 받을 수 없는 증여재산 가산액의 증여세 과세표준은 이를 증여받은 자에게 직접 상속세 과세표준으로 분배하고, 나머지 과세표준은 상속인별 과세가액(증여재산 가산액 제외)의 비율로 배분한다.

구 분	합 계	배 우 자 (상속인)	장 남 (상속인)	차 남 (상속인)
① 증여재산가산액의 증여세 과세표준	9억4천만원	-	5억7천만원	3억7천만원
② 나머지 과세표준	10억6천만원	6억3천6백만원	247,333,333원	176,666,667원
과세표준 합계	20억원	6억3천6백만원	817,333,333원	546,666,667원

〈나머지 과세표준의 분배과정〉

① 분배대상 과세표준 : 20억원 - (5억7천만원 + 3억7천만원) = 10억6천만원

② 분배기준금액(증여재산가산액을 제외한 과세가액)

18억원(배우자) + 7억원(장남) + 5억원(차남) = 30억원

③ 배우자분 분배액

$$10억6천만원 \times \frac{18억원}{30억원} = 636,000,000원$$

④ 장남분 분배액

$$10억6천만원 \times \frac{7억원}{30억원} = 247,333,333원$$

⑤ 차남분 분배액

$$10억6천만원 \times \frac{5억원}{30억원} = 176,666,667원$$

(3) 상속인별 상속세액

　(1)에서 계산한 상속인별로 분배할 상속세액을 (2)에서 계산한 상속인별 과세표준의 비율로 분배한다.

　① 배우자 : 640,000,000원 × (636,000,000원÷2,000,000,000원) = 203,520,000원

　② 장　남 : 640,000,000원 × (817,333,333원÷2,000,000,000원) = 261,546,667원

　③ 차　남 : 640,000,000원 × (546,666,667원÷2,000,000,000원) = 174,933,333원

(4) 장남의 증여세액공제 : Min[①,②] = 111,000,000원

　① 증여세산출세액 : 111,000,000원

　② (한도액) 장남의 산출세액 × (장남의 증여세과세표준 ÷ 장남의 상속세과세표준)

　　= 261,546,667원 × (570,000,000원 ÷ 817,333,333원) = 182,400,000원

(5) 차남의 증여세액공제 : Min[①,②] = 64,000,000원

　① 증여세산출세액 : 64,000,000원

　② (한도액) 차남의 산출세액 × (차남의 증여세과세표준 ÷ 차남의 상속세과세표준)

　　= 174,933,333원 × (370,000,000원 ÷ 546,666,667원) = 118,400,000원

┃ 해설 ┃

상속세는 그 납세의무자인 상속인 또는 수유자에게 각자의 과세표준상당액비율에 따라 분배되는데 그 과정은 다음과 같다.

〈1단계〉 상속인·수유자 외의 자에 대한 증여세액공제를 차감한 금액을 분배대상 상속세액으로 계산한다.

〈2단계〉 상속인·수유자별 과세표준의 계산
(1) 상속공제를 받을 수 없는 증여재산 가산액의 증여세 과세표준은 이를 증여받지 아니한 자에게 직접 상속세 과세표준으로 분배한다.
(2) 나머지 과세표준(상속세 과세표준 - 증여재산 가산액의 증여세 과세표준)은 상속인별 과세가액(증여재산 가산액 제외)의 비율로 안분하여 분배한다.
(3) (1)과 (2)를 합하여 상속인·수유자별 과세표준을 계산한다.

〈3단계〉 상속세액의 분배
〈1단계〉에서 계산한 분배대상 상속세액을 〈2단계〉에서 계산한 상속인별 과세표준의 비율로 납세의무자인 상속인·수유자에게 분배한다.

※ 상속세 분배비율을 식으로 표현하면 다음과 같다(상증령2 - 2).

$$\frac{\left(\begin{array}{l}\text{상속인별 증여재산}\\\text{가산액의 증여세 과세표준}\end{array}\right) + \left(\begin{array}{l}\text{상속세}\\\text{과세표준}\end{array} - \begin{array}{l}\text{증여재산 가산액의}\\\text{증여세 과세표준}\end{array}\right) \times \dfrac{\left(\begin{array}{l}\text{상속인별}\\\text{상속세과세가액}\end{array} - \begin{array}{l}\text{상속인별}\\\text{증여재산가액}\end{array}\right)}{\text{(상속세과세가액 - 증여재산가액)}}}{\text{상속세과세표준} - \begin{array}{c}\text{상속인·수유자 외의 자에 대한 증여재산가산액의 증여세}\\\text{과세표준(=상속인·수유자별 과세표준 합계)}\end{array}}$$

(2) 외국납부세액공제

피상속인이 국내에 주소가 있거나 1년 이상 거소가 있는 거주자인 경우에는 국내에 있는 상속재산은 물론, 국외에 있는 재산 전부에 대해서 상속세가 부과된다. 그러나 동일한 재산에 대해서 상속재산이 있는 나라와 거주하고 있는 나라에서 각각 과세함으로 인해서 발생하는 이중과세를 조정해야 하는데, 이러한 것을 외국납부세액공제라 한다.

거주자의 사망으로 인하여 국외 상속재산에 대하여 외국의 법령에 의하여 상속세를 부과 받은 때에 그 부과 받은 상속세에 상당하는 금액을 상속세 산출세액에서 공제한다. 다만, 외국납부세액공제는 다음 금액을 한도로 한다.

$$외국납부세액공제 = \text{⊙과 ⓒ 중에서 적은 금액}$$
$$⊙ \ 외국법령에 \ 의하여 \ 부과된 \ 상속세액$$
$$ⓒ \ 상속세 \ 산출세액 \times \frac{외국법령에 \ 의한 \ 상속재산의 \ 과세표준}{상속세 \ 과세표준}$$

(3) 단기재상속에 대한 세액공제

상속인이 단기간 내에 사망하여 다시 상속이 개시되는 경우에는 같은 재산이 두 번 상속됨에 따라 상속세의 부담이 크게 늘어나게 된다. 따라서 상속개시 후 10년 이내에 상속인(수유자)의 사망으로 재상속이 개시되는 경우에는 전의 상속세가 부과된 상속재산 중 재상속분에 대한 상속세 상당액을 상속세 산출세액에서 공제한다.

$$단기재상속 \atop 세액공제 = 전의 \ 상속세 \atop 산출세액 \times \frac{재상속분의 \ 재산가액 \times \dfrac{전의 \ 상속세 \ 과세가액}{전의 \ 상속재산가액}}{전의 \ 상속세 \ 과세가액} \times 공제율$$

공제율은 재상속기간이 1년 이내일 경우에는 100%로 하고, 1년 경과할 때마다 10%씩 차감한 율로 한다. 그리고 재상속분의 재산가액은 전의 상속재산가액에서 전의 상속세 상당액을 차감한 것을 말한다.

재상속 기 간	1년 이내	2년 이내	3년 이내	4년 이내	5년 이내	6년 이내	7년 이내	8년 이내	9년 이내	10년 이내
공제율	100%	90%	80%	70%	60%	50%	40%	30%	20%	10%

【 단기재상속 세액공제율 】

그러나 '재상속분의 재산가액'에 대한 전의 상속재산가액 상당액이 해당 재산에 대한 전의 상속세 과세가액 상당액을 초과하는 경우에는 그 초과액은 없는 것으로 한다. 그 상황에 대해 예를 들면 다음과 같다.

재상속재산		전의 상속시		재상속시		재상속분의 재산가액에 대한 전의 상속세과세가액 상당액
		재산가액	과세가액 ⓐ×ⓒ/ⓓ	재산가액	전의 과세가액상당액 ⓑ×ⓒ/ⓓ	
상속재산	재산A	ⓐ5억원	4억원	ⓑ7억원	5.6억원	4억원
	재산B	ⓐ3억원	2.4억원	ⓑ2억원	1.6억원	1.6억원
	재산C	ⓐ2억원	1.6억원	ⓑ2억원	1.6억원	1.6억원
계		ⓓ10억원	ⓒ8억원	11억원	8.8억원	7.2억원

또한 같은 날짜에 시차를 두고 부모가 사망한 경우에는 아버지와 어머니의 재산을 각각 개별로 계산하여 상속세를 과세하되, 후에 사망한 사람의 상속세 과세가액에는 먼저 사망한 사람의 상속재산 중 그의 지분을 합산하고, 단기재상속에 대한 세액공제를 한다. 다만, 동시사망 추정의 경우로서 부모가 동시 사망시 각각 별개로 과세하기 때문에 단기재상속 세액공제문제는 발생하지 않는다. 단기재상속세액공제는 상속세에만 적용하며, 증여세에는 적용하지 아니한다.

(4) 신고세액공제

상속세 신고기한 내에 과세표준을 신고한 경우에는 산출세액(세대생략 상속할증과세 포함)에서 문화재 자료 등의 징수유예세액과 세액공제(증여세액공제, 외국납부세액공제, 단기재상속세액공제) 또는 감면되는 금액을 공제한 금액의 3%에 상당하는 금액을 공제한다. 이러한 신고세액공제는 신고만 하고 세액의 납부를 하지 아니한 경우에도 공제받을 수 있다.

신고세액공제 = (상속세 산출세액 - 문화재 자료 등의 징수유예세액 - 증여세액공제
- 외국납부세액공제 - 단기재상속세액공제) × 3%

🍎 예제 24. 신고세액공제

다음의 자료에 의하여 신고세액공제와 자진납부할 상속세액을 구하라.

① 상속재산 : 주택 3억6천만원 토지 9억5천만원
② 채무 및 공과금은 없는 것으로 가정한다.
③ 장례비용 : 13,000,000원(증빙서류 있고, 화장하지 않았음)
④ 배우자와 자녀 3명(미성년자는 없음)이 있는 경우

┃풀이┃

① 상속재산가액 = 13억1천만원(상속재산) - 1천만원(장례비용 한도액) = 13억원
② 배우자공제 = 5억원
　　㉠ 법정상속분 = 13억원 1천만원 × 1.5/4.5 = 436,666,666원
　　㉡ 최소공제액 5억원
　　　→ 법정상속분이 최소공제액 5억원을 초과하지 못하므로 5억원을 공제한다.
③ 일괄공제 = 5억원
　　기타인적공제 = 자녀공제 1억5천만원(= 5천만원 × 3명)
　　→ 기초공제 2억원과 기타인적공제 1억5천만원을 합한 금액이 5억원을 초과하지 못하므로 일괄공제를 선택한다.
④ 과세표준 = ① 13억원 - ② 5억원 - ③ 5억원 = 3억원
⑤ 산출세액 = 1억원 × 10% + 2억원 × 20% = 5천만원
⑥ 신고세액공제 = ⑤ 5천만원 × 3% = 1백5십만원
⑦ 자진납부할 상속세액 = ⑤ 5천만원 - ⑥ 1백5십만원 = 4천8백5십만원

3. 지정문화유산 등에 대한 상속세의 징수유예

납세지 관할세무서장은 상속재산 중 지정문화유산 등[43])에 해당하는 재산이 포함되어 있는 경우에는 다음의 산식에 따라 계산한 그 재산가액에 상당하는 상속세액의 징수를 유예한다.

$$징수유예세액 = 상속세\ 산출세액 \times \frac{지정문화유산\ 등에\ 해당하는\ 재산가액}{상속재산가액(상속재산에\ 가산하는\ 증여재산을\ 포함)}$$

납세지 관할세무서장은 문화재자료등, 박물관자료등 또는 국가지정문화재등을 상속받은 상속

---

43) 지정문화유산 등
　1) 「문화유산의 보존 및 활용에 관한 법률」에 따른 문화유산자료 및 국가등록문화유산과 동법에 따른 보호구역에 있는 토지로서 대통령령으로 정하는 토지(문화유산자료등)
　2) 「박물관 및 미술관 진흥법」에 따라 등록한 박물관자료 또는 미술관자료로서 박물관 또는 미술관(사립박물관이나 사립미술관의 경우에는 공익법인등에 해당하는 것만을 말한다)에 전시 중이거나 보존 중인 재산(박물관자료등)
　3) 「문화유산의 보존 및 활용에 관한 법률」에 따른 국가지정문화유산 및 시·도지정문화유산과 동법에 따른 보호구역에 있는 토지로서 대통령령으로 정하는 토지(국가지정문화유산등)
　4) 「자연유산의 보존 및 활용에 관한 법률」에 따라 지정된 천연기념물등과 동법에 따른 보호구역에 있는 토지로서 대통령령으로 정하는 토지(천연기념물등)

인 또는 수유자가 이를 유상으로 양도하거나 그 밖에 대통령령으로 정하는 사유로 박물관자료 등을 인출하는 경우에는 즉시 그 징수유예한 상속세를 징수하여야 한다. 또한 납세지 관할세무서장은 징수유예 기간에 문화재자료등, 박물관자료등 또는 국가지정문화재등을 소유하고 있는 상속인 또는 수유자의 사망으로 다시 상속이 개시되는 경우에는 그 징수유예한 상속세액의 부과 결정을 철회하고 그 철회한 상속세를 다시 부과하지 아니한다.

(1) 징수유예세액의 계산

$$\text{문화재자료 등 징수유예세액} = \text{상속세 산출세액} \times \frac{\text{문화재자료 등의 가액}}{\text{상속재산가액 + 증여재산가액}}$$

(2) 징수유예세액의 추징과 철회

① 징수유예액의 추징

문화재자료 또는 박물관자료를 상속받은 상속인(수유자)이 다음과 같은 사유가 있는 경우에 관할세무서장은 즉시 그 징수유예한 상속세를 징수하여야 한다.

    ㉠ 문화재자료 또는 박물관자료를 유상 양도한 경우
    ㉡ 박물관 또는 미술관의 등록이 취소된 경우
    ㉢ 박물관 또는 미술관을 폐관한 경우
    ㉣ 문화관광부에 등록된 박물관자료 또는 미술관자료에서 제외되는 경우

② 징수유예세액의 부과철회

징수유예한 기간 중에 문화재자료 또는 박물관자료를 소유하고 있는 상속인(수유자)의 사망으로 다시 상속이 개시되는 경우에는 관할세무서장은 그 징수유예한 상속세액의 부과결정을 철회하고, 그 철회한 상속세액을 다시 부과하지 아니한다.

4. 가산세

상속세의 가산세에는 신고불성실가산세 · 납부불성실가산세 · 공익법인 등에게만 적용되는 가산세(보고서제출불성실가산세 · 주식보유기준초과가산세 · 보고 및 장부비치불성실가산세) 등이 있다.

(1) 신고불성실가산세

1) 무신고가산세

상속재산에 대하여 신고기한 이내에 과세표준신고서를 제출하지 아니한 경우에는 다음과 같이

계산한 금액을 산출세액에 가산한다.

$$일반무신고가산세액 = 산출세액(세대생략할증과세액을 포함) \times 20\%$$

다만, 부당한 방법으로 무신고한 과세표준이 있는 경우에는 다음과 같이 계산한 금액을 산출세액[44]에 가산한다.

가산세액 = ㉠ + ㉡

㉠ 부당무신고가산세액 $= 산출세액 \times \dfrac{부당무신고과세표준}{과세표준} \times 40\%$

㉡ $산출세액 \times \dfrac{과세표준 - 부당무신고과세표준}{과세표준} \times 20\%$

여기서 부당한 방법[45]이란 납세자가 국세의 과세표준 또는 세액계산의 기초가 되는 사실의 전부 또는 일부를 은폐하거나 가장하는 것에 기초하여 국세의 과세표준 또는 세액의 신고의무를 위반하는 것을 말한다.

2) 과소신고가산세

상속재산에 대하여 신고기한 이내에 과세표준신고서를 제출한 경우로서 신고한 과세표준이 세법에 따라 신고하여야 할 과세표준에 미달한 경우에는 다음과 같이 계산한 금액을 산출세액에 가산한다.

$$일반과소신고가산세액 = 산출세액 \times \dfrac{과소신고과세표준}{과세표준} \times 10\%$$

다만, 부당한 방법으로 과소신고한 과세표준이 있는 경우에는 다음과 같이 계산한 금액을 산출세액에 가산한다.

가산세액 = ㉠ + ㉡

㉠ 부당과소신고가산세액 $= 산출세액 \times \dfrac{부당과소신고과세표준}{과세표준} \times 40\%$

㉡ $산출세액 \times \dfrac{과세표준 - 부당과소신고과세표준}{과세표준} \times 10\%$

---

44) 상속세법에 따른 산출세액에서 사전 증여재산에 대한 증여세액을 차감한 금액을 말한다.
45) 사기기타부정한 행위의 예
　① 이중장부의 작성 등 장부의 허위기장
　② 허위증빙 또는 허위문서(이하 '허위증빙 등'이라 함)의 작성
　③ 허위증빙 등의 수취(허위임을 알고 수취한 경우에 한함)
　④ 장부와 기록의 파기
　⑤ 재산을 은닉하거나 소득·수익·행위·거래의 조작 또는 은폐
　⑥ 그 밖에 국세를 포탈하거나 환급·공제받기 위한 사기 그 밖에 부정한 행위

(2) 납부불성실가산세

납부기한 내에 세액을 납부하지 아니하거나 납부하여야 할 세액에 미달하게 납부하는 경우에는 다음과 같이 계산한 금액을 산출세액에 가산한다.

납부불성실가산세액 = 미납부·미달납부세액 × 기간* × 2.5/10,000

* 기간 : 납부기한 또는 환급받은 날의 다음날부터 자진납부일 또는 납세고지일까지의 기간

(3) 공익법인 등에게만 적용되는 가산세

① 보고서제출불성실가산세

공익법인 등은 출연재산명세와 출연재산의 사용계획 및 진도현황 그리고 매각재산 및 그 사용명세(출연재산을 매각하고 그 매각대금의 80% 이상을 3년 이내에 직접 공익목적사업에 사용하지 아니한 경우에 한함) 보고서를 결산보고일까지 신고·제출하여야 한다.

만약 신고·제출할 보고서를 제출하지 아니하였거나 제출된 보고서가 불분명한 경우에는 다음과 같이 계산한 금액을 가산세로 하여 산출세액에 더하여 징수한다.

보고서제출불성실가산세 = (보고서 미제출 부분 또는 불분명한 부분의 금액에 상당하는 상속세) ×1%

② 보고 및 장부비치불성실가산세

공익법인 등이 외부전문가의 세무확인에 대한 보고의무와 장부의 작성·비치의무를 이행하지 아니한 경우에는, 소득세 과세기간 또는 법인세 사업연도의 수입금액과 해당 과세기간 또는 사업연도의 출연받은 재산가액의 합계액에 1만분의 7을 곱하여 계산한 금액(100만원 미만인 경우에는 100만원으로 한다)을 상속세 또는 증여세로 징수한다. 다만, 공익법인 등의 특성·출연받은 재산의 규모·공익목적사업운용실적 등을 감안하여 다음과 같은 경우에는 가산세를 징수하지 아니한다.

- ㉠ 외부전문가의 세무확인을 받아야 하는 과세기간 또는 사업연도의 종료일 현재 재무상태표상 총자산가액의 합계액이 10억원 미만이면서, 수입금액과 출연재산가액의 합계액이 5억원 미만인 공익법인 등
- ㉡ 불특정다수인으로부터 재산을 출연받은 공익법인 등(출연자 1인과 특수관계에 있는 자와의 출연재산가액의 합계액이 공익법인 등이 출연받은 총재산가액의 5%에 미달하는 경우에 한함)
- ㉢ 국가 또는 지방자치단체가 재산을 출연하여 설립한 공익법인 등으로서 감사원법 또는 관련 법령의 규정에 의하여 감사원의 회계감사를 받는 공익법인 등(회계검사를 받는

연도분에 한함)

$$\text{보고 및 장부비치불성실가산세} = (\text{수입금액} + \text{출연받은 재산가액}) \times 0.07\%$$

(4) 지급명세서 미제출 가산세

국내에서 보험금 등을 지급받은 자는 지급명세서 또는 명의변경내용을 제출하여야 하나 미제출 시에는 다음과 같은 가산세를 징수한다. 단, 중소기업기본법에 따른 중소기업 및 사업자가 아닌 자의 경우 5천만원을 한도로 적용한다.

① 생명보험금 · 손해보험금(해약환급금, 중도인출금 포함)

② 퇴직금 · 퇴직수당 · 공로금 등(연금제외)

⇒ ①과 ②에서 발생한 지급명세서 미제출 · 누락제출 및 불명확하게 제출된 금액의 2%

③ 주식 · 출자지분 · 공채 · 사채 및 특정시설물을 이용할 수 있는 권리 등의 명의개서 또는 변경 내용

④ 수탁재산 중 위탁자와 수익자가 다른 신탁 명세

⑤ 전환사채 등의 발행 및 인수자의 명세

⇒ ③, ④, ⑤에서 발생한 지급명세서 미제출 · 누락제출 및 불명확한 자료제출분의 명의개 서 또는 변경된 금액, 위탁자와 수익자가 다른 신탁자산의 금액은 1만분의 2, 전환사채 등의 발행금액의 0.2%

◈ 제출기한 경과 후 1월 이내 제출시 0.1%(또는 10만분의 1)의 가산세 부과 ◈

5. 상속세의 납부방법

(1) 개요

상속인 또는 수유자는 상속세 신고를 하고, 신고한 세액을 일시에 금전으로 자진납부해야 한다. 그러나 상속세는 재산가액이 크고 세율이 높아서 납세액을 일시에 납부하기 어려울 뿐만 아니라, 또 상속재산을 처분해야만 납부할 수 있는 경우도 있다. 이와 같이 상속세를 일시에 납부하는 것이 어려운 경우에는 분납 또는 연부연납을 할 수 있으며, 상속재산을 처분해야만 납부할 수 있는 경우에는 물납을 할 수도 있다.

(2) 자진납부와 고지납부

① 자진납부

상속세 신고를 할 때는 신고와 함께 납부할 세액을 자진하여 납부할 수 있으며, 신고만 하고 납부는 나중에 할 수도 있다.

자진신고 납부할 상속세는 상속세 산출세액에서 증여세액공제, 외국납부세액공제, 단기재상 속세액공제, 신고세액공제, 각종 감면금액, 문화재 등의 징수유예, 연부연납신청금액, 물납신 청금액 등을 차감하고, 가산세를 더한 금액이다.

> 자진신고 납부할 상속세 = 산출세액 - 증여세액공제 - 외국납부세액공제 - 단기재상속세액공제
> - 신고세액공제 - 각종 감면금액 - 문화재 등의 징수유예세액
> - 연부연납신청금액 - 물납신청금액 + 가산세

② 고지납부

상속세의 과세표준을 신고할 때, 자진납부하지 아니한 경우에는 관할세무서에서 과세표준과 세액의 결정통지와 함께 하여 납세고지서를 발급하게 되는데, 이러한 경우를 고지(告知)납부라 한다.

그런데 상속세및증여세법에서는 과세표준과 세액을 신고할 때에 납부세액을 자진납부할 수 있게 되어 있으나, 이를 신고기한 내에 납부하지 아니한 경우에도 가산세 등의 제재를 하지 않고 있는데, 이러한 것은 연부연납제도 · 물납제도와 함께 상속세의 일시납부에 따른 어려운 점이 반영된 것이라 할 수 있다.

(3) 분납(分納)

납부할 상속세액이 1천만원[46]을 초과하는 경우에는 그 납부할 금액의 일부를 납부기한 경과 후 2개월 이내에 분납할 수 있다. 다만, 연부연납을 허가받은 경우에는 분납할 수 없다.

① 납부할 세액이 2천만원 이하인 때에는 1천만원을 초과하는 금액
② 납부할 세액이 2천만원을 초과하는 때에는 그 세액의 50% 이하의 금액

(4) 연부연납(年賦年納)

납부할 상속세액이 많은 경우 일시납부에 대한 조세부담을 완화해 주기 위해 일정한 기간 동안 나누어 납부하게 하는 제도이다. 즉, 납부세액이 2천만원을 초과하여 연부연납을 신청하고자 하

---

46) 이 때 1천만원은 유산전체에 대한 총상속세액을 말하는 것으로 상속인 각자의 상속분에 따른 부담세액을 말하는 것은 아니다.

는 자는 상속세 과세표준 신고를 하는 경우(기한 후 신고를 하는 경우를 포함한다)에는 상속세 과세표준 신고와 함께 연부연납신청서를 납세지 관할세무서장에게 제출하여야 한다. 다만, 과세표준과 세액을 결정통지를 받은 자는 해당 납세고지서의 납부기한(연대납세의무자가 통지를 받은 경우에는 납부통지서상의 납부기한을 말한다)까지 그 신청서를 제출할 수 있다.

연부연납시에 첫회분(중소기업의 경우 5회)의 분납세액에 한하여 분납을 허용한다.

연부연납신청서를 받은 납세지 관할세무서장은 상속세 과세표준 신고기한이 경과한 날로부터 30일(과세표준과 세액의 결정통지의 경우에는 납부기한이 경과한 날로부터 14일)⟨기한 후 신고를 한 경우에는 신고한 날이 속하는 달의 말일부터 6개월⟩ 이내에 신청인에게 그 허가여부를 서면으로 결정 통지하여야 한다. 이 경우 해당 기간까지 그 허가여부에 대하여 서면을 발송하지 아니한 때에는 허가한 것으로 본다. 그리고 납세보증보험증권(납세보증서) 등 연부연납세액에 대한 담보가 100% 보증되는 경우에는 신청만으로도 연부연납이 가능하다. 한편 납세의무자의 신청에 의해 납세지 관할세무서장이 연부연납을 허가할 경우 납세의무자는 담보를 제공하여야 한다. 또한 신고 후 무납부한 경우에도 납세고지서상 납부기한까지 연부연납 신청이 가능하다.

연부연납기간은 아래와 같은 구분에 따른 기간의 범위에서 납세의무자가 신청한 기간으로 한다.

① 가업상속공제를 받았거나 대통령령으로 정하는 중소기업 또는 중견기업을 상속받은 경우 대통령령으로 정하는 상속재산(유아교육법에 따른 사립유치원에 직접 사용하는 재산 등을 포함) : 연부연납 허가일부터 20년 또는 연부연납 허가 후 10년이 되는 날부터 10년

② 위 ① 외의 경우에는 연부연납 허가일부터 10년

여기에 각 회분의 분납세액은 1천만원이 초과되도록 연부연납기간이 정해져야 한다는 단서조항이 덧붙여짐으로써, 연부연납금액은 연부연납대상금액을 '연부연납기간 + 1'로 나눈 값으로 결정된다. 예를 들어, 납부세액(가업상속이 아닌 경우) 6천만원에 대해 5년간 연부연납하는 경우 1천만원은 납부기한까지 납부하고, 나머지 5천만원은 매년 1천만원을 연부연납기간 동안 납부하면 되는 것이다. 그리고 연부연납의 허가를 받은 사람은 각 회분의 분납세액을 납부할 때, 다음과 같이 계산되는 이자상당액을 가산하여 납부하여야 한다. 이 경우 가산금의 가산율은 국세청장이 정하는 이자율을 의미한다.

구 분	이자상당액
제1회 분납시	연부연납 총납부세액 × 신고기한 또는 납부기한 다음 날부터 1회의분납기한까지의 일수 × 국세청장이 정하는 이자율(연 2.9%)
그 이후 분납시	(연부연납 총납부세액 - 기납부세액) × 직전 분납기한 다음 날부터 해당 분납기한까지의 일수 × 국세청장이 정하는 이자율(연 2.9%)

【 연부연납에 따른 가산금 】

한편 납세지 관할세무서장은 다음의 경우에 연부연납 허가를 취소하고 연부연납에 관계되는 세액을 일시에 징수할 수 있다.

① 담보변경 기타 담보보전에 필요한 관할세무서장의 명령에 따르지 아니한 경우
② 국세징수법상 납기 전 징수사유에 해당되어 연부연납기한까지 연부연납세액을 징수할 수 없다고 인정되는 경우

(5) 물납(物納)

상속세액은 금전으로 납부하는 것이 원칙이나 상속받은 재산 중 부동산과 유가증권[47]의 가액이 해당 재산가액의 50%를 초과하고 납부세액이 2천만원을 초과하는 때에는 납세자의 신청에 의하여 부동산과 유가증권으로 물납할 수 있다. 다만, 유가증권의 경우 비상장주식(한국거래소에 상장되어 있지 아니한 법인의 주식 또는 출자지분)은 물납할 수 없으나, 상속에 해당하는 경우로서 해당 비상장주식 외에는 다른 상속재산이 없거나 다른 물납대상자산(상속인이 거주하는 주택 제외)으로 상속세 물납에 충당하더라도 부족액이 있는 경우에는 예외를 인정한다. 결국, 비상장주식은 특이한 경우를 제외하고 물납을 할 수 없는 바 이는 비상장주식의 물납가액이 물납 이후 처분가격보다 높을 때 발생할 수 있는 국고손실을 방지하기 위한 예외 규정이다. 또한, 물납이 가능한 재산에는 상속·증여재산 외에 증여추정 또는 증여의제대상인 부동산 및 유가증권을 포함하도록 하고, 상속·증여개시일부터 물납신청까지의 기간 중에 해당 상속·증여재산이 정당한 사유 없이 근저당설정 등으로 관리·처분이 부적당한 재산으로 변경되는 경우에는 해당 재산가액에 상당하는 상속세 또는 증여세 납부세액은 물납청구를 할 수 있는 납부세액의 범위에서 제외하도록 규정하고 있다.

이러한 물납은 과세가액 결정통지를 받은 날로부터 30일(외국에 주소를 둔 경우에는 3개월) 이내에 신청하여야 한다.

$$물납세액 \ = \ 총납부세액 \ \times \ \frac{부동산\ 및\ 유가증권가액}{총상속재산가액}$$

다만, 상속받은 부동산 및 유가증권 중에서 상속세액을 납부하는데 적합한 가액의 물건이 없을 때에는 물납할 수 있는 세액을 초과하는 세액에 대해서도 물납을 허가할 수 있다. 예를 들어, 납부할 상속세액은 1억원이고, 부동산 및 유가증권에 상당하는 세액은 3천만원일 때, 주택 1억원 이외에 다른 재산이 없다면 그 주택가액 1억원을 전부 물납할 수 있다고 보는 것이다.

---

47) 유가증권이란 다음에 해당하는 것을 말한다.
　　① 국채·공채·주권 및 내국법인이 발행한 채권 또는 증권(유가증권상장주식 또는 코스닥시장상장주식은 제외)
　　② 신탁회사·증권투자신탁업법에 의한 위탁회사·종합금융회사가 발행한 수익증권

한편, 물납 신청한 재산의 관리·처분이 부적당하다고 인정되는 다음의 경우에는 물납허가를 인정하지 아니할 수 있다.

① 지상권·지역권·전세권·저당권 등 재산권이 설정된 경우
② 물납 신청한 토지와 그 지상건물의 소유자가 다른 경우
③ 토지의 일부에 묘지가 있는 경우
④ ①과 ③에 유사한 사유로 국세청장이 정하는 경우

그리고 상속세가 과세된 부동산으로 물납한 경우에는 유상양도에 해당되므로 양도소득세가 과세된다는 것을 주의해야 한다. 즉, 물납하는 시점에 평가하여 물납에 충당한 가액을 양도가액으로 하고, 상속세 과세가액을 취득가액으로 하여 양도차익을 계산한 후 양도소득세를 부과한다.

구 분	분 납	연부연납	물 납
납부세액	1천만원 초과	2천만원 초과	2천만원 초과
신청·허가	필 요	필 요	필 요
담보제공	불필요	필 요	불필요
이자세액	없 음	국세청장이 정하는 이자율	없 음

【 분납 · 연부연납 · 물납의 비교 】

● 예제 25. 상속세 신고납부세액(1)

법정기한 내에 상속세신고를 하는 경우 다음 자료에 의하여 신고납부세액을 계산하라.

⑴ 상속재산은 총 40억원이며 상속인 및 수유자가 상속받은 재산가액은 다음과 같다.

장남   28억원
손자   4억원(장남의 아들로서 유증재산임)
영리법인   8억원(사인증여재산)

⑵ 위 자료에 대한 과세표준은 11억5천만원이고, 이에 대한 상속세율은 "2억4천만원 + 10억원 초과액의 40%"이다.

❙풀이❙

⑴ 산출세액 : 2억4천만원 + (1,150,000,000원 - 1,000,000,000원) × 40% = 300,000,000원

(2) 상속인별 배분

구 분	산출세액		할증세액		합계
장 남	(70%)	210,000,000원	-		210,000,000원
손 자	(10%)	30,000,000원	(30%)	9,000,000원	39,000,000원
영리법인	(20%)	60,000,000원	-		60,000,000원
계	300,000,000원		9,000,000원		309,000,000원

(3) 신고납부세액

① 산출세액   309,000,000원

② 면제세액(영리법인분)   (-)60,000,000원

③ 신고세액공제 : (309,000,000원 - 60,000,000원)×3% =   (-)7,470,000원

④ 신고납부세액   241,530,000원

🍎 예제 26. 상속세 신고납부세액(2)

다음 자료에 의하여 상속세 신고납부세액을 계산하라.

⑴ 상속재산은 10억원이다.
⑵ 과세가액공제액(공과금·장례비·채무)은 1억원이다.
⑶ 상속개시 전 1년 이내에 상속인 외의 자에게 증여된 재산은 5억원이며, 이에 대한 증여세과세표준은 5억원, 증여세 산출세액은 90,000,000원이다.
⑷ 상속공제는 6억원이며, 법에 정해져 있는 기한 내에 신고·납부하기로 한다.

┃풀이┃

⑴ 상속재산가액   1,000,000,000원
⑵ 과세가액공제   (-) 100,000,000원
⑶ 증여재산가액   (+) 500,000,000원

⑷ 상속세 과세가액   1,400,000,000원
⑸ 상속공제   (-) 600,000,000원

⑹ 상속세 과세표준   800,000,000원
⑺ 상속세 산출세액   9천만원 + (8억원 - 5억원)×30% =   180,000,000원
⑻ 증여세액공제   Min[9천만원, 1억8천만원 × 5억원/8억원] =   (-) 90,000,000원
⑼ 신고세액공제 (1억8천만원 - 9천만원) × 3% =   (-) 2,700,000원

⑽ 신고납부세액 (1억8천만원 - 9천만원 - 9백만원) =   87,300,000원

🍎 예제 27. 상속세 신고납부세액(3) ·

다음 자료에 의하여 상속세 신고납부세액을 계산하라.

⑴ 상속재산의 가액은 20억원이며, 상속개시 전 3년 이내에 상속인 외의 자에게 증여한 재산은 6억원
   (증여세 과세표준 6억원)이다.
⑵ 상속세 과세표준은 12억원으로 계산되었고, 이에 대한 산출세액은 3억2천만원이다. 다만, 손자에게
   유증한 재산이 있어 이에 대한 할증세액 2천만원이 추가된다.
⑶ 증여재산에 대한 증여세 산출세액은 1억2천만원이었으며, 상속인은 신고기한 내에 상속세를 신고납
   부하기로 한다.

┃풀이┃

   ⑴ 증여세액공제

   $$\text{Min}[① 120,000,000원, ② 320,000,000원 \times \frac{6억원}{12억원} = 160,000,000원] = 120,000,000원$$

   ㉮ 증여세액공제 한도를 계산하는 경우의 산출세액은 세대생략 할증세액을 가산하지 아니한 금액이다.

   ⑵ 신고세액공제 [(320,000,000원+20,000,000원) - 120,000,000원] × 3%=6,600,000원
   ㉮ 신고세액공제의 경우 산출세액은 세대생략 할증세액을 가산한 금액이다.

   ⑶ 신고납부세액 (320,000,000원+20,000,000원) - 120,000,000원-6,600,000원=213,400,000원

· ·

6. 상속세에 대한 결정과 경정

(1) 결정과 경정

납세지관할세무서장은 신고기한으로부터 6월 이내에 상속세 과세표준과 세액을 결정하고, 결정
된 과세표준과 세액을 상속인 또는 수유자에게 통지하게 된다. 이 경우에 상속인 또는 수유자가
두 사람 이상인 경우에는 한 사람에게만 통지할 수도 있는데, 비록 한 사람에게만 통지를 했더라
도 그 통지의 효력은 상속인 또는 수유자 모두에게 미친다.

(2) 경정 등의 특례

상속세의 과세표준과 세액을 신고한 사람 또는 과세표준과 세액의 결정·경정을 받은 사람으로서
다음과 같은 사유가 발생한 경우에는 그 사유발생일로부터 6월 이내에 결정·경정을 청구할 수 있다.

   ① 피상속인·상속인과 제3자와의 분쟁으로 상속재산에 대한 상속회복 청구소송의 확정판결
      등의 사유로 상속개시일 현재 상속인간 상속재산가액의 변동이 있는 경우
   ② 상속개시 후 1년이 되는 날까지 상속재산이 수용되거나 할증 평가된 주식 등을 일괄매각함
      으로써 상속재산가액이 현저히 하락한 경우

(3) 고액상속인에 대한 사후관리

상속세를 경정함에 있어서 상속세의 결정 또는 상속세의 수시부과의 규정에 의하여 결정된 상속재산의 가액의 30억원 이상인 경우로서 상속개시일로부터 5년이 되는 날까지의 기간 내에 상속인이 보유한 부동산·예금·주식·채권 등 금융자산·무체재산권·특정시설물이용권과 회원권·서화 및 골동품의 가액이 상속개시 당시에 비하여 현저히 증가한 때에는 그 결정한 상속세과세표준과 세액에 탈루 또는 오류가 있는지의 여부를 조사한다.

사후관리의 조사범위는 재산가액이 상속개시일부터 조사기준일까지의 경제상황 등의 변동 등에 비추어 정상적인 증가규모를 현저하게 초과하였다고 인정되는 경우로서, 그 증가요인이 객관적으로 명백하지 아니한 경우에 한하며, 조사범위에 해당하게 되면 상속인은 그 증가한 재산에 대하여 자금출처를 입증하여야 한다.

(4) 인별 재산과세자료의 수집 및 관리

국세청에서는 재산규모·소득수준 등을 감안하여 다음과 같은 사람들에 대하여는, 상속세의 부과·징수업무를 효율적으로 수행하기 위하여 납세자 등이 제출하는 과세자료나 과세 또는 징수목적으로 수집한 부동산·금융재산 등의 재산자료를 그 목적에 사용할 수 있도록 개인별로 매년 전산조직에 의하여 관리한다.

① 부동산을 과다하게 보유한 사람으로 종합토지세 및 재산세를 일정금액 이상 납부한 사람 및 그 배우자
② 부동산 임대에 대한 소득세를 일정금액 이상 납부한 사람 및 그 배우자
③ 종합소득세(부동산임대소득은 제외)를 일정금액 이상 납부한 사람 및 그 배우자
④ 납입자본금 또는 자산규모가 일정금액 이상인 법인의 최대주주 등 및 그 배우자
⑤ 고액의 배우자 상속공제에 의하여 일정금액 이상의 재산을 취득한 사람
⑥ 일정금액 이상의 재산을 상속받은 상속인
⑦ 일정금액 이상의 재산을 처분하거나 재산이 수용된 사람으로서 일정연령 이상인 사람
⑧ 기타 상속세를 포탈할 우려가 있다고 인정되는 사람

(5) 부과제척기간

상속세 및 증여세는 부과할 수 있는 날로부터 10년이 지나면 부과할 수 없는데, 이러한 기간을 부과제척기간이라고 한다. 그러나 다음과 같은 경우에는 부과제척기간은 15년이다.

① 납세자가 사기 기타 부정한 행위로써 상속세나 증여세를 포탈하거나 환급·공제받는 경우
② 신고서를 제출하지 아니한 경우

③ 신고서를 제출한 자가 허위신고 또는 누락신고를 한 경우

(6) 부과제척기간 연장

상속 및 증여는 대부분 가족 또는 특수관계인 간에 은밀하게 이루어지고 있어 과세자료의 파악에 어려움이 많다. 따라서 행정력으로 파악하기 어려운 차명재산·무기명채권 등 특정재산에 대하여 영구 과세할 수 있는 법적 근거를 마련하였다. 즉, 사기 기타 부정한 방법으로 상속세·증여세를 포탈하는 자에 대하여는 끝까지 추적하여 과세함으로써 부정한 부의 세습을 방지하고 탈세에 대한 적발가능성을 높여 공평과세를 실현할 수 있도록 하였다. 다만, 대다수 국민에 대한 법적 안정성을 위해 적용대상·금액 및 기간을 일정범위 내로 한정하였다.

사기 등으로 상속세·증여세를 포탈하는 경우로서 다음에 해당되는 경우에는 해당 상속·증여가 있음을 안 날부터 1년 이내로 부과제척기간을 연장한다.

① 제3자 명의의 재산
② 장기계약 중에 있는 재산
③ 국외소재 재산
④ 유가증권·서화·골동품 등

다만, 상속인 또는 증여자·수증자가 사망하거나 재산가액이 50억원 이하인 경우에는 제외한다.

실무사례연구

1 상속세 종합사례(1)

다음 자료를 이용하여 거주자 박천사氏의 상속세 납부세액을 계산하라(상속개시일은 2025년 12월 11일이다).

(1) 피상속인의 상속개시 당시 재산가액은 3,000,000,000원이다.

(2) 생명보험금 : 100,000,000원(사망으로 지급받은 것으로서 총불입보험료는 20,000,000원인 바, 이 중 5,000,000원은 피상속인의 부인이 불입하였고 잔액은 피상속인이 불입하였다)

(3) 사망일 전 처분한 자산 등의 내역이다. 단, 토지처분가액 중 20,000,000원은 처분금액의 사용용도가 명백하고, 나머지 재산의 처분가액은 그 사용용도가 명백하지 않다.

구 분	처분가액*	처분일
토지	410,000,000	2024. 10. 10
부동산에 관한 권리	100,000,000	2023. 9. 25
유가증권	210,000,000	2025. 3. 30
계	720,000,000	

(4) 상속개시 8개월 전에 피상속인이 은행으로부터 300,000,000원을 차입하였고, 상속개시당시까지 미상환 중이며 해당 차입자금의 용도는 객관적으로 명백하지 아니하다.

(5) 일본에 소재하는 건물 300,000,000원(증여세산출세액은 50,000,000원)을 2023년 3월에 거주자인 친구에게 증여하였다.

(6) 2023년 2월에 피상속인은 당시 시가 10억원(과세표준 5억원)의 토지(상속개시당시의 시가 20억원)를 피상속인 배우자에게 증여한 바 있고, 또한 2017년 4월에 피상속인은 당시 시가 80,000,000원의 토지(상속개시당시의 시가 200,000,000원)를 피상속인의 장남에게 증여한 바 있다.

(7) 퇴직금 : 80,000,000원(이 중 50,000,000원은 공무원연금법에 의한 유족보상금임)

(8) 상속세 과세가액 계산시 공제할 것으로 장례비용 12,000,000원(증빙자료 모두 있음)과 공과금 15,000,000원이 있다.

(9) 상속재산 중에는 박물관 자료로 50,000,000원이 포함되어 있다(담보제공 후 문화재자료 등에 대한 징수유예를 적용받고자 한다).

(10) 상속인 및 동거가족 현황(단, 통계청장이 고시한 기대수명은 75세라고 가정한다.)

구 분	연 령	비 고
배 우 자	55	장 애 인
장 남	30	장 애 인
차 남	25	-
장 녀	16	-
부 친	78	-
모 친	72	장 애 인

풀이

(1) 본래의 상속재산   3,000,000,000원
(2) 간주상속재산   105,000,000원
    ① 보험금(금융재산)   75,000,000원(＝1억원×15,000,000원/20,000,000원)
    ② 퇴직금   30,000,000원(＝80,000,000원－50,000,000원)
(3) 추정상속재산   408,000,000원
    ① 유가증권(금융재산)   168,000,000원
    ② 채무   240,000,000원

〈계산근거〉

구 분	부동산	유가증권	채 무
2년 이내	410,000,000원	-	-
1년 이내		210,000,000원	300,000,000원
계	2년 이내 5억원 미만 이므로 추정상속재산에 포함되지 아니한다.	기준금액 ①과②중 적은 금액 (42,000,000원) ① 210,000,000원×20% ② 2억원 추정상속2억1천만원 －4천2백만원＝1억6천8백만원	기준금액 ①과②중 적은 금액 (60,000,000원) ① 300,000,000원×20% ② 2억원 추정상속3억원－6천만원 ＝240,000,000원

(4) 증여재산   1,380,000,000원
    ① 친구   300,000,000원
    ② 배우자   1,000,000,000원
    ③ 장남   80,000,000원
(5) 총상속재산(＝(1)+(2)+(3)+(4))   4,893,000,000원
(6) 비과세 상속재산   -
(7) 과세가액불산입 재산   -
(8) 과세가액 공제   325,000,000원
    ① 장례비   10,000,000원
    ② 공과금   15,000,000원
    ③ 채무(금융채무)   300,000,000원
(9) 상속세 과세가액   4,568,000,000원
(10) 상속공제   2,086,000,000원
    ① 기초공제   200,000,000원
    ② 기타인적공제   960,000,000원
        자녀공제 3명 × 5천만원 ＝ 1억5천만원
        연로자공제 2명 × 5천만원 ＝ 1억원
        미성년자공제(장녀) (19－16) × 1천만원 ＝ 3천만원
        장애인공제(배우자) (75－55) × 1천만원 ＝ 2억원
        장애인공제(장남) (75－30) × 1천만원 ＝ 4억5천만원
        장애인공제(모친) (75－72) × 1천만원 ＝ 3천만원

③ 배우자공제　　　　　　　　　　　926,000,000원

〈계산근거〉

(3,513,000,000 – 15,000,000 – 300,000,000 + 1,000,000,000 + 80,000,000) × 1.5/4.5 – 500,000,000

(본래+간주+추정) (공과금) (채무) (배우자증여) (장남증여)　　　　　　(법정지분) (배우자증여 과세표준)

④ 금융재산상속공제　　　　　　　　　　　－

〈계산근거〉 금융재산가액(= 보험금 + 유가증권)　　243,000,000원

　　　　　　금융채무　　　　　　　　　　　300,000,000원

　　　　　　순금융재산가액　　　　　　　　　△57,000,000원

⑴ 상속세 과세표준(=(9)–(10))　　　　　　　2,482,000,000원

⑿ 세율(30억원 미만이므로)　　　　　　　　40%

⒀ 상속세 산출세액　　　　　　　　　　　832,800,000원

〈계산근거〉 240,000,000원 + (2,482,000,000원 – 1,000,000,000원) × 40%

⒁ 증여세액공제　　　　　　　　　　　　145,000,000원

〈계산근거〉 세부계산근거는 아래 부분 참조

　① 배우자　　　　　　　　　　　　90,000,000원

　　Min〈㉠, ㉡〉, ㉠ 과 ㉡중 적은 금액

　　㉠ 증여세산출세액　　　　　　　90,000,000원

　　㉡ 459,454,103 × 500,000,000 ÷ 1,194,000,000 = 192,401,216원

　② 장남　　　　　　　　　　　　5,000,000원

　　Min〈㉠, ㉡〉, ㉠과 ㉡중 적은 금액

　　㉠ 증여세산출세액　　　　　　　5,000,000원

　　㉡ 197,275,380 × 50,000,000 ÷ 512,666,666 = 19,240,122원

　③ 친구　　　　　　　　　　　　50,000,000원

　　Min〈㉠, ㉡〉, ㉠과 ㉡중 적은 금액

　　㉠ 증여세산출세액　　　　　　　50,000,000원

　　㉡ 832,800,000 × 300,000,000 ÷ 2,932,000,000 = 85,211,459원

⒂ 문화재자료 등 징수유예　　　　　　　8,510,116원

〈계산근거〉 832,800,000원 × 50,000,000원 ÷ (3,513,000,000원 + 1,380,000,000원)

⒃ 신고세액공제　　　　　　　　　　　20,378,697원

〈계산근거〉 (832,800,000원 – 145,000,000원 – 8,510,116원) × 3%

⒄ 상속세납부세액(=(13)–(14)–(15)–(16))　　658,911,187원

⒅ 분납세액(2천만원 초과에 따른 50%)　　329,455,593원

┃참고 1┃ 증여세액공제의 세부계산근거

구 분	합 계	배우자	장 남	친 구	차 남	장 녀
①상속재산가액	3,188,000,000	1,062,666,667 (①합계×1.5/4.5)	708,444,444 (①합계×1/4.5)	-	708,444,444	708,444,444
②증여재산가액	1,380,000,000	1,000,000,000	80,000,000	300,000,000	-	-
상속세과세가액 (①+②)	4,568,000,000	2,062,666,667	788,444,444	300,000,000	708,444,444	708,444,444
①증여세과세표준	850,000,000	500,000,000 (증여세 9천만원)	50,000,000 (증여세 5백만원)	300,000,000 (증여세 5천만원)	-	-
②상속세과세표준	1,632,000,000	544,000,000 (註1)	362,666,666 (註2)	-	462,666,666	462,666,666
과세표준합계 (①+②)	2,482,000,000	1,044,000,000	412,666,666	300,000,000	462,666,666	462,666,666

주1) 1,632,000,000 × (1,062,666,667 ÷ 3,188,000,000) = 544,000,000
주2) 1,632,000,000 × (708,444,444 ÷ 3,188,000,000) = 362,666,666

┃참고 2┃ 상속인 각자가 부담할 상속세 산출세액
① 배우자 = 832,800,000 × (1,094,000,000 ÷ 2,182,000,000) = 427,337,335
② 장남 = 832,800,000 × (412,666,666 ÷ 2,182,000,000) = 161,195,469
③ 차남 = 832,800,000 × (462,666,666 ÷ 2,182,000,000) = 180,726,453
④ 장녀 = 832,800,000 × (462,666,666 ÷ 2,182,000,000) = 180,726,453

2 상속세 종합사례(2)

다음 자료를 이용하여 서울시 강남에 거주하고 있는 왕부자氏가 사망하였을 경우, 상속세 납부세액을 계산하라(상속개시일은 2025년 12월 11일이다).

(1) 피상속인의 상속개시 당시 재산가액은 다음과 같다.

토지(개별공시지가)	3,000,000,000원
건물(기준시가)	1,000,000,000원

(2) 상속세 과세가액 계산시 공제할 대상은 다음과 같다.

① 장례비용 · 15,000,000원(4,000,000원에 대해서만 증빙제출)

② 공 과 금 · 20,000,000원(상속인 귀책분 5,000,000원)

③ 상속개시 10개월 전에 피상속인이 천사은행으로부터 300,000,000원을 차입하였고, 상속개시당시까지 미상환 중이며 해당 차입자금의 용도는 확인되지 아니하다(이자비용은 없는 것으로 가정한다).

(3) 피상속인의 사망으로 받은 퇴직금과 생명보험금은 다음과 같다.

① 퇴직금 : 90,000,000원(이 중 40,000,000원은 공무원연금법에 의한 유족보상금임)

② 생명보험금 : 300,000,000원(사망으로 지급 받은 것으로서 총불입보험료는 30,000,000원인 바, 이 중 12,000,000원은 피상속인의 배우자가 불입하였고, 18,000,000원은 피상속인이 불입하였다)

(4) 사망일 전 처분한 자산 등의 내역이다. 단, 토지처분가액 중 50,000,000원은 사용용도가 명백하고, 나머지 재산의 처분가액은 그 사용용도가 명백하지 않다.

구 분	처분가액	처분일
토 지	400,000,000	2024. 12. 20
점 포	90,000,000	2024. 1. 16
부동산에 관한 권리	40,000,000	2023. 12. 25
유가증권	200,000,000	2025. 3. 30
계	730,000,000	

(5) 피상속인이 사망하기 전 증여한 내역은 다음과 같이 나타났다.

① 2025년 2월에 토지 600,000,000원(개별공시지가)을 피상속인 배우자에게 증여하였으며(상속개시당시의 시가 1,000,000,000원), 증여세산출세액은 50,000,000원이다.

② 2023년 8월에 토지 80,000,000원(개별공시지가)을 피상속인의 장남에게 증여하였으며(상속개시당시의 시가 200,000,000원), 증여세산출세액은 5,000,000원이다.

③ 2022년 3월에 부산에 거주하고 있는 친구 한심해氏에게 일본 소재한 건물 300,000,000원(시가)을 증여하였으며, 증여세산출세액은 50,000,000원이다.

(6) 상속재산 중에는 박물관 자료로 100,000,000원(비과세 대상은 아님)이 포함되어 있으며, 담보제공 후 문화재징수유예를 적용받고자 한다.

(7) 피상속인의 사망 후 피상속인의 소유의 서울(주)의 주식 20,000주(비상장주식, 중소기업에 해당되지 않는다)를 보유하고 있는 것으로 나타났다. 피상속인은 서울(주)의 최대주주이며, 지분율은 10%에 해당하는 것으로 나타났다(상속재산 중에는 포함되어 있지 않다).

① 상속개시 당시 서울(주)의 평가액 : 자산 90억원, 부채 20억원

② 서울(주)의 총발행주식수 : 200,000주

③ 최근 3년간 서울(주)의 1주당 순손익액은 다음과 같다.

2024년 : 12,000원

2023년 : 10,000원

2022년 : 4,000원

④ 국세청장이 정하여 고시하는 이자율 : 10%

(8) 상속인 및 동거가족 현황(단, 통계청장이 고시한 기대수명은 75세라고 가정한다.)

구 분	연 령	비 고
배 우 자	50	
장 남	30	
차 남	25	장 애 인
장 녀	18	
모 친	78	

풀이

(1) 본래의 상속재산   5,776,000,000원

   ① 토지   3,000,000,000원

   ② 건물   1,000,000,000원

   ③ 주식(비상장)   1,776,000,000원

(2) 간주상속재산   230,000,000원

   ① 보험금(금융재산)   180,000,000원   (=3억원×18,000,000원/30,000,000원)

   ② 퇴직금   50,000,000원   (=100,000,000원−50,000,000원)

(3) 추정상속재산   744,000,000원

   ① 토지   240,000,000원

   ② 점포   72,000,000원

   ③ 부동산권리   32,000,000원

   ④ 유가증권(금융재산)   160,000,000원

   ⑤ 채무   240,000,000원

〈계산근거〉

구 분	부동산	유가증권	채 무
2년 이내	점포 90,000,000원 부동산권리 40,000,000원	-	-
1년 이내	400,000,000원	200,000,000원	300,000,000원
계	2년 이내 5억원 이상이므로 추정상속재산에 포함한다. 각 재산의 금액은 별도로 계산한다.	기준금액 ①과 ② 중 적은 금액(40,000,000원) ① 200,000,000원×20% ② 2억원 추정상속 2억1천만원 - 4천만원 = 1억6천만원	기준금액 ①과 ② 중 적은 금액(60,000,000원) ① 300,000,000원×20% ② 2억원 추정상속 3억원 - 6천만원 = 240,000,000원

㈜ ① 토지 = 4억원 - 8천만원 - 기준금액(4억원×20%=8천만원) = 240,000,000원
   ② 점포 = 9천만원 - 기준금액(9천만원×20%=1천8백만원) = 72,000,000원
   ③ 부동산권리 = 4천만원 - 기준금액(4천만원×20%=8백만원) = 32,000,000원

(4) 증여재산   980,000,000원
    ① 배우자   600,000,000원
    ② 장남   80,000,000원
    ③ 친구   300,000,000원
(5) 총상속재산(=(1)+(2)+(3)+(4))   7,730,000,000원
(6) 과세가액 공제   320,000,000원
    ① 장례비   5,000,000원
    ② 공과금   15,000,000원
    ③ 채무(금융채무)   300,000,000원
(7) 상속세 과세가액   7,410,000,000원
(8) 상속공제   3,001,666,667원
    ① 기초공제   200,000,000원
    ② 기타인적공제   710,000,000원
      자녀공제 3명×55천만원 = 1억5천만원
      연로자공제 1명× 5천만원 = 5천만원
      미성년자공제(장녀) (19 - 18)×1천만원 = 1천만원
      장애인공제(차남) (75 - 25)×1천만원 = 5억원
    ③ 배우자공제   2,071,666,667원
    〈계산근거〉
      {(5,776,000,000+230,000,000+744,000,000-15,000,000-300,000,000+680,000,000)
      ×1.5/4.5} - 300,000,000 = 2,071,666,667(한도 30억원)

    ④ 금융재산상속공제   20,000,000원
    〈계산근거〉
      금융재산가액(= 보험금+유가증권)   340,000,000원
      금융채무   300,000,000원
      순금융재산가액   40,000,000원
      40,000,000원 × 20% = 8,000,000원(최소금액 20,000,000원)

(9) 상속세 과세표준(=(7)-(8))   4,409,333,333원
(10) 세율(30억원 이상이므로)   50%
(11) 상속세 산출세액   1,744,666,667원
    〈계산근거〉
    1,040,000,000원 + (4,488,333,333원 - 3,000,000,000원) × 50%

(12) 증여세액공제   105,000,000원
(13) 문화재자료 등 징수유예   22,570,073원
    〈계산근거〉
    1,744,666,667원×100,000,000원÷7,730,000,000원
(14) 신고세액공제   48,512,897원
    〈계산근거〉
    (1,744,666,667원-105,000,000원-22,570,073원)×3%
(15) 상속세신고납부세액(=(11)-(12)-(13)-(14))   1,568,583,696원
(16) 분납세액(2천만원 초과에 따른 50%)   784,291,848원
    만약 연부연납할 경우 1,568,583,696원 × 1/4 = 392,145,924원

┃참고┃ 비상장주식의 평가
(1) (100,000원×3 +35,000원×2) ÷ 5 = 74,000원
    ① 순자산가치 = (90억원 - 20억원) ÷ 200,000주 = 35,000원
    ② 순손익가치 = {(12,000×3+10,000×2+4,000×1)÷6)÷10%} = 100,000원
(2) 최대주주(50% 초과 : 30%, 50% 미만 : 20%) 할증(금융재산상속공제대상도 아니다)
(3) 74,000원 × 20,000주 × 120% = 1,776,000,000원

증여세

제1절 | 증여의 개념

1. 증여의 의의

상속세및증여세법상 증여란 그 행위 또는 거래의 명칭·형식·목적 등에 불구하고 경제적 가치를 계산할 수 있는 유형·무형의 재산을 타인에게 직접 또는 간접적인 방법에 의하여 무상으로 이전(현저히 저렴한 대가로 이전하는 경우를 포함한다)하는 것 또는 타인의 기여에 의하여 재산의 가치가 증가하는 것을 말한다. 즉, 민법상의 증여의 형태가 아니더라도 사법상의 형식이 무엇이든 사실상 재산의 무상이전에 해당되는 경우에는 증여세과세대상에 포함된다는 것임을 명시하고 있는 것이다.

2. 증여의 법률적 성질

(1) 증여는 무상계약(無償契約)이다

무상이란 수증자로부터 그 대가인 재산적 이익을 받지 아니하고 증여자의 재산적 이익을 주는 것이다. 따라서 수증자가 어떤 부담(의무)을 지는 경우에도 그것이 대가가 아니라면 무상으로 제공하는 것으로 보아 증여가 된다.

(2) 증여는 낙성계약(諾成契約)[1]이다

증여는 목적물의 인도를 하지 아니하여도 당사자의 의사합치만으로도 성립한다. 따라서 증여자는 계약상 채무를 우선 부담하고 그 후에 목적물을 교부하는 것이 일반적이다.

(3) 증여는 편무계약(偏務契約)이다

증여는 증여자에 의한 단독행위가 아니라 증여자와 수증자간 의사합치로 성립하는 계약으로 계

---

1) (물품을 건네주는 등 다른 행위를 필요로 하지 않고) 당사자 간의 합의만으로 성립하는 계약을 말하며, 여기에는 증여·임대차 계약 따위가 포함된다. ↔요물계약(要物契約).

약한 당사자 중 증여자만 이행의무를 진다. 즉, 당사자의 한 쪽은 채무만을 지고, 다른 한 쪽은 채권만을 갖는다. 반면에 타인에게 무상으로 재산을 주는 단독행위인 유증(遺贈)이나 채무면제(債務免除)는 증여가 아니다.

(4) 증여는 불요식(不要式) 행위이다

증여를 요식행위로 하는 경우에는 서면에 의한다. 그러나 증여의 의사표시가 서면으로 표시되지 아니한 경우(불요식 행위)에는 각 당사자는 이를 해제할 수 있을 뿐 증여의 효력에는 영향을 주지 아니한다. 따라서 서면에 의하지 아니한 불요식 행위의 증여도 유효하다.

3. 증여의 효력

(1) 증여의 효과

증여계약에 의해 증여자는 약속한 재산을 수증자에게 증여하여야 할 채무를 부담하게 되고, 수증자는 그 채권을 취득하게 된다. 그리고 증여자가 채무를 이행하지 아니하는 경우에 수증자는 그 이행을 강제할 수 있으며, 채무불이행에 대한 손해배상도 청구할 수 있다.

(2) 증여의 해제

① 서면으로 계약하지 아니한 증여의 해제
증여 의사표시를 서면으로 하지 아니한 경우 각 당사자인 증여자와 수증자는 이를 해제할 수 있다. 그러나 동산의 인도·부동산의 등기 등과 같이 이미 이행된 부분에 대하여는 영향을 미치지 아니한다.

② 재산상태의 변동에 따른 증여의 해제
증여계약을 한 후에 증여자의 재산상태가 현저하게 변경되어 증여를 이행하게 되면 증여자의 생계에 중대한 영향을 미칠 경우에는 증여를 해제할 수 있다. 그러나 이미 이행된 증여에 대하여는 영향을 미치지 아니한다.

③ 망은(忘恩)행위[2]에 의한 증여의 해제
수증자가 증여자에 대하여 일정한 망은행위를 한 경우에는 증여자는 그 증여를 해제할 수 있다. 그러나 이미 이행된 증여에 대하여는 영향을 미치지 아니한다.

---

2) 증여자가 수증자에게 일정한 재산을 증여하였거나, 증여하려고 하였으나 수증자가 증여자에 대한 은혜를 잊는 행위를 말한다.

4. 특수한 경우의 증여

(1) 부담부증여(負擔附贈與)

부담부증여란 수증자가 증여를 받는 동시에 일정한 부담, 즉 일정한 급부를 하여야 할 채무를 부담하는 것을 말한다.

(2) 사인증여(死因贈與)

사인증여란 증여자의 생전에 증여계약을 맺으나 그 효력은 증여자의 사망을 법정요건으로 발생하는 증여를 말한다.

(3) 정기증여(定期贈與)

정기증여란 증여가 1회에 그치는 것이 아니라 정기적(매월말 또는 매년말)으로 재산을 무상으로 증여해 주는 것이다. 그러나 정기증여는 증여자 또는 수증자의 사망으로 인하여 그 효력을 상실하게 된다.

(4) 혼합증여(混合贈與)

혼합증여란 증여와 유상계약이 동시에 결합된 계약을 말한다. 예를 들어, 갑이 을에게 개점(開店)을 축하하며 100만원의 가치가 있는 장식품을 전달하며, 20만원 받고 제공한 경우 80만원에 대해서는 증여하게 되는 경우를 말한다.

5. 재산분할청구권

재산분할청구권이란 이혼한 당사자의 일방이 다른 일방에 대하여 재산의 분할을 청구하는 권리를 말하며, 이혼한 날로부터 2년이 경과한 때에는 소멸한다. 이처럼 이혼으로 인하여 법원에 재산분할청구를 하여 취득한 경우에는 증여세를 과세하지 않는다. 다만, 이혼시 위자료로 주는 재산은 증여세가 과세되지 아니하나 양도소득세가 과세된다.

재산분할청구권에 의하여 취득한 부동산 등을 양도하는 경우에 해당 부동산의 취득시기는 이혼시점이 아니고, 재산분할 전의 당초 소유자가 해당 부동산을 취득한 시점이다.

1. 증여세의 의의 및 과세체계

(1) 증여세의 의의

증여세란 타인으로부터 무상으로 재산을 취득하는 경우에 그 취득자가 증여받은 재산을 과세물 건으로 하고, 그 재산가액을 과세표준으로 하여 부과하는 조세를 말한다. 다시 말해 상속세는 상속개시(사망)에 의하여 재산이 무상으로 이전되는 경우에 과세하는 반면, 증여세는 생존 중에 쌍방 간의 계약에 의해 무상으로 이전하는 재산에 대해 과세하는 것이다.

(2) 증여세의 과세체계

수증자를 기준으로 하여 증여자별·수증자별로 과세가액을 합산과세하고, 10년 이내에 동일인 으로부터 수회에 걸쳐 증여를 받은 경우에는 증여재산가액에 대해서는 누적 과세한다.

2. 경제적 실질에 따른 증여세 과세

상속세및증여세법에서는 예시된 증여세 과세유형을 제3자를 통해 우회하거나 거래형식을 변형 함으로써 정상거래로 가장하는 경우 그 경제적 실질에 따라 증여세과세대상 여부를 판정할 수 있도록 하여 완전포괄주의 과세의 실효성을 높이고 있다.
다시 말해 제3자를 통한 간접적인 방법이나 2 이상의 행위 또는 거래를 거치는 방법에 의하여 상 속세 또는 증여세를 부당하게 감소시킨 것으로 인정되는 경우에는 그 경제적인 실질에 따라 당사 자가 직접 거래한 것으로 보거나 연속된 하나의 행위 또는 거래로 보아 증여규정을 적용하도록 하고 있다.

3. 증여세와 상속세의 관계

상속재산에만 상속세를 과세하고, 생존 중 증여재산에 대해서는 과세하지 않는다고 하면, 상속 함으로서 예상되는 상속세를 피하기 위해서 누구든지 생존시 자신의 재산을 증여의 형식으로 상속인에게 미리 증여하려고 할 것이다. 그렇게 되면 재산을 상속하는 것과 효과는 같으면서도 상속세를 피하게 되거나 초과누진세율의 낮은 세율이 적용됨으로써, 증여받은 수증자와 상속받 은 상속인간에는 조세부담의 공평이 이루어질 수 없게 될 뿐만 아니라 상속세의 징수에도 차질 을 초래하게 될 것이다.

따라서 이러한 조세부담의 불공평을 방지하기 위해서 사망으로 인한 재산의 이전에는 상속세를, 살아서 재산 이전(移轉)에 대해서는 증여세를 과세할 뿐만 아니라 피상속인이 상속개시 전 10년(상속인 이외의 자에게 증여한 경우 5년) 동안 이루어진 증여를 상속세에 합산하여 과세를 하도록 되어 있는데, 이러한 의미에서 증여세를 상속세의 보완세로서 실질적 재산세 내지 유통세의 성격을 갖고 있다고 할 수 있다.

즉, 상속과 증여의 차이는 재산을 무상으로 이전하는 시점이 '죽기 전'이냐 '죽은 후'냐 하는 것뿐이라고 할 수 있으며, 상속세와 증여세는 같은 종류의 세금이라고 할 수 있다.

4. 증여세와 소득세(법인세)의 관계

무상으로 이전되는 재산에 대하여 소득세(또는 법인세)가 과세되는 경우에는 증여세를 과세하지 아니한다. 이처럼 재산을 생존 중 무상으로 이전되는 경우에 증여자는 개인과 법인이 있으며, 수증자도 개인과 법인으로 나누어진다.

(1) 개인이 개인으로부터 무상 취득하는 경우

타인의 증여에 의하여 무상으로 이전되는 재산의 경우에는 증여세가 과세된다. 그러나 증여재산이 수증자가 영위하는 사업과 관련하여 무상 취득함으로써 수증자의 소득세 과세대상이 되면 소득세를 부과하게 된다.

(2) 개인이 법인으로부터 무상 취득하는 경우

무상으로 이전되는 재산이 배당·상여·기타소득 또는 사업소득을 구성하는 것으로서 소득세가 부과되는 경우에는 증여세를 과세하지 아니한다.

(3) 법인이 법인으로부터 무상 취득하는 경우

무상으로 이전되는 재산의 가액이 법인세법상의 익금으로써 법인세가 부과되는 경우에는 증여세를 과세하지 아니한다.

(4) 법인이 개인으로부터 무상 취득하는 경우

무상으로 이전되는 재산의 가액이 법인세법상의 익금으로써 법인세가 부과되는 경우에는 증여세를 과세하지 아니한다.

제3절 | 증여세의 기초

1. 과세대상

타인의 증여(유증·사인증여는 제외)로 인하여 증여일 현재 증여재산이 있는 경우에는 증여세를 부과한다.

과세대상에 포함되는 증여재산의 범위는 증여일 현재 증여를 받은 수증자가 거주자냐, 비거주자냐에 따라 달라진다. 즉, 수증자가 국내에 주소를 두거나 1년 이상 거소를 둔 거주자(본점 또는 주된 사무소의 소재지가 국내에 있는 비영리법인을 포함)인 경우에는 증여 받은 모든 증여재산에 대해서 증여세를 과세하게 되나, 수증자가 비거주자(본점 또는 주된 사무소의 소재지가 국내에 없는 비영리법인을 포함)인 경우에는 국내에 있는 모든 증여재산에 대해서 과세한다.

다음 중 어느 하나에 해당하는 증여재산에 대해서는 증여세를 부과한다.

① 무상으로 이전받은 재산 또는 이익

② 현저히 낮은 대가를 주고 재산 또는 이익을 이전받음으로써 발생하는 이익이나 현저히 높은 대가를 받고 재산 또는 이익을 이전함으로써 발생하는 이익. 다만, 특수관계인이 아닌 자 간의 거래인 경우에는 거래의 관행상 정당한 사유가 없는 경우로 한정한다.

③ 재산 취득 후 해당 재산의 가치가 증가한 경우의 그 이익. 다만, 특수관계인이 아닌 자 간의 거래인 경우에는 거래의 관행상 정당한 사유가 없는 경우로 한정한다.

④ 신탁이익의 증여, 보험금의 증여, 저가 양수 또는 고가 양도에 따른 이익의 증여, 채무면제 등에 따른 증여, 동산 무상사용에 따른 이익의 증여, 합병에 따른 이익의 증여, 증자에 따른 이익의 증여, 감자에 따른 이익의 증여, 현물출자에 따른 이익의 증여, 전환사채 등의 주식 전환 등에 따른 이익의 증여, 초과배당에 따른 이익의 증여, 주식 등의 상장 등에 따른 이익의 증여, 금전 무상대출 등에 따른 이익의 증여, 합병에 따른 상장 등 이익의 증여, 재산 사용 및 용역제공 등에 따른 이익의 증여, 법인의 조직 변경 등에 따른 이익의 증여 또는 재산 취득 후 재산가치 증가에 따른 이익의 증여에 해당하는 경우의 그 재산 또는 이익

⑤ 배우자 등에게 양도한 재산의 증여 추정 또는 재산 취득자금 등의 증여 추정에 해당하는 경우의 그 재산 또는 이익

⑥ ④ 각 규정의 경우와 경제적 실질이 유사한 경우 등 ④의 각 규정을 준용하여 증여재산의 가액을 계산할 수 있는 경우의 그 재산 또는 이익

또한 명의신탁재산의 증여 의제, 특수관계법인과의 거래를 통한 이익의 증여 의제, 특수관계법인으로부터 제공받은 사업기회로 발생한 이익의 증여 의제, 특정법인과의 거래를 통한 이익의 증여 의제의 규정에 해당하는 경우에는 그 재산 또는 이익을 증여받은 것으로 보아 그 재산 또는 이익에 대하여 증여세를 부과한다.

구 분	과세대상재산의 범위	비 고
수증자가 거주자인 경우	국내외에 소재하는 모든 증여재산	무제한 납세의무
수증자가 비거주자인 경우	국내에 소재하는 증여재산 및 대통령령으로 정하는 재산	제한 납세의무

【 과세대상재산의 범위 】

2. 납세의무자

증여세의 납세의무자는 납세의무의 범위에 따라 무제한 납세의무자와 제한 납세의무자로 구분된다. 무제한 납세의무자(증여받을 당시 수증자가 거주자인 경우)는 거주자가 증여받은 재산의 소재지가 국내 또는 국외를 불문하고 그가 취득한 모든 재산에 대하여 납부의무가 있다. 반면 제한 납세의무자(증여받을 당시 수증자가 비거주자인 경우)는 국내에 소재하는 수증재산에 대하여 증여세를 납부할 의무가 있다.

① 수증자는 증여세의 납부의무가 있다. 다만, 수증자가 영리법인인 경우에는 증여세를 면제한다. 왜냐하면 자산을 무상으로 받았을 경우 영리법인은 자산수증이익으로 익금산입하여 법인세를 납부하기 때문이다.

② 증여일 현재 수증자가 비거주자인 경우에는 증여세 과세대상이 되는 국내에 있는 모든 증여재산에 대하여 증여세를 납부할 의무가 있다.

③ 수증자가 비거주자이거나 주소 또는 거소가 분명하지 아니한 경우로서 조세채권의 확보가 곤란한 경우 증여자는 증여세의 연대납세의무가 있다.

④ 증여세를 납부할 능력이 없다고 인정되는 경우로서 체납처분을 하여도 조세채권의 확보가 곤란한 경우 증여자는 연대납세의무가 있다.

⑤ 법인격 없는 사단·재단 그 밖의 단체는 비영리법인으로 보며, 비영리법인은 증여세의 납세의무가 있다. 다만, 비영리법인에 해당되지 않을 경우에는 거주자 또는 비거주자로 보아 증여세의 납부의무가 있다.

⑥ 종업원으로 구성된 사우회가 기업주로부터 증여를 받은 경우에는 그 단체를 비영리법인으로 보고 증여세를 과세한다. 다만, 기업주가 종업원의 급여를 증여의 명목으로 사우회를 통하여 지급한 것일 경우에는 증여세를 과세하지 아니하고, 각 종업원의 근로소득으로 보

고 근로소득세의 대상이 된다.

⑦ 거주자가 비거주자에게 국외재산을 증여하는 경우에는 증여자가 증여세를 납부할 의무가 있다.

⑧ 연대납부의무 조건에 해당함이 없이 증여자가 수증자의 증여세를 대납하는 경우 재차(再次)증여로 본다. 다만, 연대납세의무자로서 납부하는 증여세액은 수증자에 대한 증여로 보지 아니한다.

⑨ 명의신탁증여의제 규정에 따라 재산을 증여한 것으로 보는 경우(명의자가 영리법인인 경우를 포함)에는 실제소유자가 해당 재산에 대하여 증여세를 납부할 의무가 있다.

⑩ 증여재산에 대하여 수증자에게 「소득세법」에 따른 소득세 또는 「법인세법」에 따른 법인세가 부과되는 경우에는 증여세를 부과하지 아니한다. 소득세 또는 법인세가 「소득세법」, 「법인세법」 또는 다른 법률에 따라 비과세되거나 감면되는 경우에도 또한 같다.

⑪ 영리법인이 증여받은 재산 또는 이익에 대하여 「법인세법」에 따른 법인세가 부과되는 경우(법인세가 「법인세법」 또는 다른 법률에 따라 비과세되거나 감면되는 경우를 포함한다) 해당 법인의 주주등에 대해서는 第45조의 3 【특수관계법인과의 거래를 통한 이익의 증여 의제】, 第45조의 4 【특수관계법인으로부터 제공받은 사업기회로 발생한 이익의 증여 의제】, 제45조의 5 【특정법인과의 거래를 통한 이익의 증여 의제】까지의 규정에 따른 경우를 제외하고는 증여세를 부과하지 아니한다.

그리고 다음과 같은 경우에는 증여자가 연대납세의무를 지지 않는다.

① 저가 · 고가양도에 따른 이익의 증여 등
② 부동산무상사용에 따른 이익의 증여
③ 합병에 따른 이익의 증여
④ 증자 · 감자 · 현물출자에 따른 이익의 증여
⑤ 전환사채 등의 주식전환 등에 따른 이익의 증여
⑥ 특정법인과의 거래를 통한 이익의 증여
⑦ 주식 또는 출자지분의 상장 등에 따른 이익의 증여
⑧ 금전무상대부 등에 따른 이익의 증여
⑨ 합병에 따른 상장 등 이익의 증여
⑩ 기타 이익의 증여 등

확인문제 : 상속세와 증여세 공통점

■ **상속세와 증여세에 공통되는 것이 아닌 것은?**
  ① 연대납세의무제도가 있다.
  ② 자진신고납부세액 공제제도가 있다.
  ③ 초과누진세율이 적용된다.
  ④ 무제한 납세의무자와 제한 납세의무자가 서로 구별된다.
  ⑤ 인세로서 일률적으로 기초공제제도가 적용된다.

정답 : ⑤ (상속세는 기초공제(2억)제도가 있으나, 증여세에는 기초공제제도가 없다.)

3. 과세관할

증여세는 수증자의 주소지를 관할하는 세무서장이 과세한다. 만약, 수증자의 주소지가 없거나 분명하지 아니한 경우에는 거소지를 관할하는 세무서장이 과세한다. 또한 국세청장이 특히 중요하다고 인정하는 것에 대하여는 관할지방국세청장이 과세한다. 그러나 수증자가 비거주자인 경우 또는 수증자의 주소 및 거소가 분명하지 아니한 경우에는 증여자의 주소지를 관할하는 세무서장이 과세한다. 다만, 다음에 해당하는 경우에는 증여재산의 소재지를 관할하는 세무서장 등이 과세한다.

① 수증자와 증여자가 모두 비거주자인 경우
② 수증자와 증여자 모두의 주소 또는 거소가 분명하지 아니한 경우
③ 수증자가 비거주자이거나 주소 또는 거소가 분명하지 아니하고, 증여자가 제38조 제2항, 제39조 제2항, 제39조의 3 제2항, 제45조의 3 및 제45조의 4에 따라 의제된 경우

재산의 종류	소재지
부동산 또는 부동산에 관한 권리	부동산의 소재지
광업권 또는 조광권	광구의 소재지
어업권 또는 입어권	어장에 가장 가까운 연안
선박	선적의 소재지
항공기	항공기 정치장의 소재지
특허권 · 상표권	권리를 등록한 기관의 소재지
저작권	저작물의 발행장소
주식 · 출자지분 또는 사채	주식발행 법인 본점 또는 주된 사무소의 소재지
주식고가 · 저가 거래에 대한 증여의제	그 주식을 발행한 법인의 본점 소재지

【 증여세의 과세관할 】

▣ **상속세 및 증여세의 과세관할에 대한 설명이다. 그 설명이 틀린 것은?**
① 상속인의 주소지를 관할하는 세무서장이 과세한다.
② 상속개시지가 국외인 때에는 국내에 있는 재산의 소재지를 관할하는 세무서장 등이 과세한다.
③ 상속재산이 2 이상의 세무서장 관할구역 안에 있을 때에는 주된 재산의 소재지를 관할하는 세무서장에게 한다.
④ 증여세는 수증자의 주소지를 관할하는 세무서장이 과세한다.
⑤ 수증자와 증여자가 모두 비거주자인 경우와 수증자와 증여자의 주소 및 거소가 분명하지 아니한 경우에는 증여재산의 소재지를 관할하는 세무서장이 과세한다.

정답 : ①
해설 : 과세관할은 ① 상속세 : 피상속인(사망인)의 주소지 관할세무서장 ② 증여세 : 수증자(무상으로 받은 자)의 주소지 관할세무서장 ③ 증여재산의 소재지를 관할하는 세무서장이 과세하는 경우는 수증자와 증여자가 모두 비거주자인 경우와 수증자와 증여자의 주소 및 거소가 분명하지 아니한 경우이다.

1. 증여재산의 범위

증여재산가액이란 타인의 증여에 의하여 무상으로 취득하는 재산가액을 말한다. 이러한 증여재산에는 수증자에게 귀속되는 재산으로서 다음의 사항을 포함한다.

① 금전으로 환산할 수 있는 경제적 가치가 있는 모든 물건

② 재산적 가치가 있는 법률상 또는 사실상의 모든 권리

③ 금전으로 환산할 수 있는 모든 경제적 이익

다시 말해, 증여재산에는 완전포괄주의 증여 개념을 적용하여 경제적 가치가 있는 유·무형자산의 이전행위와 기여에 의해 타인의 재산가치를 증가시키는 행위도 포함시키도 명확화하였다. 그러나 상속재산을 상속인이 협의분할하는 경우에는 법정상속분을 초과하여 재산을 취득하는 경우에는 이를 증여로 보지 아니한다. 다만, 상속재산에 대하여 등기·등록·명의개서 등에 의하여 각 상속인의 상속분이 확정되어 등기 등이 된 후 그 상속재산에 대하여 공동상속인간의 협의분할에 의하여 특정 상속인이 당초 상속분을 초과하여 취득하는 재산가액은 해당 분할에 의하여 상속분이 감소된 상속인으로부터 증여받은 재산에 포함한다. 그러나 당초 상속재산의 재분할에 대하여 무효 또는 취소 등 다음과 같은 정당한 사유가 있는 경우에는 그러하지 아니한다.

① 상속회복청구의 소송에 의한 법원의 확정판결에 의하여 상속인 및 상속재산에 변동이 있는 경우

② 민법상 채권자대위권(債權者代位權)[3]의 행사에 의하여 공동상속인들의 법정상속분대로 등기된 상속재산을 상속인들의 협의분할에 의하여 재분할하는 경우

그리고 이혼으로 인하여 법원에 재산분할청구를 하여 취득한 경우에는 증여세를 과세하지 않는다. 다만, 이혼시 위자료로 주는 재산은 증여세가 과세되지 않으나 양도소득세가 과세된다.

2. 증여재산의 반환

수증자가 증여받은 재산을 반환하는 경우에는 다음과 같이 처리한다. 다만, 현금은 그 시기에 관계없이 당초 증여·반환 모두 증여세를 과세한다.

---

3) 채권자가 자기의 채권을 보전하기 위하여 자기 채무자에게 속하는 권리를 대신 행사할 수 있는 권리를 말한다.

(1) 신고기한 내에 반환하는 경우 ☞ 증여일이 속하는 달의 말일부터 3월 이내

증여를 받은 후 그 증여받은 재산(금전은 제외)을 증여세의 신고기한 내에 반환하는 경우에는 처음부터 증여가 없었던 것으로 본다. 다만, 반환하기 전에 과세표준과 세액의 결정을 받은 경우에는 그러하지 아니하며, 금전의 경우에는 그 반환을 입증하기 어렵기 때문에 증여받은 날이 속하는 달의 말일부터 3개월 이내에 반환하더라도 증여와 반환(재증여 포함) 모두에 대하여 증여세가 과세된다.

가령, 주식을 증여받은 후에 주가가 폭락하면 당초에 증여받은 주식을 반환하고, 주가폭락 시점에 다시 증여를 받으면 증여세를 줄일 수 있으므로, 주가 하락기에는 대주주가 증여를 취소한다는 기업공시가 많이 발생하고 있다.

(2) 신고기한 경과 후 3월 이내에 반환하는 경우 ☞ 증여일이 속하는 달의 말일부터 6월 이내

수증자가 증여받은 재산(금전은 제외)을 증여세의 신고기한 경과 후 3월 이내(증여일이 속하는 달의 말일부터 6월 이내)에 증여자에게 반환하거나 다시 증여하는 경우에는 당초 증여에 대하여는 과세하되, 반환 또는 재증여에 대하여는 증여세를 부과하지 아니한다. 그러나 금전의 경우에는 증여받은 날이 속하는 달의 말일부터 6개월 이내에 반환하더라도 증여와 반환(재증여 포함) 모두에 대하여 증여세가 과세된다.

(3) 신고기한 경과 후 3월 이후에 반환하는 경우 ☞ 증여일이 속하는 달의 말일부터 6월 이후

신고기한 경과 후 3월(증여일이 속하는 달의 말일부터 6월) 이후에 반환하거나 재증여하는 경우에는 당초 증여와 반환·재증여 모두 과세한다.

반 환 시 기	증여목적물	당초 증여시	증여재산의 반환시
신고기한 내 (증여일이 속하는 달의 말일부터 3월 이내)	금전 이외의 재산	비과세	비과세
신고기한경과 후 3월 이내 (증여일이 속하는 달의 말일부터 6월 이내)	금전 이외의 재산	과 세	비과세
신고기한경과 후 3월 이후 (증여일이 속하는 달의 말일부터 6월 경과)	금전 이외의 재산	과 세	과 세

【 반환시기에 따른 과세여부 】

다만, 이런 경우에는 당초 증여 및 반환하는 것에 대하여 각각 취득세를 물어야 하므로 반환여부를 결정할 때 고려하여야 할 것이다.

확인문제 : 증여재산의 반환 1

■ 진상미氏는 첫째 딸에게 2025년 3월 15일 보유중인 상장주식을 증여하였다. 그러나 금융위기로 주가가 계속 폭락하자 증여세 신고를 하지 않고 2025년 7월 30일에 해당 주식을 첫째 딸로부터 반환받았다. 이러한 경우에 증여 및 반환에 대한 증여세 과세여부로 맞는 것은?

	3 월 15일 증 여	7 월 30일 반 환
①	과 세	과 세 제 외
②	과 세 제 외	과 세
③	과 세	과 세
④	과 세 제 외	과 세 제 외
⑤	5 0 % 감 면	과 세

정답 : ①

해설 : 수증자가 증여받은 재산을 신고기한(증여일이 속하는 달의 말일부터 3월) 경과 후 3월 이내에 증여자에게 다시 증여하는 경우에는 그 반환하거나 다시 증여하는 것에 대하여는 증여세를 과세하지 아니한다.

확인문제 : 증여재산의 반환 2

■ 수증자가 증여받은 재산을 반환하는 경우에는 다음과 같이 처리한다. 잘못된 설명된 것은?

① 증여를 받은 후 그 증여받은 재산(금전은 제외)을 증여세의 신고기한 내에 반환하는 경우에는 처음부터 증여가 없었던 것으로 본다.

② 수증자가 증여받은 재산(금전은 제외)을 신고기한 경과 후 3월 이내에 증여자에게 반환하거나 다시 증여하는 경우에는 당초 증여에 대하여는 과세하되, 반환 또는 재증여에 대하여는 증여세를 부과하지 아니한다.

③ 신고기한 경과 후 3월(증여일이 속하는 달의 말일부터 6월) 이후에 반환하거나 재증여하는 경우에는 당초 증여와 반환·재증여 모두 과세한다.

④ 증여를 받은 후 그 증여받은 재산(금전은 제외)을 증여세의 신고기한 내에 반환하였으나, 반환하기 전에 과세표준과 세액의 결정을 받은 경우에는 증여로 본다.

⑤ 수증자가 증여받은 재산(금전은 제외)을 신고기한 경과 후 3월 이내에 증여자에게 반환하거나 다시 증여하는 경우에는 모두 부과하지 아니한다.

정답 : ⑤

해설 : 수증자가 증여받은 재산(금전은 제외)을 신고기한 경과 후 3월 이내에 증여자에게 반환하거나 다시 증여하는 경우에는 당초 증여에 대하여는 과세하되, 반환 또는 재증여에 대하여는 증여세를 부과하지 아니한다.

3. 증여로 보지 않는 경우

(1) 위자료

이혼 등에 의하여 정신적 또는 재산상 손해배상의 대가로 받는 위자료는 증여로 보지 아니한다. 다만, 조세포탈의 목적이 있다고 인정되는 경우에는 이를 증여로 본다.

(2) 민법에 의한 재산분할청구권의 행사에 의한 재산의 분할

이혼한 자 일방이 민법에 의하여 재산분할청구권을 행사하여 취득하는 재산은 이를 증여로 보지 아니한다.

(3) 취득원인무효에 의한 권리 말소

증여받은 재산이 취득원인무효의 판결에 의하여 그 재산상의 권리가 말소되는 경우에는 증여로 보지 아니하며, 이미 과세된 증여세는 취소한다. 다만, 형식적인 재판절차만 경유한 사실이 확인되는 경우에는 그러하지 아니한다.

(4) 증여받은 재산을 유류분(遺留分)으로 반환하는 경우

피상속인의 증여에 의하여 재산을 수증 받은 자가 증여받은 재산을 유류분 권리자에게 반환한 경우 반환한 재산가액은 당초부터 증여가 없었던 것으로 본다.

(5) 국외재산을 국내로 반입하는 경우

국내에 주소를 둔 상속인이 국외에 주소를 둔 피상속인의 국외재산을 상속받아 동 재산을 국내로 반입하거나 동 재산으로 국내재산을 취득하는 경우 동 재산에 대하여는 증여세를 부과하지 아니한다. 또한 국외에 주소를 둔 자가 자기의 소유재산(증여받은 국외소재 재산 포함)을 국내로 반입하거나 동 재산으로 국내재산을 취득하는 경우 동 재산에 대하여는 증여세를 부과하지 아니한다.

(6) 증여자가 증여세를 납부한 경우

증여자가 연대납세의무자로서 납부하는 증여세액은 수증자에 대한 증여로 보지 아니한다. 그러나 증여자가 연대납세의무자에 해당하지 아니하는 경우에 수증자를 대신하여 납부한 증여세액은 증여재산가액에 포함하여 증여세를 부과한다. 다만, 명의신탁한 재산에 대하여 해당 재산을 실질소유자 명의로 환원한 경우에는 명의수탁자에게 부과된 증여세를 그 실질소유자가 대신 납부하는 경우에는 그러하지 아니한다.

4. 증여재산의 취득시기

증여의 시기는 증여계약에 의하여 증여재산이 수증자에게 현실적으로 이전되는 시점으로 한다. 즉, 증여재산의 취득시기는 다음과 같다.

① 권리의 이전이나 그 행사에 등기·등록을 필요한 재산에 대하여는 등기·등록접수일에 취득한 것으로 본다. 다만, 등기를 필요로 하지 아니하는 부동산의 취득에 대하여는 실제로 부동산의 소유권을 취득한 날로 한다.

② 건물을 신축하여 증여할 목적으로 수증자의 명의로 건축허가를 받거나 신고를 하여 완성한 경우에는 그 건물사용승인서교부일에 취득한 것으로 본다. 다만, 사용승인 전에 사실상 사용하거나 임시사용승인을 얻은 경우에는 사실상 사용일 또는 임시사용승인일로 하고, 건축허가를 받지 아니하거나 신고하지 아니하고 건축하는 건축물의 경우에는 그 사실상 사용일로 한다.

③ 주식 등인 경우에는 수증자가 배당금의 지급이나 주주권의 행사 등에 의하여 해당 주식 등을 인도받은 사실이 객관적으로 확인되는 날에 취득한 것으로 본다. 다만, 해당 주식 등을 인도받은 날이 불분명하거나 해당 주식 등을 인도받기 전에 취득자의 주소와 성명 등을 주주명부 또는 사원명부에 기재한 경우에는 그 명의개서일 또는 그 기재일로 한다.

④ 무기명채권의 경우에는 해당 채권에 이자지급사실 등에 의하여 취득사실이 객관적으로 확인되는 날에 취득한 것으로 본다. 다만, 취득일이 불분명한 경우에는 취득자가 이자지급을 청구한 날 또는 상환을 청구한 날로 한다.

⑤ 타인의 기여에 의하여 재산가치가 증가한 경우에는 다음의 구분에 따른 날

　㉠ 개발사업의 시행 : 개발구역으로 지정되어 고시된 날

　㉡ 형질변경 : 해당 형질변경허가일

　㉢ 공유물(共有物)의 분할 : 공유물 분할등기일

　㉣ 사업의 인가·허가 또는 지하수개발·이용의 허가 등 : 해당 인가·허가일

　㉤ 주식 등의 상장 및 비상장주식의 등록, 법인의 합병 : 주식 등의 상장일 또는 비상장주식의 등록일, 법인의 합병등기일

　㉥ 생명보험 또는 손해보험의 보험금 지급 : 보험사고가 발생한 날

　㉦ ㉠부터 ㉥까지의 규정 외의 경우 : 재산가치증가사유가 발생한 날

⑥ 위의 재산 이외의 기타 재산에 대하여는 인도한 날 또는 사실상 사용일에 취득한 것으로 본다.

1. 신탁이익의 증여

신탁(信託)이란 신탁설정자(위탁자)와 신탁인수자(수탁자)가 특별한 신임관계에 의하여 위탁자의 특정 재산을 수탁자에게 이전하거나 기타의 처분을 하고 수탁자로 하여금 수익자의 이익을 위하여 또는 특정한 목적을 위하여 그 재산권을 관리 · 처분하게 하는 법률관계를 말한다.

이러한 신탁계약에 의하여 위탁자가 타인을 신탁의 이익의 전부 또는 일부를 받을 수익자(受益者)로 지정한 경우로서 다음 중 어느 하나에 해당하는 경우에는 원본(元本) 또는 수익(收益)이 수익자에게 실제 지급되는 날 등을 증여일로 하여 해당 신탁의 이익을 받을 권리의 가액을 수익자의 증여재산가액으로 한다.

① 원본을 받을 권리를 소유하게 한 경우에는 수익자가 그 원본을 받은 경우
② 수익을 받을 권리를 소유하게 한 때에는 수익자가 그 수익을 받은 경우

그리고 신탁의 이익을 받을 권리의 증여시기는 다음의 경우를 제외하고는 원본 또는 수익이 수익자에게 실제 지급되는 때로 한다.

① 수익자로 지정된 자가 그 이익을 받기 전에 해당 신탁재산의 위탁자가 사망한 경우에는 그 사망일
② 신탁계약에 의하여 원본 또는 수익을 지급하기로 약정한 날까지 원본 또는 수익이 수익자에게 지급되지 아니한 경우에는 해당 원본 또는 수익을 지급하기로 약정한 날
③ 확정된 원본 또는 수익을 여러 차례 나누어 지급하는 경우에는 해당 원본 또는 수익이 최초로 지급된 날. 다만, 신탁계약을 체결하는 날에 원본 또는 수익이 확정되지 아니한 경우에는 해당 원본 또는 수익이 실제 지급된 날
④ 확정된 원본 또는 수익을 수회 분할지급하는 경우로서 신탁계약해지권, 수익자변경권, 해지시 신탁재산 귀속권 등이 위탁자에게 부여되지 않아 원본과 수익이 모두 수익자에게 귀속된 경우에는 최초로 지급된 날

2. 보험금의 증여

생명보험이나 손해보험에서 보험사고(만기보험금 지급의 경우를 포함)가 발생한 경우 해당 보험사고가 발생한 날을 증여일로 한다. 이때 보험금 수령인과 보험료 납부자가 다른 경우(보험금

수령인이 아닌 자가 보험료의 일부를 납부한 경우 포함) 보험금 수령인이 아닌 자가 납부한 보험료 납부액에 대한 보험금 상당액을 증여재산가액으로 보며, 보험계약 기간에 보험금 수령인이 재산을 증여받아 보험료를 납부한 경우 증여받은 재산으로 납부한 보험료 납부액에 대한 보험금 상당액에서 증여받은 재산으로 납부한 보험료 납부액을 뺀 가액을 증여재산가액으로 본다. 다만 보험금을 상속재산으로 보는 경우 이를 증여로 보지 아니한다.

$$증여재산가액 \; = \; 보험금 \; \times \; \frac{보험금수령인이 \; 아닌 \; 자가 \; 납부한 \; 보험료}{납부한 \; 보험료의 \; 총합계액}$$

$$증여재산가액 \; = \; 보험금 \; \times \; \frac{보험금수령인이 \; 재산을 \; 증여받아 \; 납부한 \; 보험료}{납부한 \; 보험료의 \; 총합계액} \; - \; \frac{재산을 \; 증여받아}{납부한 \; 보험료}$$

🍎 예제 I. 보험금의 증여

변혜인氏는 만기가 되어 보험금 5억원을 받았다. 불입보험료 2억원 중 9천만원은 모친이 대신 불입하였을 경우 증여재산가액은 얼마인가?

┃ 풀이 ┃

증여재산가액 = 5억원 × 9천만원/2억원 = 225,000,000원

3. 저가양수·고가양도에 따른 이익의 증여 등

일반적인 상거래에 있어서 시가보다 낮은 가격으로 재산을 사거나 시가보다 높은 가격으로 재산을 파는 경우는 거의 없다고 할 수 있다. 따라서 시가보다 낮은 가격으로 재산을 사거나 시가보다 높은 가격으로 재산을 파는 거래는 비록 거래의 형식을 취했다하더라도 그 차액만큼은 증여재산가액으로 한다. 다만, 다음에 해당하는 것은 제외한다.

① 전환사채 등
② 증권거래법에 의하여 거래소에 상장어 있는 법인의 주식 및 출자지분으로서 증권시장에서 거래된 것(시간외시장에서 매매된 것은 제외)

(1) 저가양수의 경우 : 타인으로부터 시가보다 낮은 가액으로 재산을 양수한 자

특수관계자 간 양수도의 경우 시가의 30%와 3억원 중 적은 금액보다 시가와 대가의 차이가 큰 경우 저가양수도가 있는 것으로 본다. 증여재산가액은 양수재산의 시가와 양수가액의 차액에서 시가의 30%와 3억원 중 적은 금액을 차감한 금액으로 한다. 특수관계자가 아닌 자와의 양수도의 경우 시가와 대가의 차이가 시가의 30%보다 큰 경우 저가양수가 있는 것으로 본다. 증여재산가액은 양수재산의 시가와 양수가액의 차액에서 3억원을 차감한 금액으로 한다.

(2) 고가양도의 경우 : 타인에게 시가보다 높은 가액으로 재산을 양도한 자

특수관계자 간 양수도의 경우 시가의 30%와 3억원 중 적은 금액보다 대가와 시가의 차이가 큰 경우 고가양수도가 있는 것으로 본다. 증여재산가액은 양수재산의 양도가액와 시가의 차액에서 시가의 30%와 3억원 중 적은 금액을 차감한 금액으로 한다. 특수관계자가 아닌 자와의 양수도의 경우 대가와 시가의 차이가 시가의 30%보다 큰 경우 고가양수가 있는 것으로 본다. 증여재산가액은 양도재산의 양도가액과 시가의 차액에서 3억원을 차감한 금액으로 한다.

구 분	증여재산가액	비 고
저가양수의 경우	(시가 - 양수가액) - 차감액	차감액은 시가의 30%와 3억원 중 적은 금액(특수관계자 외의 거래의 경우 3억원)을 말한다.
고가양도의 경우	(양도가액 - 시가) - 차감액	

【 저가양수 · 고가양도에 따른 증여재산가액 】

🍎 예제 2. 저가양수 · 고가양도

최형윤氏의 2025년 중 부동산 거래내역은 다음과 같다. 증여 여부를 판정하고 증여재산가액을 계산하라. 단, 모든 거래는 특수관계인과의 거래라고 가정한다.

구 분	거래 상대방	거래 형태	거래 금액	시 가
A	개 인	양 도	240,000,000원	200,000,000원
B	개 인	양 도	500,000,000원	340,000,000원
C	내국영리법인	양 도	400,000,000원	200,000,000원
D	개 인	양 수	240,000,000원	400,000,000원
E	개 인	양 수	620,000,000원	880,000,000원

┃풀이┃

⑴ A(고가양도) : 시가와 양도가액의 차액(4천만원)이 시가의 30%(6천만원) 미만이므로 증여 적용대상이 아니다.

⑵ B(고가양도)
   ① 판정 : 시가와 양도가액의 차액(1억6천만원)이 시가의 30%(1억2백만원) 이상이므로 증여 적용대상이다.
   ② 증여재산가액 : (5억원 - 3억4천만원) - Min[㉠ 3억4천만원×30%, ㉡ 3억원] = 5천8백만원
⑶ C(고가양도)
   법인세법상 부당행위계산 부인규정이 적용되어 배당소득, 근로소득 또는 기타소득으로 소득세가 과세되므로 증여 규정을 적용하지 아니한다.

| **참고** | 해당 거래에 대한 법인의 세무조정결과는 다음과 같다.

    (차) 부당행위계산부인액   2억   (대) 부동산   2억
      (손금불산입, 배당, 상여 또는 기타소득으로 소득처분)   (손금산입, △유보)

⑷ D(저가양수)
   ① 판정 : 시가와 양수가액의 차액(1억6천만원)이 시가의 30%(1억2천만원) 이상이므로 증여 적용대상이다.
   ② 증여재산가액 : (4억원 - 2억4천만원) - Min[㉠ 4억×30%, ㉡ 3억원] = 4천만원
⑸ E(저가양수) : 시가와 양수가액의 차액이 시가의 30% 이상은 아니며, 또한 3억원 이상이 아니므로 증여 적용대상이 아니다.

4. 채무면제 등에 따른 증여

채권자로부터 채무를 면제받거나 제3자로부터 채무의 인수 또는 변제를 받은 경우에는 그 면제, 인수 또는 변제(이하 "면제등"이라 한다)를 받은 날을 증여일로 하여 그 면제등으로 인한 이익에 상당하는 금액(보상액을 지급한 경우에는 그 보상액을 뺀 금액으로 한다)을 그 이익을 얻은 자의 증여재산가액으로 한다. 이때 채권자로부터 채무를 면제 받은 경우에는 채권자가 면제에 대한 의사표시를 한 날를 증여 시기로 보고, 제3자로부터 채무의 인수를 받은 경우에는 제3자와 채권자 간에 채무의 인수계약이 체결된 날을 증여시기로 본다.

또한 증여자가 연대납세의무자에 해당되지 아니함에도 불구하고 수증자를 대신하여 납부한 증여세액은 당초 증여재산가액에 가산한다. 다만, 명의수탁자에게 부과된 증여세를 명의신탁재산의 명의를 본인 앞으로 환원한 실질소유자가 대신 납부한 경우에는 증여로 보지 아니한다. 그리고 증여자가 연대납세의무자로서 납부하는 증여세액은 수증자에 대한 증여로 보지 아니한다.

5. 부동산무상사용에 따른 이익의 증여

(1) 부동산 무상사용에 대한 이익의 증여

타인의 부동산(그 부동산 소유자와 함께 거주하는 주택과 그에 딸린 토지는 제외)을 무상으로 사용함에 따라 이익을 얻은 경우에는 그 무상사용을 개시한 날을 증여일로 하여 그 이익에 상당

하는 금액을 부동산 무상 사용자의 증여재산가액으로 한다. 다만, 그 이익에 상당하는 금액이 1억원 미만인 경우는 제외한다.

(2) 부동산 무상담보에 대한 이익의 증여

타인의 부동산을 무상으로 담보로 이용하여 금전 등을 차입함에 따라 이익을 얻은 경우에는 그 부동산 담보 이용을 개시한 날을 증여일로 하여 그 이익에 상당하는 금액을 부동산을 담보로 이용한 자의 증여재산가액으로 한다. 다만, 그 이익에 상당하는 금액이 1천만원 미만인 경우는 제외한다.

(3) 무상사용자의 범위

이러한 것은 특수관계에 있는 자의 토지 또는 건물만을 각각 무상사용하는 경우에도 이를 적용하고, 여러 사람이 해당 부동산을 무상사용하는 경우에는 다음에 해당하는 자를 해당 부동산의 무상사용자로 한다.

① 당해 부동산사용자들이 부동산소유자와 특수관계에 있는 경우 : 부동산소유자와의 근친관계 등을 고려하여 기획재정부령이 정하는 대표사용자

② ①이외의 경우 : 당해 부동산사용자들(실제 사용한 면적을 기준으로 하되, 실제 사용한 면적이 불분명한 경우에는 각각 동일한 면적을 사용한 것으로 본다)

(4) 특수관계인과의 거래가 아닌 경우 적용특례

특수관계인이 아닌 자 간의 거래인 경우에는 거래의 관행상 정당한 사유가 없는 경우에 한정하여 위 규정을 적용한다.

(5) 증여시기 및 증여재산가액

1) 부동산 무상사용에 따른 이익

부동산 무상사용에 따른 이익은 다음의 계산식에 따라 계산한 각 연도의 부동산 무상사용 이익을 기획재정부령으로 정하는 방법에 따라 환산한 가액으로 한다. 이 경우 해당 부동산에 대한 무상사용 기간은 5년으로 하고, 무상사용 기간이 5년을 초과하는 경우에는 그 무상사용을 개시한 날부터 5년이 되는 날의 다음 날에 새로 해당 부동산의 무상사용을 개시한 것으로 본다.

$$\text{부동산무상사용이익} = \text{부동산가액} \times 2\%^*$$

* 1년간 부동산사용료를 감안하여 기획재정부령이 정하는 율로 상속세및증여세법 시행규칙 제10조 제1항에서는 100분 2로 정

하고 있다.

여기서 "기획재정부령이 정하는 방법에 의하여 환산한 가액"이라 함은 다음의 산식에 의하여 환산한 금액의 합계액을 말한다.

$$증여재산가액 = \frac{부동산\ 무상사용이익}{(1 + \dfrac{10}{100})^n}$$

n : 평가기준일부터의 경과연수

2) 부동산 무상담보에 따른 이익

부동산을 무상으로 담보로 이용하여 금전 등을 차입함에 따라 얻은 이익은 차입금에 적정 이자율을 곱하여 계산한 금액에서 금전 등을 차입할 때 실제로 지급하였거나 지급할 이자를 뺀 금액으로 한다. 이 경우 차입기간이 정하여지지 아니한 경우에는 그 차입기간은 1년으로 하고, 차입기간이 1년을 초과하는 경우에는 그 부동산 담보 이용을 개시한 날부터 1년이 되는 날의 다음날에 새로 해당 부동산의 담보 이용을 개시한 것으로 본다.

부동산무상사용이익 = 차입금 × 적정이자율-차입시 지급한 이자

🍎 예제 3. 부동산무상사용에 따른 이익의 증여

2021년 1월 1일부터 2025년 12월 31일까지 개별공시지가가 100억원인 장은미氏의 토지에 직계비속이 건물을 신축하여 임대사업을 하면서 해당 토지를 계속하여 무상사용한 경우 증여재산가액은 얼마인가?

┃풀이┃

⑴ 2021년 = 181,818,000원 = 100억원 × 2% ÷ $(1+0.1)^5$

⑵ 2022년 = 165,290,000원 = 100억원 × 2% ÷ $(1+0.1)^4$

⑶ 2023년 = 150,262,000원 = 100억원 × 2% ÷ $(1+0.1)^3$

⑷ 2024년 = 136,602,000원 = 100억원 × 2% ÷ $(1+0.1)^2$

⑸ 2025년 = 124,184,000원 = 100억원 × 2% ÷ $(1+0.1)^1$

합계 <u>758,156,000원</u>

또는 연금의 현재가치(할인율 10%, 기간 5년) 3.79079를 부동산무상사용이익에 직접 곱하여 계산하여도 동일한 결과를 가져올 수 있다.

부동산무상사용이익 = 100억원 × 2% × 3.79079 = 758,156,000원

6. 합병에 따른 이익의 증여

특수관계에 있는 법인 간의 합병(분할합병을 포함)으로 소멸하거나 흡수되는 법인 또는 신설되거나 존속하는 법인의 대주주 등이 합병으로 인하여 이익을 얻은 경우에는 그 합병등기일을 증여일로 하여 그 이익에 상당하는 금액을 그 대주주 등의 증여재산가액으로 한다. 다만, 그 이익에 상당하는 금액이 기준금액 미만인 경우는 제외하며, 이 경우 합병으로 인한 이익을 증여한 자가 대주주 등이 아닌 주주등으로서 2명 이상인 경우에는 주주 등 1명으로부터 이익을 얻은 것으로 본다.

(1) 특수관계에 있는 법인의 합병

특수관계에 있는 법인의 합병이라 함은 합병등기일이 속하는 사업연도의 직전사업연도 개시일(그 개시일이 서로 다른 법인이 합병한 경우에는 먼저 개시한 날을 말한다)부터 합병등기일까지의 기간 중 다음에 해당하는 법인간의 합병을 말한다.
① 법인세법시행령 제87조 제1항에 규정된 특수관계에 있는 법인4)
② 기업집단소속의 다른 기업
③ 동일인이 임원의 임면권의 행사 또는 사업방침의 결정 등을 통하여 합병당사법인(합병으로 인하여 소멸·흡수되는 법인 또는 신설·존속하는 법인을 말함)의 경영에 대하여 영향력을 행사하고 있다고 인정되는 관계있는 법인

(2) 기준금액

기준금액이란 다음 중 어느 하나에 해당하는 금액을 말한다.

---

4) 특수관계인의 범위(법인세법시행령 제87조 제1항)는 다음과 같다.
① 임원의 임면권의 행사, 사업방침의 결정 등 해당 법인의 경영에 대하여 사실상 영향력을 행사하고 있다고 인정되는 자(상법 제401조의2 제1항의 규정에 의하여 이사로 보는 자를 포함)와 그 친족
② 주주 등(소액주주 등을 제외)과 그 친족
③ 법인의 임원·사용인 또는 주주 등의 사용인(주주 등이 영리법인인 경우에는 그 임원을, 비영리법인인 경우에는 그 이사 및 설립자를 말한다)이나 사용인 외의 자로서 법인 또는 주주 등의 금전 기타 자산에 의하여 생계를 유지하는 자와 이들과 생계를 함께 하는 친족
④ ① 내지(乃至) ③에 해당하는 자가 발행주식총수 또는 출자총액의 100분의 30 이상을 출자하고 있는 다른 법인
⑤ ④ 또는 ⑤에 해당하는 법인이 발행주식총수 또는 출자총액의 100분의 50 이상을 출자하고 있는 다른 법인
⑥ 해당 법인에 100분의 50 이상을 출자하고 있는 법인에 100분의 50 이상을 출자하고 있는 법인이나 개인
⑦ 해당 법인이 독점규제및공정거래에관한법률에 의한 기업집단에 속하는 법인인 경우 그 기업집단에 소속된 다른 계열회사 및 그 계열회사의 임원
⑧ ① 내지 ③에 해당하는 자 및 해당 법인이 이사의 과반수를 차지하거나 출연금(설립을 위한 출연금에 한함)의 100분의 50 이상을 출연하고 그 중 1인이 설립자로 되어 있는 비영리법인

① 합병대가를 주식 등으로 교부받은 경우

합병 후 신설 또는 존속하는 법인의 주식 등의 평가가액의 30%에 상당하는 가액과 3억원 중 적은 금액

② 합병대가를 주식 등 외의 재산으로 지급받은 경우(합병당사법인의 1주당 평가가액이 액면가액에 미달하는 경우로서 그 평가가액을 초과하여 지급받은 경우에 한정한다) : 3억원

(3) 이익에 상당하는 금액

이익에 상당하는 금액이란 합병당사법인의 주주가 소유하는 주식 또는 지분에 대하여 합병 직후 와 합병 직전을 기준으로 대통령령이 정하는 바에 의하여 평가가액의 차액을 말한다. 여기서 평 가가액의 차액은 다음의 식에 의해 계산한다.

$$\left\{ \begin{array}{c} \text{합병 후 신설 또는} \\ \text{존속하는 법인의} \\ \text{1주당 평가가액} \end{array} - \begin{array}{c} \text{주가가 과대평가된} \\ \text{합병당사법인의} \\ \text{1주당 평가가액} \end{array} \times \left(\begin{array}{c} \text{주가가 과대평가} \\ \text{된 합병당사법인} \\ \text{의 합병 전 주식수} \end{array} \div \begin{array}{c} \text{주가가 과대평가된} \\ \text{합병당사법인의} \\ \text{합병 후 주식수} \end{array} \right) \right\} \times \begin{array}{c} \text{주가가 과대평가된} \\ \text{합병당사법인의 대주주의} \\ \text{합병 후 주식수} \end{array}$$

(4) 분할합병시 주식평가

분할합병을 하기 위하여 분할하는 법인의 분할사업부문에 대한 합병 직전 주식가액은 다음 산식 에 의한다.

분할법인의 분할 직전 주식가액 × 분할사업부문의 순자산가액 ÷ 분할법인의 순자산가액

🍎 예제 4. 합병에 따른 이익의 증여

(주)계산은 (주)경인을 2025년 7월 1일자로 흡수합병(합병비율 1 : 1)하였다. 다음 자료를 이용하여 (주)부평의 익금산입액과 이태양氏의 증여재산가액을 계산하라.

⑴ 합병당사법인인 (주)계산과 (주)경인의 합병 직전 발행주식 및 주주의 구성내역은 다음과 같다 (합병당사법인은 부당행위계산부인규정에 의한 특수관계인에 해당함).

구 분	(주)계산	(주)경인
총발행주식수	10,000주	10,000주
1주당 평가액	50,000원	25,000원
1주당 액면가액	10,000원	10,000원
주주의 구성	(주)인천 : 50%, (주)서울 : 50%	(주)부평 : 50%, 이태양 : 50%

(2) (주)인천은 (주)부평과 특수관계자에 해당하며, 나머지 주주들은 특수관계가 없다.

┃풀이┃

불공정합병으로 인한 부당행위계산 및 증여의 종합

(1) 경제적 이익의 제공흐름 분석

1주당 평가액이 (주)계산은 50,000원이고, (주)경인은 25,000원이므로 합병비율 1 : 1이라면 (주)계산의 주주인 (주)인천과 (주)서울은 (주)경인의 주주인 (주)부평과 이태양氏에게 경제적 이익을 제공한 경우에 해당한다.

(2) 경제적 이익을 제공한 법인에 대한 과세(부당행위계산의 부인)

① 불공정합병 여부의 검토(현저한 이익을 分與 하였는지 여부)

㉠ 합병 후 존속법인의 1주당 평가액 : (5억원 + 2억5천만원) ÷ 20,000주 = 37,500원

㉡ 주가가 과대평가된 법인[(주)경인의 1주당 평가액 × 주식교부비율

= 25,000원 × 1 = 25,000원

㉢ 현저한 이익 해당여부 : (37,500원 - 25,000원) ÷ 37,500원 = 33.33% ≥ 30% 이므로 현저한 이익을 제공한 경우에 해당한다. → 부당행위계산부인규정 적용

② 경제적 이익 제공금액의 분석

㉠ (주)인천의 경제적 이익 제공금액

(37,500원 - 25,000원) × 5,000주 = 62,500,000원

⇨ (주)부평이 분여받은 이익 : 62,500,000원 × 50% = 31,250,000원(특수관계인)

⇨ 이태양氏가 분여받은 이익 : 62,500,000원 × 50% = 31,250,000원(증여)

따라서 (주)인천에 대한 부당행위계산부인액은 특수관계인인 (주)부평에게 분여한 이익상당금액인 31,250,000원에 한한다.

㉡ (주)서울은 (주)경인의 주주들과 특수관계가 없으므로 해당사항 없음

(3) 경제적 이익을 분여받은 법인(법인세) 또는 개인(증여세)에 대한 과세

① (주)부평의 경우(특수관계자로부터 분여받은 이익에 한함) : 31,250,000원(익금산입)

② 이태양氏의 경우(특수관계 여부에 관계없이 증여에 해당) : 62,500,000원

(4) 불공정자본(합병)거래에 대한 과세요약

경제적 이익과 제공자	경제적 이익을 분여받은 자	과 세 내 용
(주)인천 : 50% (62,500,000원)	(주)부평 : 50%	익금산입 : 31,250,000원(법인세)
	이태양(대주주) : 50%	증　여 : 31,250,000원(증여세)
(주)서울 : 50% (62,500,000원)	(주)부평 : 50%	- (특수관계인이 아니므로)
	이태양(대주주) : 50%	증　여 : 31,250,000원(증여세)

7. 증자에 따른 이익의 증여

법인의 자본(출자액 포함)을 증가시키기 위하여 새로운 주식 또는 지분(신주)을 발행함에 따라 다음의 (1), (2)에 해당하는 이익을 얻는 경우에는 해당 이익에 상당하는 금액을 그 이익을 얻은 자의 증여재산가액으로 한다.

(1) 신주를 시가보다 낮은 가액으로 발행하는 경우에는 다음에 해당하는 이익

① 해당 법인의 주주등이 신주를 배정받을 수 있는 권리(이하 "신주인수권"이라 한다)의 전부 또는 일부를 포기한 경우로서 해당 법인이 그 포기한 신주[이하 "실권주"(失權株)라 한다]를 배정하는 경우에는 그 실권주를 배정받은 자가 실권주를 배정받음으로써 얻은 이익

② 해당 법인의 주주등이 신주인수권의 전부 또는 일부를 포기한 경우로서 해당 법인이 실권주를 배정하지 아니한 경우에는 그 신주 인수를 포기한 자의 특수관계인이 신주를 인수함으로써 얻은 이익

③ 해당 법인의 주주등이 아닌 자가 해당 법인으로부터 신주를 직접 배정(「자본시장과 금융투자업에 관한 법률」에 따른 인수인으로부터 그 신주를 직접 인수·취득하는 경우를 포함한다. 이하 이 항에서 같다)받음으로써 얻은 이익

④ 해당 법인의 주주등이 소유한 주식 등의 수에 비례하여 균등한 조건으로 배정받을 수 있는 수를 초과하여 신주를 직접 배정받음으로써 얻은 이익

본 규정을 적용함에 있어 신주를 배정받을 수 있는 권리를 포기하거나 그 소유주식수에 비례하여 균등한 조건에 의하여 배정받을 수 있는 수에 미달(신주를 배정받지 아니한 경우를 포함한다)되게 배정받은 소액주주[5]가 2인 이상인 경우에는 소액주주 1인이 포기하거나 미달되게 배정받은 것으로 보아 이익을 계산한다.

(2) 신주를 시가보다 높은 가액으로 발행하는 경우에는 다음에 해당하는 이익

① 해당 법인의 주주등이 신주인수권의 전부 또는 일부를 포기한 경우로서 해당 법인이 실권주를 배정하는 경우에는 그 실권주를 배정받은 자가 그 실권주를 인수함으로써 그의 특수관계인에 해당하는 신주 인수 포기자가 얻은 이익

② 해당 법인의 주주등이 신주인수권의 전부 또는 일부를 포기한 경우로서 해당 법인이 실권주를 배정하지 아니한 경우에는 그 신주를 인수함으로써 그의 특수관계인에 해당하는 신주 인수 포기자가 얻은 이익

---

5) 해당 법인의 발행주식총수의 1% 미만을 소유하는 경우로서 주식 등의 액면가액의 합계액이 3억원 미만인 주주 등을 말한다.

③ 해당 법인의 주주등이 아닌 자가 해당 법인으로부터 신주를 직접 배정받아 인수함으로써 그의 특수관계인인 주주등이 얻은 이익

④ 해당 법인의 주주등이 소유한 주식 등의 수에 비례하여 균등한 조건으로 배정받을 수 있는 수를 초과하여 신주를 직접 배정받아 인수함으로써 그의 특수관계인인 주주등이 얻은 이익

(3) 고가발행 및 저가발행 시 전환주식을 발행한 경우 다음에 해당하는 이익

발행 이후 다른 종류의 주식으로 전환함에 따라 얻은 다음의 구분에 따른 이익

① 전환주식을 시가보다 낮은 가액으로 발행한 경우 : 교부받았거나 교부받을 주식의 가액이 전환주식 발행 당시 전환주식의 가액을 초과함으로써 그 주식을 교부받은 자가 얻은 이익

$$(교부받은 주식 가액 - 발행 당시 전환주식의 가액) \times 배정받은 신주수$$

② 전환주식을 시가보다 높은 가액으로 발행한 경우 : 교부받았거나 교부받을 주식의 가액이 전환주식 발행 당시 전환주식의 가액보다 낮아짐으로써 그 주식을 교부받은 자의 특수관계인이 얻은 이익

$$\left(\begin{array}{c}발행 \ 당시 \\ 전환주식의 \ 가액\end{array} - \begin{array}{c}교부받은 \\ 주식 \ 가액\end{array}\right) \times \begin{array}{c}신주인수를 \ 포기한 \\ 주주의 \ 실권주수\end{array} \times \dfrac{신주인수를 \ 포기한 \ 주주의 \ 특수관계인이 \ 인수한 \ 신주수}{증자전의 \ 지분비율대로 \ 균등하게 \ 증자하는 \ 경우의 \ 증자 \ 주식총수}$$

🍎 예제 5. 증자에 따른 이익의 증여 (1)

다음 자료에 의하여 이기자氏와 나염치氏의 증여재산가액을 계산하라.

⑴ (주)건양물산이 증자를 위하여 1주당 5,000원에 신주 100,000주를 배정함에 있어서 주주인 이실패氏가 신주인수를 포기함에 따라 그 실권주를 다른 주주인 이기자氏와 나염치氏에게 재배정하였다.

⑵ 이기자氏와 나염치氏의 증자로 인한 주식배정내역

구 분	지분율에 의한 당초의 주식수	이실패氏 실권주 추가배정분	배정주식수
이기자氏	50,000주	12,500주	62,500주
나염치氏	30,000주	7,500주	37,500주

⑶ 이기자氏는 이실패氏와 특수관계인이나 나염치氏는 이실패氏와 특수관계인이 아니다. 한편, 이기자氏와 나염치氏는 모두 (주)건양물산의 대주주는 아니다.

⑷ 증자로 신주를 발행한 후 (주)건양물산의 1주당 평가액은 9,000원이다.

┃풀이┃

실권주를 다시 배정하는 경우에는 그 실권주를 저가로 배정받은 자가 실권주주와 특수관계에 있는지의 여부 및 대주주에 해당하는 지의 여부와 무관하게 증여대상이 되므로 다음과 같이 증여재산가액을 계산한다.

구 분	(신주발행 후 1주당 평가액 − 1주당 인수가액)× 균등한 조건을 초과하여 인수한 주식수	증여재산가액
이기자氏	(9,000원 − 5,000원) × 12,500주	50,000,000원
나염치氏	(9,000원 − 5,000원) × 7,500주	30,000,000원

🍎 예제 6. 증자에 따른 이익의 증여 (2)

(주)경인의 증자내용이 다음과 같은 경우 각 상황별로 증여재산가액을 계산하라.

⑴ 증자 전의 지분비율

주 주	보유 주식수	지분비율	비 고
父(A)	20,000주	10%	증자 전 1주당
子(B)	100,000주	50%	평가액 : 40,000원
他人(C)	80,000주	40%	
계	200,000주	100%	

⑵ (주)경인은 100,000주를 액면가액 10,000원으로 발행하여 증자하기로 하였다.

⑶ 증자상황

〈 CASE 1 〉 A, B, C 모두가 신주를 인수한 경우

〈 CASE 2 〉 A가 신주인수권을 포기하여 발생한 실권주를 B와 C에게 각각 50%씩 재배정한 경우

〈 CASE 3 〉 A, C가 신주인수권을 포기하여 발생한 실권주를 재배정하지 아니하는 경우

〈 CASE 4 〉 A가 신주를 13,000주 배정받은 경우

┃풀이┃

〈 CASE 1 〉 실권주가 없는 경우

　신주인수권은 각 주주의 증자 전 지분비율대로 배정된다. 이러한 원칙에 따라 배정된 신주를 각 주주가 모두 인수한 경우에는 증여 규정은 적용되지 아니한다.

〈 CASE 1 〉 실권주를 재배정한 경우

　① 신주의 1주당 시가

　　(40,000원×200,000주+10,000원×100,000주)/(200,000주+100,000주)=30,000원

　② B와 C의 증여재산가액 : (30,000원−10,000원)×5,000주=100,000,000원

〈 CASE 1 〉 실권주를 재배정하지 아니한 경우

① 균등증자시 신주의 1주당 시가 : 30,000원(상황 2의 경우와 동일한 금액임)

1주당 평가차액(30,000원 - 10,000원 = 20,000원)이 신주 1주당 시가(30,000원)의 30% 이상이므로 현저한 이익에 해당하여 증여규정이 적용된다.

② B의 증여재산가액(A→B) : [(30,000원 - 10,000원)×10,000주]×[(100,000주 + 50,000주)

÷(200,000주 + 50,000주)] = 120,000,000원

〈 CASE 4 〉 실권주를 초과 배정받은 경우

A의 증자 전 지분비율은 10%이므로 증자로 인한 신주 100,000주 중 10,000주를 배정받을 수 있는데 이를 초과하여 3,000주를 더 배정받음으로써 얻는 이익은 증여규정이 적용된다.

A의 증여재산가액 = (30,000원 - 10,000원)×3,000주 = 60,000,000원

8. 감자에 따른 이익의 증여

법인이 자본을 감소시키기 위하여 주식 또는 지분을 소각함에 있어서 일부 주주의 주식 또는 지분을 소각함으로 인하여 그와 특수관계에 있는 대주주가 이익을 얻을 경우에 그 이익에 상당하는 금액을 해당 대주주의 증여재산가액으로 한다. 감자시의 증여는 주식을 소각한 주주와 소각하지 않은 대주주 사이에 특수관계가 있는 경우에 한하여 적용하는데, 여기서 "특수관계에 있는 대주주"라 함은 주주 등 1인과 상속세법시행령 제19조 제2항 각호의 관계에 있는 자로서 대주주(발행주식총수 등의 1% 이상이거나 액면가액이 3억원 이상인 주주)를 말한다.

그리고 감자에 따른 이익은 다음 산식에 의해 계산하며, 계산은 감자를 위한 주주총회 결의일을 기준으로 한다.

① 감자한 주식 1주당 평가액에서 주식소각시 지급한 1주당 금액을 차감한 가액이 감자한 주식 1주당 평가액의 30% 이상이거나 다음 산식에 의하여 계산한 금액이 3억원 이상인 경우의 해당 이익

$$\left(\begin{array}{c}\text{감자한 주식} \\ \text{1주당 평가액}\end{array} - \begin{array}{c}\text{주식소각시 지급한} \\ \text{1주당 금액}\end{array}\right) \times \begin{array}{c}\text{총감자} \\ \text{주식수}\end{array} \times \begin{array}{c}\text{대주주의 감자} \\ \text{후 지분비율}\end{array} \times \frac{\begin{array}{c}\text{대주주와 특수관계에} \\ \text{있는 자의 감자주식수}\end{array}}{\text{총감자주식수}}$$

② 감자한 주식 1주당 평가액이 액면가액(주식소각시 지급한 대가가 액면가액 이하인 경우에는 해당 대가를 말한다) 이하인 경우로서 그 평가액을 초과하여 대가를 지급한 경우에는 주식소각시 지급한 1주당 금액에서 감자한 주식 1주당 평가액을 차감한 가액이 감자한 주식 1주당 평가액의 30% 이상이거나 다음 산식에 의하여 계산한 금액이 3억원 이상인 경우의 해당 이익

$$\left(\begin{array}{c} \text{주식소각시 지급한} \\ \text{1주당 금액} \end{array} - \begin{array}{c} \text{감자한 주식} \\ \text{1주당 평가액} \end{array} \right) \times \begin{array}{c} \text{해당 주주의} \\ \text{감자주식수} \end{array}$$

🍎 예제 7. 감자에 따른 이익의 증여

A법인은 감자주주총회의 결의로 아래와 같이 주주 甲의 소유지분을 액면금액으로 유상감자를 실시하였다. 감자주식의 1주당 평가액은 10,000원으로 한다(액면금액 5,000원).

구 분	감 자 전		감 자 후	
	주식수	지분비율	주식수	지분비율
갑 (父)	20,000	50%	0	0%
을 (子)	10,000	25%	10,000	50%
병 (子)	6,000	15%	6,000	30%
기 타	4,000	10%	4,000	20%
계	40,000	100%	20,000	100%

┃풀이┃

(1) 현저한 이익 여부

(10,000원 - 5,000원) ÷ 10,000원 = 50%로 30% 이상 차이가 나므로 현저한 이익이 발생한 것으로 보아 증여규정을 적용한다.

(2) 증여재산가액

① 감자로 인한 특수관계인 을의 증여재산가액

(10,000원 - 5,000원) × 20,000주 × 50% = 50,000,000원

② 감자로 인한 특수관계인 병의 증여재산가액

(10,000원 - 5,000원) × 20,000주 × 30% = 30,000,000원

9. 현물출자에 따른 이익의 증여

(1) 개요

현물출자(現物出資)에 의하여 다음 중 어느 하나에 해당하는 이익을 얻은 경우에는 현물출자 납입일을 증여일로 하여 그 이익에 상당하는 금액을 그 이익을 얻은 자의 증여재산가액으로 한다.

① 주식 등을 시가보다 낮은 가액으로 인수함으로써 현물출자자가 얻은 이익

② 주식 등을 시가보다 높은 가액으로 인수함으로써 현물출자자의 특수관계인에 해당하는 주주등이 얻은 이익

(2) 증여이익의 계산

이익은 다음 중 어느 하나에 따라 계산한 금액으로 한다. 다만, 현물출자 전·후의 주식 1주당 가액이 모두 영 이하인 경우에는 이익이 없는 것으로 본다.

1) 주식 등을 시가보다 낮은 가액으로 인수함으로써 현물출자자가 얻은 이익

현물출자 후 1주당 평가가액에서 1주당 인수가액을 차감한 후 현물출자자가 배정받은 주식수로 곱하여 증여재산가액을 계산한다.

$$\text{현물출자 후 1주당 평가가액} = \frac{\begin{pmatrix}\text{현물출자 전 1주당 평가가액} \\ \times \text{ 현물출자 전 발행주식총수}\end{pmatrix} + \begin{pmatrix}\text{신주 1주당 인수가액} \\ \times \text{ 현물출자에 의하여 증가한 주식수}\end{pmatrix}}{(\text{현물출자전의 발행주식총수 } + \text{ 현물출자에 의하여 증가한 주식수})}$$

2) 주식 등을 시가보다 높은 가액으로 인수함으로써 현물출자자의 특수관계인에 해당하는 주주등이 얻은 이익

현물출자 후 1주당 평가가액을 차감한 후 현물출자자가 인수한 신주수와 현물출자 외의 주주 등(현물출자 전에 현물출자자의 특수관계인인 경우에 한정)의 지분비율을 각각 곱하여 증여재산 가액을 계산한다. 다만, 1주당 평가차액이 현물출자 후의 1주당 평가액의 30% 이상이거나 증여 재산가액이 3억원 이상인 경우에 한하여 적용한다.

주식인수	증여자	수증자
저가인수	다른 주주*	현물출자자
고가인수	현물출자자	특수관계인**

【 현물출자에 따른 증여시 증여자 및 수증자의 범위 】

* 소액주주까지 포함한 모든 개별 주주(증여자 중 소액주주가 2인 이상일 때 1인 증여자로 간주)
   ※ 소액주주의 범위(①+②)
     ① 1% 미만의 지분 소유
     ② 액면가 3억원 미만
** 30% 또는 3억원 이상에 한함

10. 전환사채 등의 주식전환 등에 따른 이익의 증여

(1) 개요

전환사채, 신주인수권부사채(신주인수권증권이 분리된 경우에는 신주인수권증권을 말한다) 또는 그 밖의 주식으로 전환·교환하거나, 주식을 인수할 수 있는 권리가 부여된 사채(이하 "전환사채

등”이라 한다)를 인수·취득·양도하거나, 전환사채등에 의하여 주식으로의 전환·교환 또는 주식의 인수를 함으로써 이익을 얻은 경우에는 그 이익에 상당하는 금액을 그 이익을 얻은 자의 증여재산가액으로 한다. 다만, 그 이익에 상당하는 금액이 다음의 기준금액 미만인 경우는 제외한다.

1) 발행단계에서 전환사채 등 취득시 증여 및 기타의 경우에 해당하는 경우

다음의 금액 중 적은 금액

① 전환사채등의 시가의 30%에 상당하는 가액

② 1억원

2) 3)을 제외한 발행단계에서 전환사채 등 취득시 증여하는 경우 : 1억원

3) 전환사채등에 의하여 교부받은 주식의 가액이 전환가액등보다 낮게 됨으로써 그 주식을 교부받은 자의 특수관계인이 얻은 이익 : 0원

(2) 발행단계에서 전환사채 등 취득시 증여

1) 과세대상 거래

전환사채 등을 인수·취득함으로써 얻은 다음 중 어느 하나에 해당하는 이익에 대해서는 그 이익을 얻은 자의 증여재산가액으로 한다.

① 저가취득

특수관계인으로부터 전환사채 등을 시가보다 낮은 가액으로 취득함으로써 얻은 이익

② 저가초과인수

전환사채 등을 발행한 법인(주권상장법인으로서 유가증권의 모집방법으로 전환사채 등을 발행한 법인은 제외)의 최대주주나 그의 특수관계인인 주주인 자가 그 법인으로부터 전환사채등을 시가보다 낮은 가액으로 그 소유주식 수에 비례하여 균등한 조건으로 배정받을 수 있는 수를 초과하여 인수·취득함으로써 얻은 이익

③ 제3자 저가배정

전환사채등을 발행한 법인의 최대주주의 특수관계인(그 법인의 주주는 제외한다)이 그 법인으로부터 전환사채등을 시가보다 낮은 가액으로 인수등을 함으로써 얻은 이익

2) 증여재산가액

증여재산가액의 계산은 다음의 경우로 적용한다.

증여재산가액 = 시가 – 취득·인수가액

(3) 전환가능기간 중 전환증권의 전환·인수·양도시 증여

1) 과세대상 거래

전환사채등에 의하여 주식전환등을 함으로써 주식전환등을 한 날에 얻은 다음 중 어느 하나에
해당하는 이익에 대해서는 그 이익을 얻은 자의 증여재산가액으로 한다.

① **주식전환**
  ㉠ 고가주식으로 전환
     전환사채 등을 특수관계인으로부터 취득한 경우로서 전환사채 등에 의하여 교부받았
     거나 교부받을 주식의 가액이 전환·교환 또는 인수 가액(이하 "전환가액등"이라 한
     다)을 초과함으로써 얻은 이익
  ㉡ 고가주식으로 초과인수
     전환사채등을 발행한 법인의 최대주주나 그의 특수관계인인 주주가 그 법인으로부터
     전환사채등을 그 소유주식 수에 비례하여 균등한 조건으로 배정받을 수 있는 수를 초
     과하여 인수등을 한 경우로서 전환사채등에 의하여 교부받았거나 교부받을 주식의 가
     액이 전환가액등을 초과함으로써 얻은 이익
  ㉢ 제3자인수
     전환사채등을 발행한 법인의 최대주주의 특수관계인(그 법인의 주주는 제외)이 그 법
     인으로부터 전환사채등의 인수등을 한 경우로서 전환사채등에 의하여 교부받았거나
     교부받을 주식의 가액이 전환가액등을 초과함으로써 얻은 이익

② **저가주식교부**
전환사채등에 의하여 교부받은 주식의 가액이 전환가액등보다 낮게 됨으로써 그 주식을 교부
받은 자의 특수관계인이 얻은 이익

2) 증여재산가액

① **고가주식으로 전환 및 초과인수, 제3자인수**

증여재산가액 : $(a - b) \times c - d$

   a. 1주당 교부받은(을) 주식가액
     b. 1주당 전환시 전환·인수가액 등
     c. 교부받은(을) 주식수
     d. 취득·인수시 증여세 과세이익

② 저가주식교부

$$증여재산가액 : (a - b) \times c \times d$$

    a. 1주당 전환시 전환·인수가액 등

        b. 1주당 교부받은 주식가액

        c. 전환 등에 의하여 증가한 주식수

        d. 특수관계자의 전환 전 지분율

(4) 기타의 경우

1) 과세대상 거래

전환사채등을 특수관계인에게 양도한 경우로서 전환사채등의 양도일에 양도가액이 시가를 초과함으로써 양도인이 얻은 이익

2) 증여재산가액

$$증여재산가액 = 양도가액 - 전환증권 등의 시가$$

🍎 예제 8. 전환사채 등에 의한 이익의 증여

다음 자료에 의하여 전환사채 등에 대한 증여재산가액을 계산하라.

⑴ 계산(주)는 전환사채를 다음과 같은 조건으로 발행하였다.
    ① 액면가액 총액 : 1억원
    ② 전환조건 : 발행 3년 후부터 액면금액 100,000원당 신주 1주로 전환할 수 있다.
      (총 신주의 수 : 1,000주)
    ③ 전환사채의 원금과 이자는 5년 후 일시에 지급된다. 이자율은 5%로 하되 만기까지 전환권을 행사하지 않는 경우에는 시장이자율로 한다. 전환사채의 만기금액을 5%와 시장이자율로 현재가치 평가한 차액은 2,500,000원으로 가정한다.
⑵ 전환사채 발행 당시 계산(주)의 주가를 감안한 전환사채의 평가액은 액면 100,000원당 180,000원이다.
⑶ 위 전환사채는 회사의 최대주주인 김주자氏의 4촌 동생인 김융자氏가 액면가액으로 전부 인수하였다. 김융자氏는 회사의 주주가 아니다.
⑷ 김융자氏는 4년 후 전환사채 중 60%를 주식으로 전환하였으며, 40%는 특수관계자인 김대출氏에게 액면 100,000원당 240,000원에 양도하였다. 전환사채를 전부 주식으로 전환하였을 경우 계산(주)의 주식가액은 1주당 350,000원이다.

┃풀이┃

　(1) 전환사채 인수시의 증여재산가액

　　① 전환사채의 시가 : 180,000원 × 1,000주 = 180,000,000원

　　② 전환사채의 인수가　　　　　　　　　　　100,000,000원

　　③ 증여재산가액(①-②)　　　　　　　　　　 80,000,000원*

　　　* 차액(180,000원 - 100,000원 = 80,000원)이 시가(180,000원)의 30% 이상이므로 전환사채 등의 인수에 대한 증여
　　　　규정이 적용된다.

　(2) 전환사채의 전환·양도시 증여재산가액

　　① 전환시 증여재산가액

　　　(교부받을 주식 1주당 가액 350,000원 - 전환가액 100,000원) × 전환주식수 600주

　　　- 이자손실액 2,500,000원 - 인수시 증여재산가액 80,000,000원 = 67,500,000원

　　② 양도시 증여재산가액

　　　(240,000원 - 180,000원) × (1억원 ÷ 100,000원) × 40% = 24,000,000원

11. 초과배당에 따른 이익의 증여

(1) 개요

법인이 이익이나 잉여금을 배당 또는 분배("배당 등")하는 경우로서 그 법인의 최대주주 등이 본인이 지급받을 배당등의 금액의 전부 또는 일부를 포기하거나 본인이 보유한 주식 등에 비례하여 균등하지 아니한 조건으로 배당 등을 받음에 따라 그 최대주주 등의 특수관계인이 본인이 보유한 주식 등에 비하여 높은 금액의 배당 등을 받은 경우에는 법인이 배당 또는 분배한 금액을 지급한 날을 증여일로 하여 그 최대주주 등의 특수관계인이 본인이 보유한 주식 등에 비례하여 균등하지 아니한 조건으로 배당 등을 받은 금액("초과배당금액")에서 해당 초과배당금액에 대한 소득세 상당액을 공제한 금액을 그 최대주주등의 특수관계인의 증여재산가액으로 한다.

초과배당금액에 대하여 증여세를 부과 받은 자는 해당 초과배당금액에 대한 소득세를 납부할 때 다음 ②의 금액에서 ①의 금액을 뺀 금액을 관할 세무서장에게 납부하여야 한다. 다만, ①의 금액이 ②의 금액을 초과하는 경우에는 그 초과되는 금액을 환급받을 수 있다.

① 증여재산가액을 기준으로 계산한 증여세액

② 초과배당금액에 대한 실제 소득세액을 반영한 증여재산가액(정산증여재산가액)을 기준으로 계산한 증여세액

(2) 초과배당금액

초과배당금액은 ①의 가액에 ②의 비율을 곱하여 계산한 금액으로 한다.

① 최대주주 등의 특수관계인이 배당 또는 분배(이하 "배당 등"이라 한다)를 받은 금액에서 본인이 보유한 주식 등에 비례하여 배당 등을 받을 경우의 금액을 차감한 가액

② 본인이 보유한 주식 등에 비하여 낮은 금액의 배당 등을 받은 주주 등이 보유한 주식 등에 비례하여 배당 등을 받을 경우의 그 배당 등의 금액과 실제 배당 등을 받은 금액과의 차액 (이하 "과소배당금액"이라 한다) 중 최대주주 등의 과소배당금액이 차지하는 비율

$$\text{초과배당금액} = \text{특정주주}^{*}\text{의 (배당금액} - \text{균등배당액}^{**}) \times \frac{\text{특정주주와 특수관계가 있는 최대주주 등의 (균등배당액} - \text{배당금액)}}{\text{과소배당 받은 주주전체의 (균등배당액} - \text{배당금액)}}$$

* 최대주주 등의 특수관계인인 주주
** 보유지분에 따라 받을 배당금액

(3) 소득세의 기납부세액 공제

초과배당금액에 대하여 증여세를 부과할 때 해당 초과배당금액에 대한 소득세 상당액은 증여세 산출세액에서 공제한다.

(4) 적용배제

초과배당금액에 대한 증여세액이 초과배당금액에 대한 소득세 상당액보다 적은 경우에는 본 규정을 적용하지 아니한다.

12. 주식 등의 상장 등에 따른 이익의 증여

(1) 개요

기업의 경영 등에 관하여 공개되지 아니한 정보를 이용할 수 있는 지위에 있다고 인정되는 자(이하 "최대주주등"이라 한다)의 특수관계인이 해당 법인의 주식 등을 증여받거나 취득한 경우 그 주식 등을 증여받거나 취득한 날부터 5년 이내에 그 주식 등이 「자본시장과 금융투자업에 관한 법률」에 따른 증권시장으로서 증권시장에 상장됨에 따라 그 가액이 증가한 경우로서 그 주식 등을 증여받거나 취득한 자가 당초 증여세 과세가액(증여받은 재산으로 주식 등을 취득한 경우는 제외) 또는 취득가액을 초과하여 이익을 얻은 경우에는 그 이익에 상당하는 금액을 그 이익을 얻은 자의 증여재산가액으로 한다. 다만, 그 이익에 상당하는 금액이 기준금액 미만인 경우는 제외한다.

① 최대주주
② 내국법인의 발행주식총수 또는 출자총액의 25% 이상을 소유한 자로서 대통령령이 정하는 자

(2) 대통령령이 정하는 기준 이상의 이익

여기서 말하는 이익은 해당 주식 등의 상장일 또는 협회등록일부터 3월이 되는 날(해당 주식 등을 보유한 자가 상장일부터 3월 이내에 사망하거나 해당 주식 등을 증여 또는 양도한 경우에는 그 사망일·증여일 또는 양도일을 말한다. "정상기준일"이라 한다)을 기준으로 계산한다. 이 경우 납세자가 제시하는 재무제표 등 대통령령이 정하는 서류에 의하여 기업가치의 실질적인 증가로 인한 이익임이 확인되는 경우에는 이를 차감한다.

그리고 이익을 얻은 자에 대하여는 해당 이익을 당초의 증여세과세가액(증여받은 재산으로 주식 등을 취득한 경우에는 그 증여받은 재산에 대한 증여세과세가액을 말한다)에 가산하여 증여세과세표준과 세액을 정산한다. 다만, 정산기준일 현재의 주식 등의 가액이 당초의 증여세과세가액보다 적은 경우로서 그 차액이 대통령령이 정하는 기준 이상의 차이가 있는 경우에는 그 차액에 상당하는 증여세액(증여받은 때에 납부한 당초의 증여세액을 말한다)을 환급받을 수 있다.

다시 말해, 정산기준일의 1주당 평가액에서 당초의 1주당 증여세과세가액(또는 취득가액)과 기업가치의 실질적 가치증가액으로 인한 금액을 차감한 금액이 당초의 1주당 증여세과세가액(또는 취득가액)과 기업가치의 실질적 가치증가로 인한 금액의 합계액에 취득한 주식등의 수를 곱한 금액에 비하여 30% 이상이거나 차액이 3억원 이상인 경우를 말한다.

(3) 전환사채 등에 대한 증여

전환사채등을 증여받거나 유상으로 취득(발행 법인으로부터 직접 인수·취득하는 경우를 포함한다)하고 그 전환사채등이 5년 이내에 주식 등으로 전환된 경우에는 그 전환사채등을 증여받거나 취득한 때에 그 전환된 주식 등을 증여받거나 취득한 것으로 보아 본 규정을 적용한다. 이 경우 정산기준일까지 주식 등으로 전환되지 아니한 경우에는 정산기준일에 주식 등으로 전환된 것으로 보아 규정을 적용하되, 그 전환사채등의 만기일까지 주식 등으로 전환되지 아니한 경우에는 정산기준일을 기준으로 과세한 증여세액을 환급한다.

(4) 증여재산가액

증여재산가액 = (정산기준일의 평가액 - 증여세과세가액 - 실질적 가치증가액) × 주식수

● 예제 9. 주식 또는 출자지분의 상장 등에 따른 이익의 증여

다음 자료에 의하여 증여세 과세표준을 계산하라.

⑴ 위상해氏는 비상장법인인 인천(주)의 최대주주인 부친 위대한氏로부터 2013.10.24 동 회사의 주식 15,000주(1주당 액면가액 500원, 상속·증여세법상 평가액 5,000원)를 액면가액으로 매입하였으며, 2019.2.8에는 동 회사의 주식 30,000주(1주당 액면가액 500원, 상속·증여세법상 평가액 8,000원)를 증여받았다.

⑵ 또한 위상해氏는 2020.5.2 인천(주)의 주주이나 특수관계자가 아닌 이무개氏로부터 인천(주)의 주식 5,000주를 1주당 8,000원에 매입하였다.

⑶ 인천(주)는 2025.1.5 상장되었으며, 상장 후 3개월이 되는 날 현재의 인천(주)의 주식가액은 1주당 15,000원이 되었다. 한편, 증여 받은 후의 기업가치 실질 증가액은 1주당 1,000원이다.

┃풀이┃

⑴ 2019.2.8 수증액

　① 과세가액 : 8,000원 × 30,000주 = 　　　　　　240,000,000원

　② 증여재산공제 : 　　　　　(30,000,000원)

　③ 과세표준 : 　　　　　210,000,000원

　　인천(주) 2013.10.24 매입분은 상장일 전 5년 이내에 해당하지 아니하므로 증여 규정이 적용되지 아니한다.

⑵ 2020.5.2 매입액

　특수관계가 없는 자로부터 매입한 것이므로 증여 규정이 적용되지 아니한다.

⑶ 주식 상장이익의 증여재산가액

　법정 요건을 충족하는 부친으로부터의 증여주식 30,000주에 대하여 과세표준과 세액을 정산한다.

　① 1주당 평가차액 : 15,000 - 8,000원 - 1,000원 = 　　6,000원(30% 이상임)

　② 증여재산가액 : 6,000원 × 30,000주 = 　　180,000,000원

　③ 과세가액 : 180,000,000원 + 240,000,000원 = 　　　　　420,000,000원

　④ 증여재산공제 : 　　　　　(50,000,000원)

　⑤ 과세표준 : 　　　　　370,000,000원

13. 금전무상대출 등에 따른 이익의 증여

타인으로부터 금전을 무상으로 또는 적정 이자율보다 낮은 이자율로 대출받은 경우에는 그 금전을 대출받은 날에 다음의 구분에 따른 금액을 그 금전을 대출받은 자의 증여재산가액으로 한다. 다만, 다음의 구분에 따른 금액이 1천만원 미만인 경우는 제외한다. 이 경우 대출기간이 정해지지 아니한 경우에는 그 대출기간을 1년으로 보고, 대출기간이 1년 이상인 경우에는 1년이 되는 날의 다음 날에 매년 새로 대출받은 것으로 보아 해당 증여재산가액을 계산한다. 그러나 특수관계인이 아닌 자 간의 거래인 경우에는 거래의 관행상 정당한 사유가 없는 경우에 한정하여 본

규정을 적용하고, 이익은 금전을 대출받은 날(여러 차례 나누어 대부받은 경우에는 각각의 대출받은 날을 말한다)을 기준으로 계산한다.

① 무상으로 대출받은 경우에는 대출금액에 적정이자율[6]을 곱하여 계산한 금액

② 적정이자율보다 낮은 이자율로 대부받은 경우에는 대부금액에 적정이자율을 곱하여 계산한 금액에서 실제 지급한 이자상당액을 차감한 금액

14. 합병에 따른 상장 등 이익의 증여

(1) 개요

최대주주등의 특수관계인이 다음의 어느 하나에 해당하는 경우로서 그 주식 등을 증여받거나 취득한 날부터 5년 이내에 그 주식 등을 발행한 법인이 특수관계에 있는 주권상장법인과 합병되어 그 주식 등의 가액이 증가함으로써 그 주식 등을 증여받거나 취득한 자가 당초 증여세 과세가액(증여받은 재산으로 주식 등을 취득한 경우는 제외한다) 또는 취득가액을 초과하여 이익을 얻은 경우에는 그 이익에 상당하는 금액을 그 이익을 얻은 자의 증여재산가액으로 한다. 다만, 그 이익에 상당하는 금액이 대통령령으로 정하는 기준금액 미만인 경우는 제외한다.

① 최대주주등으로부터 해당 법인의 주식 등을 증여받거나 유상으로 취득한 경우

② 증여받은 재산으로 최대주주등이 아닌 자로부터 해당 법인의 주식 등을 취득한 경우

③ 증여받은 재산으로 최대주주등이 주식 등을 보유하고 있는 다른 법인의 주식 등을 최대주주등이 아닌 자로부터 취득함으로써 최대주주등과 그의 특수관계인이 보유한 주식 등을 합하여 그 다른 법인의 최대주주등에 해당하게 되는 경우

(2) 대통령령이 정하는 기준금액

대통령령이 정하는 기준 이상의 이익이란 ①에 의한 가액과 ② 및 ④에 의한 가액의 합계액의 차이가 ②에 의한 가액의 100분의 30 이상이거나 ③에 의한 차액이 3억원 이상인 경우의 해당 이익을 말한다. 이 경우 ①에 의한 가액이 ②에 의한 가액보다 적은 경우에는 ④에 의한 가액에 ②에 의한 가액을 합산하지 아니한다.

① 정산기준일 현재 1주당 평가가액

② 주식 등을 증여받은 날 현재의 1주당 증여세과세가액(취득의 경우에는 취득일 현재의 1주당 취득가액)

---

6) "적정 이자율"이란 당좌대출이자율을 고려하여 기획재정부령으로 정하는 이자율을 말한다. 다만, 법인으로부터 대출을 받는 경우 법인세법 시행령에 따른 가중평균차입이자율 또는 당좌대출이자율을 적정 이자율로 본다.

③ 차액의 계산은 ㉠에 의하여 계산한 금액에서 ㉡에 의하여 계산한 금액을 차감하여 계산한다. 이 경우 ①에 의한 가액이 ②에 의한 가액보다 적은 경우에는 ㉡에 의하여 계산한 금액을 차감하지 아니한다.

　㉠ (①의 가액 － ②의 가액) × 증여받거나 유상으로 취득한 주식수

　㉡ 1주당 기업가치의 실질적인 증가로 인한 이익 × 증여받거나 유상으로 취득한 주식수

④ ③의 ㉡에 의한 1주당 기업가치의 실질적인 증가로 인한 이익은 ㉠의 금액에 ㉡의 규정에 의한 월수를 곱하여 계산한다. 이 경우 결손금 등이 발생하여 1주당 순손익액으로 해당 이익을 계산하는 것이 불합리한 경우에는 1주당 순자산가액의 증가분으로 해당 이익을 계산할 수 있다.

　㉠ 해당 주식 등의 증여일 또는 취득일이 속하는 사업연도개시일부터 상장일 등 전일까지의 사이의 1주당 순손익액의 합계액(기획재정부령이 정하는 바에 따라 사업연도 단위로 계산한 순손익액의 합계액을 말함)을 해당 기간의 월수(1월 미만의 월수는 1월로 본다)로 나눈 금액

　㉡ 해당 주식 등의 증여일 또는 취득일부터 정산일까지의 월수(1월 미만의 월수는 1월로 본다)

15. 재산사용 및 용역제공 등에 따른 이익의 증여

(1) 개요

재산의 사용 또는 용역의 제공에 의하여 일정 이익을 얻은 경우에는 그 이익에 상당하는 금액(시가와 대가의 차액)을 그 이익을 얻은 자의 증여재산가액으로 한다. 다만, 그 이익에 상당하는 금액이 기준금액 미만인 경우는 제외한다. 이 경우 재산의 사용기간 또는 용역의 제공기간이 정해지지 아니한 경우에는 그 기간을 1년으로 하고, 그 기간이 1년 이상인 경우에는 1년이 되는 날의 다음 날에 매년 새로 재산을 사용 또는 사용하게 하거나 용역을 제공 또는 제공받은 것으로 본다.

(2) 거래유형

1) 재산사용

타인에게 시가보다 낮은 대가를 지급하거나 무상으로 타인의 재산(부동산과 금전은 제외)을 사용함으로써 얻은 이익 또는 타인으로부터 시가보다 높은 대가를 받고 재산을 사용하게 함으로써 얻은 이익

2) 용역제공

타인에게 시가보다 낮은 대가를 지급하거나 무상으로 용역을 제공받음으로써 얻은 이익 또는 타인으로부터 시가보다 높은 대가를 받고 용역을 제공함으로써 얻은 이익

(3) 기준금액 및 증여재산가액

1) 기준금액

기준금액이란 다음의 구분에 따른 금액을 말한다.

① 타인의 재산을 무상으로 사용하여 금전 등을 차입할 때 담보로 제공한 경우 : 1천만원

② ① 이외의 경우 : 시가의 30%에 상당하는 가액

2) 증여재산가액

증여재산가액이란 다음의 구분에 따라 계산한 이익을 말한다.

① 무상으로 재산을 사용하거나 용역을 제공받은 경우 : 다음의 구분에 따라 계산한 금액

㉠ 타인의 재산을 무상으로 사용하여 금전 등을 차입할 때 담보로 제공한 경우 : 차입금에 적정 이자율을 곱하여 계산한 금액에서 금전 등을 차입할 때 실제로 지급하였거나 지급할 이자를 뺀 금액

㉡ ㉠ 외의 경우 : 무상으로 재산을 사용하거나 용역을 제공받음에 따라 지급하거나 지급받아야 할 시가 상당액 전체

② 시가보다 낮은 대가를 지급하고 재산을 사용하거나 용역을 제공받은 경우 : 시가와 대가와의 차액 상당액

③ 시가보다 높은 대가를 받고 재산을 사용하게 하거나 용역을 제공한 경우 : 대가와 시가와의 차액상당액

3) 용역의 시가

용역의 시가는 당해 거래와 유사한 상황에서 불특정다수인간 통상적인 지급대가에 의한다. 다만, 시가가 불분명한 경우에는 다음 중 어느 하나에 의하여 계산한 금액에 의한다(상증령 31의9 ④).

① 부동산임대용역의 경우 : 부동산가액(재산평가 규정에 의하여 평가한 가액을 말한다)×1년간 부동산 사용료를 감안하여 기획재정부령이 정하는 율

② 부동산임대용역외의 경우 : 건설 기타 용역을 제공하거나 제공받는 경우에는 당해 용역의 제공에 소요된 금액(직접비 및 간접비를 포함하며, 이하 "원가"라 한다)과 원가에 당해 사업연도 중 특수관계인 외의 자에게 제공한 유사한 용역제공거래에 있어서의 수익률(기업회계기준에 의하여 계산한 매출액에서 원가를 차감한 금액을 원가로 나눈 율)을 곱하여 계산한 금액을 합한 금액

(4) 적용배제

특수관계인이 아닌 자간의 거래로서 거래의 관행상 정당한 사유가 있다고 인정되는 경우에는
위 규정을 적용하지 아니한다.

16. 법인의 조직 변경 등에 따른 이익의 증여

(1) 개요

주식의 포괄적 교환 및 이전, 사업의 양수·양도, 사업 교환 및 법인의 조직 변경 등에 의하여
소유지분이나 그 가액이 변동됨에 따라 이익을 얻은 경우에는 그 이익에 상당하는 금액(소유지
분이나 그 가액의 변동 전·후 재산의 평가차액을 말한다)을 그 이익을 얻은 자의 증여재산가액
으로 한다. 다만, 그 이익에 상당하는 금액이 기준금액 미만인 경우는 제외한다.

(2) 기준금액 및 증여재산가액

1) 기준금액
기준금액이란 변동 전 해당 재산가액의 30%에 해당하는 가액 또는 3억원 중 적은 금액을 말한다.

2) 증여재산가액
법인의 조직 변경 등에 따른 이익의 증여에 대한 증여재산가액은 다음의 구분에 따라 계산한
금액으로 한다.

　① 소유지분이 변동된 경우
　(변동 후 지분 - 변동 전 지분) × 지분 변동 후 1주당 가액(합병, 증자, 감자, 현물출자에
　따른 이익증여 규정을 준용하여 계산한 가액을 말한다)

　② 평가액이 변동된 경우
　변동 후 가액 - 변동 전 가액

17. 재산 취득 후 재산가치 증가에 따른 이익의 증여

(1) 개요

직업, 연령, 소득 및 재산상태로 보아 자력(自力)으로 해당 행위를 할 수 없다고 인정되는 자가 일정 요건에 의하여 재산을 취득하고 그 재산을 취득한 날부터 5년 이내에 개발사업의 시행, 형질변경, 공유물(共有物) 분할, 사업의 인가·허가 등 대통령령으로 정하는 사유(이하 "재산가치 증가사유"라 한다)로 인하여 이익을 얻은 경우에는 그 이익에 상당하는 금액을 그 이익을 얻은 자의 증여재산가액으로 한다. 다만, 그 이익에 상당하는 금액이 기준금액 미만인 경우는 제외한다. 만일 거짓이나 그 밖의 부정한 방법으로 증여세를 감소시킨 것으로 인정되는 경우에는 특수관계인이 아닌 자 간의 증여에 대해서도 이 규정을 적용하며, 이 경우 기간에 관한 규정은 없는 것으로 본다. 또한 그 재산가치증가사유 발생일 전에 그 재산을 양도한 경우에는 그 양도한 날을 재산가치증가사유 발생일로 본다(상증법 42의3 ①, ②, ③).

(2) 과세요건

① 재산가치 상승이익의 재산취득 사유
  ㉠ 특수관계인으로부터 재산을 증여받은 경우
  ㉡ 특수관계인으로부터 기업의 경영 등에 관하여 공표되지 아니한 내부 정보를 제공받아 그 정보와 관련된 재산을 유상으로 취득한 경우
  ㉢ 특수관계인으로부터 차입한 자금 또는 특수관계인의 재산을 담보로 차입한 자금으로 재산을 취득한 경우

② 재산가치 증가사유
  ㉠ 개발사업의 시행, 형질변경, 공유물(共有物) 분할, 사업의 인가·허가
  ㉡ 비상장주식인 경우에는 한국금융투자협회에의 등록
  ㉢ 생명보험 또는 손해보험인 경우에는 보험사고의 발생
  ㉣ 지하수개발·이용권 등인 경우에는 그 인가·허가
  ㉤ 그 밖에 ㉠부터 ㉣까지의 사유와 유사한 것으로서 재산 가치의 증가를 가져오는 사유

(3) 증여재산가액

타인의 기여에 의하여 취득재산의 가치가 일정기준 이상 상승할 경우 증여세를 과세한다.

구 분	내 용
재산가치상승금액 = ① 사유발생일 현재 재산가액 −(② 재산취득가액 + ③ 통상적가치상승분 + ④ 가치상승기여분)	
① : 재산가치증가사유일 현재 시가 혹은 보충적 평가액. 다만, 해당 가액에 재산가치증가사유에 따른 증가분이 반영되지 아니한 것으로 인정되는 경우에는 개별공시지가 · 개별주택가격 또는 공동주택가격이 없는 경우로 보아 관할 세무서장이 평가한 가액을 말한다. ② : 실제 취득가액 혹은 증여세 과세가액 ③ : 기업가치 실질적 증가로 인한 이익 · 연평균지가상승률 · 연평균주택가격상승율 · 전국소비자 물가상승률을 감안한 재산의 보유기간 중 정상적인 가치상승분에 상당하다고 인정되는 금액 ④ : 개발사업의 시행, 형질변경, 사업의 인 · 허가 등에 따른 자본적지출액	
이익요건	재산가치상승금액 ≥ 3억원 또는 (②+③+④) × 30%
증여재산가액	재산가치상승금액

18. 증여세과세특례

하나의 증여에 대하여 앞의 15종류 중 2 이상 동시에 적용되는 경우에는 각 해당 규정의 이익이 가장 많게 계산되는 것 하나만을 적용한다. 또한 다음에 해당하는 이익을 계산함에 있어서 해당 그 이익과 관련한 거래 등을 한 날부터 소급하여 1년 이내에 동일한 거래 등이 있는 경우에는 각각의 거래 등에 따른 이익을 해당 이익별로 합산하여 각각의 금액기준(1억원 또는 3억원을 말함)을 계산한다.

① 저가양도에 따른 이익 및 고가양도에 따른 이익

② 부동산무상사용에 따른 이익

③ 합병에 따른 이익

④ 증자에 따른 이익

⑤ 감자에 따른 이익

⑥ 현물출자에 따른 이익

⑦ 전환사채 등의 주식전환 등에 따른 이익

⑧ 초과배당에 따른 이익

⑨ 금전 무상대출 등에 따른 이익

⑩ 재산사용 및 용역제공 등에 따른 이익

⑪ 특정법인과의 거래를 통한 이익

제6절 | 증여추정 및 증여의제

1. 배우자 등에 대한 양도시의 증여추정

배우자 또는 직계존비속에게 양도한 재산은 양도자가 해당 재산을 양도한 때에 그 재산의 가액을 배우자 등이 증여받은 것으로 추정하여 이를 배우자 등의 증여재산가액으로 한다. 또한 특수관계에 있는 자에게 양도한 재산을 그 특수관계에 있는 자(양수자)가 양수일부터 3년 이내에 당초 양도자의 배우자 등에게 다시 양도(우회 양도)한 경우에는 양수자가 해당 재산을 양도한 당시의 재산가액을 해당 배우자 등이 증여받은 것으로 추정하여 이를 배우자 등의 증여재산가액으로 한다. 다만, 당초 양도자 및 양수자가 부담한 소득세법에 의한 결정세액의 합계액이 양수자가 그 재산을 양도한 당시의 재산가액을 당초 그 배우자등이 증여받은 것으로 추정할 경우의 증여세액보다 큰 경우에는 그러하지 아니하다. 또한 다음의 경우에는 이를 증여추정으로 보지 아니한다.

① 법원의 결정으로 경매절차에 의하여 처분된 경우
② 파산선고로 인하여 처분된 경우
③ 국세징수법에 의하여 공매된 경우
④ 유가증권시장 또는 협회중개시장을 통하여 유가증권이 처분된 경우. 다만, 불특정다수인간의 거래에 의하여 처분된 것으로 볼 수 없는 기획재정부령이 정하는 시간 외 대량매매인 경우를 제외한다.
⑤ 배우자 등에게 대가를 지급받고 양도한 사실이 명백히 인정되는 다음의 경우
　㉠ 권리의 이전이나 행사에 등기 또는 등록을 요하는 재산을 서로 교환한 경우
　㉡ 해당재산의 취득을 위하여 이미 과세(비과세 또는 감면 포함)받았거나 신고한 소득금액 또는 상속 및 수증재산의 가액으로 그 대가를 지급한 사실이 입증되는 경우
　㉢ 해당 재산의 취득을 위하여 소유재산을 처분한 금액으로 그 대가를 지급한 사실이 입증되는 경우

그리고 해당 배우자 등에게 증여세가 부과된 경우에는 소득세법의 규정에 불구하고 당초 양도자 및 양수자에게 해당 재산양도에 따른 소득세를 부과하지 아니한다.

가액 ＼ 양수자	배우자 · 직계존비속	특수관계인	일반 개인
고　가	증여세	증여세	양도소득세
시　가	증여세	양도소득세	양도소득세
저　가	증여세	증여세	양도소득세

【 유상이전과 증여 】

● 예제 10. 증여추정

다음 자료에 의하여 거주자 김진영氏의 2025년도에 납부할 증여세 과세표준을 계산하라.

(1) 김진영(35세)氏는 2025. 7. 10에 모친으로부터 건물을 증여받았는바, 그 내역은 다음과 같다.
    ① 건물가액　　　2억원
    ② 동 건물에는 은행으로부터 차입에 대한 4천만원의 저당권이 설정되어 있는데, 그 채무를 김진영
       氏가 인수하기로 하였으며 해당 채무액은 객관적으로 확인된다.
(2) 김진영氏는 2024. 5. 4에 부친으로부터 5천만원을 증여받은 바 있다.

┃풀이┃

  (1) 증여세 과세가액 = 5천만원(부친 증여액) + 1억6천만원(재차증여한 합산액, 채무인수액은 객관적으로
      인정되므로 공제가능) = 2억1천만원
  (2) 증여세 과세표준 = 2억1천만원 - 5천만원(증여재산공제) = 1억6천만원

2. 재산취득자금 등의 증여추정

(1) 재산취득자금 · 채무상환자금에 대한 증여추정

재산 취득자의 직업, 연령, 소득 및 재산 상태 등으로 볼 때 재산을 자력으로 취득하였다고 인정하기 어려운 경우 대통령령으로 정하는 경우에는 그 재산을 취득한 때에 그 재산의 취득자금을 그 재산 취득자가 증여받은 것으로 추정하여 이를 그 재산 취득자의 증여재산가액으로 한다. 채무자의 직업, 연령, 소득 및 재산 상태 등으로 볼 때 채무를 자력으로 상환(일부 상환을 포함)하였다고 인정하기 어려운 경우로서 대통령령으로 정하는 경우에는 그 채무를 상환한 때에 그 상환자금을 그 채무자가 증여받은 것으로 추정하여 이를 그 채무자의 증여재산가액으로 한다.

(2) 적용배제

취득자금 또는 상환자금이 재산취득일 전 또는 채무상환일 전 10년 이내에 해당 재산취득자금 또는 해당 채무상환자금의 합계액이 5천만원 이상으로서 연령 · 세대주 · 직업 · 재산상태 및 사회경제적 지위 등을 참작하여 국세청장이 정하는 금액 이하인 경우와 취득자금 또는 상환자금이 출처에 관한 충분한 소명이 있는 경우에는 이를 적용하지 아니한다.

(3) 증여추정금액

재산취득액(채무상환액) 중 자금출처가 입증되지 않는 금액을 증여로 추정한다. 다만, 입증되지

아니하는 금액이 재산취득액(또는 채무상환액)의 20%에 상당하는 금액과 2억원 중 적은 금액에 미달하는 경우에는 이를 증여로 보지 아니한다.

(4) 자금출처로 인정되는 경우

재산취득자금과 채무상환액의 출처로 인정되는 경우는 다음과 같다.

① 신고하였거나 과세(비과세 또는 감면받은 경우를 포함)받은 소득금액에서 양도소득세 등 공과금 상당액을 차감한 금액

② 신고하였거나 과세 받은 상속 또는 수증재산의 가액

③ 재산을 처분한 대가로 받은 금전이거나 부채를 부담하고 받은 금전으로 해당 재산의 취득 또는 해당 채무의 상환에 직접 사용한 금액. 즉, 본인 소유재산의 처분사실이 증빙에 의하여 확인되는 경우에는 그 처분금액에서 양도소득세 등의 공과금 상당액을 차감한 금액

④ 농지경작소득

⑤ 재산취득일 이전에 차용한 부채로서 입증된 금액. 다만, 원칙적으로 배우자 및 직계존비속 간의 소비대차는 인정하지 아니한다.

⑥ 부동산을 취득함에 있어서 금융기관으로부터 타인명의로 대출 받았으나 그 대출금에 대한 이자지급 및 원금변제상황과 담보제공사실 등에 의하여 사실상의 채무자가 그 부동산취득자임이 확인되는 경우 해당 대출금

⑦ 재산취득일 이전에 자기재산의 대여로서 받은 전세금 및 보증금

⑧ 근로소득원천징수영수증에 의하여 확인되는 총급여액에서 원천징수세액을 공제한 금액

⑨ 취득일 전 3년 이전의 근로소득

⑩ 개인으로부터 차입한 경우 그 대여자가 대금업을 영위하는 자나 비영업이익에 대하여 소득세를 납부한 사실이 입증되는 경우

⑪ 기타 자금출처가 명백하게 되는 경우

(5) 자금출처조사기준

자금출처조사라고 하여 부동산을 취득하거나 고액의 채무를 상환한 경우에 다 조사하는 것은 아니다. 즉, 성별·연령 등에 따라 다음과 같이 취득부동산 규모 또는 채무상환에 일정한 기준을 정해 놓고, 해당 재산취득일(또는 채무상환일)전 10년 이내에 취득한 재산가액이나 채무상환액이 이 기준보다 적은 경우에는 자금출처에 대한 조사를 하지 않는다. 다만, 이 기준은 부동산 시세의 변화 등에 따라 수시로 조정되고 있다.

취득자(상환자)		취득재산		채무상환	총액한도
		주 택	기타자산		
세대주	40세 이상인 사람 30세 이상인 사람	4억원 2억원	1억원 5천만원	5천만원 5천만원	5억원 2억5천만원
비세대주	40세 이상인 사람 30세 이상인 사람	2억원 1억원	1억원 5천만원	5천만원 5천만원	3억원 1억5천만원
30세 미만인 사람		5천만원	3천만원	3천만원	8천만원

【 자금출처조사기준 】

이러한 기준은 1999년 1월 1일 이후 최초로 취득(채무상환)분부터 적용되며, 기준금액 미만이더라도 취득자금(상환자금)이 타인으로부터 증여받은 사실을 과세관청이 객관적으로 입증할 경우에는 증여세의 과세대상이 된다.

3. 명의신탁재산의 증여의제

권리의 이전이나 그 행사에 등기 등을 필요로 하는 재산(토지와 건물 제외)에 있어서 실제소유자와 명의자가 다른 경우에는 그 명의자로 등기 등을 한 날(그 재산이 명의개서를 필요로 하는 재산인 경우에는 소유권취득일이 속하는 연도의 다음 연도 말일의 다음날을 말함)에 그 재산의 가액(그 재산이 명의개서를 하여야 하는 재산인 경우에는 소유권취득일을 기준으로 평가한 가액을 말한다)을 실제소유자가 명의자에게 증여한 것으로 본다. 다만, 다음에 해당하는 경우에는 그러하지 아니하다.

① 조세회피의 목적 없이 타인의 명의로 재산의 등기 등을 하거나 소유권을 취득한 실제소유자명의로 명의개서를 하지 아니한 경우
② 「자본시장과 금융투자업에 관한 법률」에 따른 신탁재산인 사실의 등기등을 한 경우
③ 비거주자가 법정대리인 또는 재산관리인의 명의로 등기등을 한 경우

그리고 타인의 명의로 재산의 등기등을 한 경우 및 실제소유자 명의로 명의개서를 하지 아니한 경우에는 조세 회피 목적이 있는 것으로 추정한다. 다만, 실제소유자 명의로 명의개서를 하지 아니한 경우로서 다음 중 어느 하나에 해당하는 경우에는 조세 회피 목적이 있는 것으로 추정하지 아니한다.

① 매매로 소유권을 취득한 경우로서 종전 소유자가 「소득세법」에 따른 양도소득 과세표준신고 또는 「증권거래세법」에 따른 신고와 함께 소유권 변경 내용을 신고하는 경우
② 상속으로 소유권을 취득한 경우로서 상속인이 다음 중 어느 하나에 해당하는 신고와 함께 해당 재산을 상속세 과세가액에 포함하여 신고한 경우. 다만, 상속세 과세표준과 세액을

결정 또는 경정할 것을 미리 알고 수정신고하거나 기한 후 신고를 하는 경우는 제외한다.
ㄱ 상속세 과세표준신고
ㄴ 「국세기본법」에 따른 수정신고
ㄷ 「국세기본법」에 따른 기한 후 신고

4. 특수관계법인과의 거래를 통한 이익의 증여의제

(1) 과세대상자

수혜법인의 지배주주와 그 친족으로서 수혜법인에 대한 지분이 한계보유비율 이상인 대주주

1) 지배주주

"지배주주"란 다음 중 어느 하나에 해당하는 자를 말한다. 이 경우 이에 해당하는 자가 두 명 이상일 때에는 수혜법인(본점이나 주된사무소의 소재지가 국내에 있는 경우에 한한다)의 임원에 대한 임면권의 행사 및 사업방침의 결정 등을 통하여 그 경영에 관하여 사실상의 영향력이 더 큰 자로 기획재정부령으로 정하는 자로 한다. 다만, 수혜법인의 최대주주등 중에서 본인과 그의 특수관계인(사용인은 제외하며, 이하 "본인의 친족등"이라 한다)의 주식 등 보유비율의 합계가 사용인의 주식 등 보유비율보다 많은 경우에는 본인과 본인의 친족등 중에서 지배주주를 판정한다(상증령 34의3 ①).

① 수혜법인의 최대주주 중에서 수혜법인에 대한 직접보유비율[보유하고 있는 법인의 주식 등을 그 법인의 발행주식총수등(상법상 자기주식은 제외)으로 나눈 비율]이 가장 높은 자가 개인인 경우에는 그 개인
② 수혜법인의 최대주주등 중에서 수혜법인에 대한 직접보유비율이 가장 높은 자가 법인인 경우에는 수혜법인에 대한 직접보유비율과 간접보유비율을 모두 합하여 계산한 비율이 가장 높은 개인. 다만, 다음에 해당하는 자는 제외한다.
ㄱ 수혜법인의 주주등이면서 수혜법인의 최대주주등에 해당하지 아니한 자
ㄴ 수혜법인의 최대주주등 중에서 수혜법인에 대한 직접보유비율이 가장 높은 자에 해당하는 법인의 최대주주등에 해당하지 아니한 자

2) 특수관계법인

지배주주와 상속세및증여세법상 특수관계에 있는 법인을 말한다.

3) 특수관계법인간 거래비율

수혜법인의 총매출액 중 특수관계법인과의 매출액이 차지하는 비율로 계산하며 다만, 다음에 해

당하는 매출액은 제외한다.

    ㉠ 중소기업인 수혜법인이 중소기업인 특수관계법인과 거래한 매출액

    ㉡ 수혜법인이 본인의 주식보유비율이 50% 이상인 특수관계법인과 거래한 매출액

    ㉢ 수혜법인이 본인의 주식보유비율이 50% 미만인 특수관계법인과 거래한 매출액에 그 특수
       관계법인에 대한 수혜법인의 주식보유비율을 곱한 금액

    ㉣ 수혜법인이 지주회사인 경우로서 수혜법인의 자회사 및 손자회사와 거래한 매출액

    ㉤ 수혜법인이 제품·상품의 수출을 목적으로 특수관계법인(수혜법인이 중소기업 또는 중견기
       업에 해당하지 아니하는 경우에는 국외에 소재하는 특수관계법인으로 한정)과 거래한 매출액

    ㉥ 수혜법인이 다른 법률에 따라 의무적으로 특수관계법인과 거래한 매출액

    ㉦ 한국표준산업분류에 따른 스포츠 클럽 운영업 중 프로스포츠구단 운영을 주된 사업으로
       하는 수혜법인이 특수관계법인과 거래한 광고 매출액

    ㉧ 수혜법인이 국가, 지방자치단체, 공공기관 또는 지방공기업이 운영하는 사업에 참여함에
       따라 국가등이나 공공기금이 발행주식총수 또는 출자총액의 100%를 출자하고 있는 법인
       이 발행주식총수 또는 출자총액의 50% 이상을 출자하고 있는 법인에 출자한 경우 해당
       법인과 거래한 매출액

4) 지배주주의 친족

지배주주의 친족이란 지배주주의 친족으로서 수혜법인의 사업연도 말에 수혜법인에 대한 직접
보유비율과 간접보유비율을 합하여 계산한 비율이 한계보유비율을 초과하는 자를 말한다. 간접
보유비율은 다음 중 하나에 해당하는 법인을 통하여 수혜법인에 간접적으로 출자하는 경우를
의미한다. 이때 한계보유비율은 일반법인은 3%, 중소기업 또는 중견기업은 10%이다.

    ㉠ 지배주주등이 발행주식총수등의 30% 이상을 출자하고 있는 법인

    ㉡ 지배주주등 및 ㉠에 해당하는 법인이 발행주식총수등의 50% 이상을 출자하고 있는 법인

    ㉢ ㉠ 및 ㉡의 법인과 수혜법인 사이에 주식등의 보유를 통하여 하나 이상의 법인이 개재되어
       있는 경우 해당 법인

5) 간접보유비율

    지배주주 등의 간접출자법인에 대한 출자비율   ×   간접출자법인의 수혜법인에 대한 출자비율

단, 주식보유비율에서 3% 차감시 간접출자비율이 있는 경우 간접출자비율에서 먼저 차감한다.

(2) 과세요건

특수관계법인간 거래비율이 정상거래비율 30%(중견기업은 40%, 중소기업은 50%)을 초과하는

경우에 적용한다.

(3) 증여의제이익

증여의제이익은 사업연도 말 현재 지배주주등의 수혜법인에 대한 출자관계(간접보유비율이 0.1% 미만인 경우 제외)별로 각각 구분하여 계산한 금액을 모두 합하여 계산한다. 이 경우 한계 보유비율을 초과하는 주식보유비율 또는 한계보유비율의 50%를 초과하는 주식보유비율을 계산할 때 수혜법인에 대한 간접보유비율이 있는 경우에는 해당 간접보유비율에서 한계보유비율 또는 한계보유비율의 50%를 먼저 빼고 간접출자관계가 두 개 이상인 경우에는 각각의 간접보유비율 중 작은 것에서부터 뺀다.

$$\begin{array}{c}\text{수혜법인의}\\\text{세후영업이익}\end{array} \times \begin{array}{c}\text{정상거래비율의 }\frac{1}{2}\text{을 초과하는}\\\text{특수관계법인 거래비율}\\\text{(단, 중소 · 중견법인은 100\%)}\end{array} \times \begin{array}{c}\text{한계보유비율을}\\\text{초과하는 주식보유비율}\end{array}$$

$$\begin{array}{c}\text{수혜법인의}\\\text{세후영업이익}\end{array} \times \begin{array}{c}\text{(특수관계법인과의 거래비율 } - 30\%)\\\text{(중소기업의 50\%, 중견기업은 40\%)}\end{array} \times \begin{array}{c}\text{(주식보유비율 } - 3\%)\\\text{(중소 · 중견법인은 10\%)}\end{array}$$

여기서 세후영업이익은 수혜법인의 영업이익(매출액에서 매출원가 및 판매비 · 관리비 차감)을 법인세법상 세무조정한 '세법상 영업소득'에서 법인세를 차감한 금액을 말한다.

$$\begin{array}{c}\text{기업회계상}\\\text{영업이익}\end{array} \begin{array}{c}+\\-\end{array} \begin{array}{c}\text{익금산입 및 손금불산입}\\\text{손금산입 및 익금불산입}^{7)}\end{array} = \text{세법상 영업소득}$$

$$\begin{array}{c}\text{세법상}\\\text{영업소득}\end{array} - \begin{array}{c}\text{수혜법인이}\\\text{실제 부담한}\\\text{법인세}\end{array} \times \dfrac{\text{세법상}\ \text{영업소득}}{\begin{array}{c}\text{각 사업연도}\\\text{소득금액}\end{array}} \times \left(1 - \dfrac{\text{과세제외매출액}}{\begin{array}{c}\text{과세제외매출액이 포함된}\\\text{사업연도 매출액}\end{array}}\right)$$

(4) 간접출자시 증여의제이익

간접출자법인이 수혜법인에 일감을 몰아주는 경우에는 간접출자법인이 기여한 비율에 상당하는 이익은 제외한다.

---

7) 회계상 영업이익에 다음 세무조정사항만 반영한다.
　　① 감가상각비 손금불산입　　　② 퇴직급여충당금손금산입　　　③ 대손충당금 손금산입
　　④ 손익의 귀속사업연도　　　　⑤ 자산이 취득가액　　　　　　⑥ 퇴직보험료 등 손금산입

$$\text{수혜법인의} \atop \text{세후영업이익} \times \left(\text{특수관계법인과의} \atop \text{거래비율 - 30\%}\right) \times \frac{\text{특수관계법인과} \atop \text{의 거래비율} - \text{간접출자법인과의} \atop \text{거래비율}}{\text{특수관계법인과의 거래비율}} \times \text{간접출자} \atop \text{비율}$$

5. 특수관계법인으로부터 제공받은 사업기회로 발생한 이익의 증여 의제

(1) 증여의제이익

1) 개요

지배주주와 그 친족(이하 "지배주주등"이라 한다)의 주식보유비율이 30% 이상인 법인(이하 "수혜법인"이라 한다)이 지배주주와 특수관계에 있는 법인(「조세특례제한법」에 따른 중소기업은 제외)으로부터 사업기회를 제공받는 경우에는 그 사업기회를 제공받은 날(이하 "사업기회제공일"이라 한다)이 속하는 사업연도(이하 "개시사업연도"라 한다)의 종료일에 그 수혜법인의 지배주주등이 다음 계산식에 따라 계산한 금액(이하 "증여의제이익"이라 한다)을 증여받은 것으로 본다(상증법 45의4 ①).

$$\left[\left(\text{제공받은 사업기회로 인하여} \atop \text{발생한 개시 사업연도의} \atop \text{수혜법인의 이익} \times \text{지배주주등의} \atop \text{주식보유비율}\right) - \text{개시사업연도분의} \atop \text{법인세 납부세액} \atop \text{중 상당액*} \right] \div \text{개시사업} \atop \text{연도의} \atop \text{월 수} \times 12\right] \times 3$$

"법인세 납부세액 중 상당액"은 ①의 세액에 ②의 비율을 곱하여 계산한 금액으로 한다.
   ① 「법인세법」에 따른 수혜법인의 산출세액(토지등 양도소득에 대한 법인세액은 제외)에서 법인세액의 공제·감면액을 뺀 세액
   ② 수혜법인의 이익이 수혜법인의 「법인세법」에 따른 각 사업연도의 소득금액에서 차지하는 비율(1을 초과하는 경우에는 1로 한다)

2) 사업기회의 제공

"사업기회를 제공받는 경우"란 특수관계법인이 직접 수행하거나 특수관계법인과 경영지배 관계가 아닌 법인이 수행하고 있던 사업기회를 임대차계약, 입점계약 및 이와 유사한 경우로서 기획재정부령으로 정하는 방식으로 제공받는 경우를 말한다.

3) 수혜법인의 이익

수혜법인의 이익은 사업기회를 제공받은 해당 사업부문의 영업손익(「법인세법」의 기업회계기준에 따라 계산한 매출액에서 매출원가 및 판매비와 관리비를 차감한 영업손익을 말한다)에 「법인세법」 감가상각비·퇴직급여충당금·대손충당금·손익의 귀속사업연도·자산의 취득가액 및 퇴직보험료·재고자산의 평가에 따른 세무조정사항을 반영한 금액으로 한다(상증령 34의3 ③).

4) 배당가능 이익의 공제

지배주주등이 수혜법인의 사업연도 말일부터 증여세 과세표준 신고기한까지 수혜법인으로부터 배당받은 소득이 있는 경우에는 다음의 계산식에 따라 계산한 금액을 증여의제이익에서 공제(공제 후의 금액이 음수(陰數)인 경우에는 영으로 본다)한다. 이 경우 배당가능이익은 「법인세법」에 따른 배당가능이익(이하 "배당가능이익"이라 한다)으로 한다.

$$\text{배당소득} \quad \times \quad \frac{\text{증여의제이익}}{\substack{\text{수혜법인의 사업연도} \\ \text{말일 배당가능이익}} \times \substack{\text{지배주주등의 수혜법인에} \\ \text{대한 주식보유비율}}}$$

5) 신고기한

위 증여의제이익에 대한 증여세 과세표준의 신고기한은 개시사업연도의 「법인세법」에 따른 과세표준의 신고기한이 속하는 달의 말일부터 3개월이 되는 날로 한다.

(2) 정산증여의제이익

1) 개요

증여의제이익이 발생한 수혜법인의 지배주주등은 개시사업연도부터 사업기회제공일 이후 2년이 경과한 날이 속하는 사업연도(이하 "정산사업연도"라 한다)까지 수혜법인이 제공받은 사업기회로 인하여 발생한 실제 이익을 반영하여 다음 계산식에 따라 계산한 금액(이하 "정산증여의제이익"이라 한다)에 대한 증여세액과 납부한 증여의제이익에 대한 증여세액과의 차액을 관할 세무서장에게 납부하여야 한다. 다만, 정산증여의제이익이 당초의 증여의제이익보다 적은 경우에는 그 차액에 상당하는 증여세액(납부한 세액을 한도로 한다)을 환급받을 수 있다.

$$\left[\left(\substack{\text{제공받은 사업기회로 인하여} \\ \text{개시사업연도부터 정산사업연도까지} \\ \text{발생한 수혜법인의 이익 합계액}} \times \substack{\text{지배주주등의} \\ \text{주식보유비율*}} \right) \right] - \substack{\text{개시사업연도분부터 정산사업} \\ \text{연도분까지의 법인세 납부세액 중 상당액*}}$$

지배주주등의 주식보유비율은 개시사업연도 종료일을 기준으로 적용한다.

2) 신고기한

증여세 과세표준의 신고기한은 정산사업연도의 「법인세법」에 따른 과세표준의 신고기한이 속하는 달의 말일부터 3개월이 되는 날로 한다.

6. 특정법인과의 거래를 통한 이익의 증여

특정법인의 주주 또는 출자자와 특수관계에 있는 자가 해당 특정법인과 거래를 통하여 특정법인의 주주 또는 출자자가 이익을 얻은 경우에는 그 이익에 상당하는 금액을 해당 특정법인의 주주 또는 출자자의 증여재산가액으로 한다. 이 경우에 그 거래를 한 날이 증여시기이다. 이는 결손법인을 통하여 직계비속 등에게 우회적으로 증여하는 것을 규제하기 위한 규정이다.

(1) 요건

1) 특정법인의 범위

지배주주등이 직접 또는 간접으로 보유하는 주식보유비율이 30% 이상인 법인(이하 특정법인)이 지배주주의 특수관계인과 일정한 거래를 하는 경우 거래한 날을 증여일로 하여 그 특정법인의 이익에 특정법인의 지배주주등의 주식보유비율을 곱하여 계산한 금액을 그 특정법인의 지배주주등이 증여받은 것으로 본다.

2) 납세의무자

특정법인의 최대주주등이 수증자이다.

3) 지배주주등

"지배주주"란 다음 중 어느 하나에 해당하는 자를 말한다. 이 경우 이에 해당하는 자가 두 명 이상일 때에는 수혜법인(본점이나 주된사무소의 소재지가 국내에 있는 경우에 한한다)의 임원에 대한 임면권의 행사 및 사업방침의 결정 등을 통하여 그 경영에 관하여 사실상의 영향력이 더 큰 자로 기획재정부령으로 정하는 자로 한다. 다만, 수혜법인의 최대주주등 중에서 본인과 그의 특수관계인(사용인은 제외하며, 이하 "본인의 친족등"이라 한다)의 주식 등 보유비율의 합계가 사용인의 주식 등 보유비율보다 많은 경우에는 본인과 본인의 친족등 중에서 지배주주를 판정한다(상증령 34의3 ①).

① 수혜법인의 최대주주 중에서 수혜법인에 대한 직접보유비율[보유하고 있는 법인의 주식 등을 그 법인의 발행주식총수등(상법상 자기주식은 제외)으로 나눈 비율]이 가장 높은 자가 개인인 경우에는 그 개인

② 수혜법인의 최대주주등 중에서 수혜법인에 대한 직접보유비율이 가장 높은 자가 법인인 경우에는 수혜법인에 대한 직접보유비율과 간접보유비율을 모두 합하여 계산한 비율이 가장 높은 개인. 다만, 다음에 해당하는 자는 제외한다.

　㉠ 수혜법인의 주주등이면서 수혜법인의 최대주주등에 해당하지 아니한 자

　㉡ 수혜법인의 최대주주등 중에서 수혜법인에 대한 직접보유비율이 가장 높은 자에 해당

하는 법인의 최대주주등에 해당하지 아니한 자

4) 거래의 범위

주주와 특수관계에 있는 자가 다음의 거래를 통하여 해당 법인의 주주에게 나누어준 이익에 대하여는 그 이익에 상당하는 금액을 해당 특정법인의 주주가 특수관계에 있는 자로부터 증여받은 것으로 본다.

- ㉠ 재산 또는 용역을 무상 제공하는 거래
- ㉡ 재산 또는 용역을 통상적인 거래관행에 비추어 볼 때 현저히 낮은 대가로 양도·제공하는 거래
- ㉢ 재산 또는 용역을 통상적인 거래관행에 비추어 볼 때 현저히 높은 대가로 양수·제공받는 거래
- ㉣ 해당 법인의 채무를 면제·인수 또는 변제하는 거래. 다만, 해산(합병 또는 분할에 의한 해산을 제외) 중인 법인의 주주 또는 출자자 및 그와 특수관계에 있는 자가 해당 법인의 채무를 면제·인수 또는 변제한 경우로서 주주 등에게 분배할 잔여재산이 없는 경우를 제외한다.
- ㉤ 시가보다 낮은 가액으로 해당 법인에 현물출자하는 경우

여기서 "현저히 낮은 대가 또는 현저히 높은 대가"라 함은 양도·제공·출자하는 재산 및 용역의 시가와 대가(현물출자의 경우에는 교부받은 주식의 액면가액의 합계액을 말함)와의 차액이 시가의 30% 이상 차이가 있거나 그 차액이 3억원 이상인 경우의 해당 가액을 말한다.

(2) 증여재산가액

특정법인의 이익은 ㉠에서 ㉡을 차감한 값으로 계산한다. 다만, 특정법인의 주주등이 증여받은 것으로 보는 경우 증여의제이익이 1억원 이상인 경우로 한정한다.

- ㉠ 재산을 증여하거나 해당 법인의 채무를 면제·인수 또는 변제로 인하여 해당 법인이 얻는 이익 상당 금액 또는 해당 자산 및 용역의 시가와 대가의 차액
- ㉡ 특정법인의 산출세액에서 법인세액의 공제·감면액을 차감한 금액에 ㉠의 이익이 특정 법인의 각 사업연도의 소득금액에서 차지하는 비율(1을 초과하는 경우 1로 한다.)을 곱하여 계산한다.

특정법인의 이익(증여의제이익) =

$$
\left[
\begin{array}{l}
\text{재산의 증여, 채무의 면제·} \\
\text{인수·변제로 인하여 법인이} \\
\text{얻는 이익 또는 해당 자산 및} \\
\text{용역의 시가와 대가의 차액}
\end{array}
-
\left(
\begin{array}{l}
\text{특정} \\
\text{법인의} \\
\text{산출세액}
\end{array}
-
\begin{array}{l}
\text{법인세액의} \\
\text{공제·} \\
\text{감면액}
\end{array}
\right)
\times
\frac{
\begin{array}{l}
\text{재산의 증여, 채무의 면제·} \\
\text{인수·변제로 인하여 법인이} \\
\text{얻는 이익 또는 해당 자산 및} \\
\text{용역의 시가와 대가의 차액}
\end{array}
}{
\begin{array}{l}
\text{특정법인의} \\
\text{각 사업연도 소득금액}
\end{array}
}
\right]
\times
\begin{array}{l}
\text{특정법인} \\
\text{지배주주등의} \\
\text{주식보유비율}
\end{array}
$$

제7절 | 증여세의 과세제외

1. 비과세되는 증여재산

다음에 해당하는 금액에 대하여는 증여세를 부과하지 아니한다.

① 국가 또는 지방자치단체로부터 증여받은 재산의 가액

② 우리사주조합(대통령령이 정하는 요건을 갖춘 종업원단체)에 가입한 조합원이 해당 법인의 주식을 우리사주조합을 통하여 취득한 경우로서 그 조합원이 소액주주의 기준(해당 법인의 발행주식총수 등의 1% 미만을 소유하는 경우로서 소유하고 있는 주식 등의 액면가액의 합계액이 3억원 미만인 주주를 말함)에 해당하는 경우 그 주식의 취득가액과 시가와의 차액으로 인하여 받은 이익에 상당하는 가액

③ 정당법에 따른 정당이 증여받은 재산의 가액

④ 사내근로복지기금법에 따른 사내근로복지기금 기타 이와 유사한 것으로서 대통령령이 정하는 단체(근로자복지기본법의 규정에 의한 우리사주조합, 공동근로복지기금 및 근로복지진흥기금을 말함)가 증여받은 재산의 가액

⑤ 사회통념상 인정되는 이재구호금품, 치료비, 피부양자의 생활비, 교육비 기타 이와 유사한 것으로서 대통령령이 정하는 것. 여기서 말하는 대통령령이 정하는 것이라 함은 다음의 경우에 해당하는 것을 말한다.

　㉠ 학자금 또는 장학금 기타 이와 유사한 금품

　㉡ 기념품·축하금·부의금 기타 이와 유사한 금품으로 통상 필요하다고 인정되는 금품

　㉢ 혼수용품으로서 통상 필요하다고 인정되는 금품

　㉣ 타인으로부터 기증을 받아 외국에서 국내에 반입된 물품으로서 해당 물품의 관세의 과세가격이 100만원 미만인 물품

　㉤ 무주택근로자가 건물의 총연면적이 85㎡ 이하인 주택(주택에 부수되는 토지로서 건물 연면적의 5배 이내의 토지를 포함한다)을 취득 또는 임차하기 위하여 사내근로복지기금 및 공동근로복지기금으로부터 증여받은 주택취득보조금 중 그 주택취득가액의 5% 이하의 것과 주택임차보조금 중 전세가액의 10% 이하의 것

　㉥ 불우한 자를 돕기 위하여 언론기관을 통하여 증여한 금품

⑥ 신용보증기금법에 따라 설립된 신용보증기금이나 기타 이와 유사한 단체(예, 기술신용보증기금, 신용보증재단, 서민금융진흥원 등)가 증여받은 재산의 가액

⑦ 국가·지방자치단체 또는 공공단체가 증여받은 재산의 가액

⑧ 장애인을 보험금 수령인으로 하는 보험으로서 대통령령이 정하는 보험의 보험금. 이 경우 비과세되는 보험금은 연간 4천만원을 한도로 한다.

⑨ 「국가유공자 등 예우 및 지원에 관한 법률」에 따른 국가유공자의 유족이나 「의사상자 등 예우 및 지원에 관한 법률」에 따른 의사자(義死者)의 유족이 증여받은 성금 및 물품 등 재산의 가액

⑩ 비영리법인의 설립근거가 되는 법령의 변경으로 비영리법인이 해산되거나 업무가 변경됨에 따라 해당 비영리법인의 재산과 권리·의무를 다른 비영리법인이 승계받은 경우 승계받은 해당 재산의 가액

2. 공익목적출연재산 등의 과세가액불산입

(1) 공익법인 등이 출연받은 재산에 대한 과세가액불산입 등

공익법인등이 출연받은 재산의 가액은 증여세 과세가액에 산입하지 아니한다. 다만, 공익법인등이 내국법인의 의결권 있는 주식 또는 출자지분(이하 "주식 등"이라 한다)을 출연받은 경우로서 출연받은 주식 등과 다음의 주식 등을 합한 것이 그 내국법인의 의결권 있는 발행주식총수 또는 출자총액(자기주식과 자기출자지분은 제외한다. 이하 "발행주식총수등"이라 한다)의 5%(상호출자제한기업집단과 특수관계에 있지 아니한 공익법인등에 해당하는 경우에는 10%)를 초과하는 경우(상호출자제한기업집단과 특수관계에 있지 아니한 공익법인등에 출자한 경우는 제외)에는 그 초과하는 가액을 증여세 과세가액에 산입한다.

① 출연 받을 당시 공익법인이 보유하고 있는 동일한 내국법인 주식

② 출연자 및 그의 특수관계인이 해당 공익법인등 외의 다른 공익법인등에 출연한 동일한 내국법인의 주식 등

③ 출연당시 출연자와 그의 특수관계자로부터 재산을 출연받은 다른 공익법인 등이 출연당시 보유하고 있는 동일한 내국법인의 주식

(2) 공익법인 등이 출연받은 재산에 대한 과세가액 산입

재산을 출연받은 공익법인 등이 다음에 해당 경우에는 공익법인 등이 증여받은 것으로 보고 즉시 증여세를 부과한다. 다만, 불특정다수인으로부터 출연받은 재산 중 출연자별 출연받은 재산가액의 산정이 어려운 재산은 제외한다.

① 출연받은 재산을 직접 공익목적사업 등(직접 공익목적사업에 충당하기 위하여 수익용 또는 수익사업용으로 운용하는 경우 포함)의 용도 외에 사용하거나 출연받은 날로부터 3년 이내

에 직접 공익목적사업 등에 사용하지 아니하는 경우. 다만, 직접 공익목적사업 등에 사용하는 데에 장기간이 걸리는 등 부득이한 사유가 있는 경우로서 보고서를 제출할 때 납세지 관할세무서장에게 그 사실을 보고하고, 그 사유가 없어진 날부터 1년 이내에 해당 재산을 직접 공익목적사업 등에 사용하는 경우에는 제외한다.

② 출연받은 재산(그 재산을 수익용 또는 수익사업용으로 운용하는 경우 및 그 운용소득이 있는 경우를 포함한다) 및 출연받은 재산의 매각대금(매각대금에 의하여 증가한 재산을 포함하며 공과금 등에 지출한 금액은 제외)을 내국법인의 주식 등을 취득하는 데 사용하는 경우로서 그 취득하는 주식 등과 다음의 주식 등을 합한 것이 그 내국법인의 의결권 있는 발행주식총수등의 5%(상호출자제한기업집단과 특수관계에 있지 아니한 공익법인등에 해당하는 경우에는 10%) 를 초과하는 경우에는 초과부분을 취득하는 데에 소요된 금액에 대하여 증여세를 부과한다. 다만, 상호출자제한기업집단과 특수관계에 있지 아니하는 공익법인 등이 그 공익법인 등의 출연자와 특수관계에 있지 아니한 내국법인의 주식 등을 취득하는 경우로서 대통령령으로 정하는 경우와 산업교육진흥 및 산학협력촉진에 관한 법률에 따른 산학협력단이 대통령령으로 정하는 주식 등을 취득하는 경우에는 제외한다.

㉠ 취득당시 해당 공익법인 등이 보유하고 있는 동일한 내국법인의 주식 등

㉡ 해당 내국법인과 특수관계에 있는 출연자가 해당 공익법인 등 외의 다른 공익법인 등에 출연한 동일한 내국법인의 주식 등

㉢ 해당 내국법인과 특수관계에 있는 출연자로부터 재산을 출연받은 다른 공익법인등이 보유하고 있는 동일한 내국법인의 주식 등

③ 출연받은 재산을 수익용 또는 수익사업용으로 운용하는 경우로서 그 운용소득을 직접 공익목적사업 외에 사용하거나 운용소득 중 직접 공익목적사업에 사용한 실적이 기준금액에 미달하는 경우. 다만, 기준금액은 해당 과세기간 또는 사업연도의 수익사업에서 발생한 소득금액과 출연재산을 수익의 원천에 사용함으로써 생긴 소득금액의 합계액에서 해당 소득에 대한 법인세 또는 소득세·농어촌특별세·주민세 및 이월결손금을 차감한 금액의 70%에 상당하는 금액을 말한다.

④ 출연받은 재산을 매각하고 그 매각대금을 매각한 날부터 3년이 지난 날까지 대통령령으로 정하는 바에 따라 사용하지 아니한 경우. 이때 "대통령령으로 정하는 바에 따라 사용하지 아니한 경우" 란 매각한 날이 속하는 과세기간 또는 사업연도의 종료일부터 3년 이내에 매각대금 중 직접 공익목적사업에 사용한 실적(매각대금으로 직접 공익목적사업용 또는 수익사업용 재산을 취득한 경우를 포함)이 매각대금의 90%에 미달하는 경우를 말한다. 이 경우 해당 매각대금 중 직접 공익목적사업용 또는 수익사업용 재산(공익목적사업용 또는 수익사업용 재산을 취득하기 전에 일시 취득한 재산을 제외한다)을 취득한 가액이 매각대

금의 사용기준에 상당하는 금액에 미달하는 경우에는 그 차액에 대하여 이를 적용한다.

⑤ 공익법인등에 출연한 재산에 대한 상속세 과세가액 불산입, 공익법인등이 출연받은 재산에 대한 과세가액 불산입 규정 중 공익법인이 법정지분비율을 초과하여 주식을 출연 받은 경우 내국법인의 의결권 있는 주식 등을 그 내국법인의 발행주식총수등의 5%를 초과하여 보유하고 있는 공익법인등이 직접 공익목적사업에 사용하여야 할 과세기간 또는 사업연도의 직전과세기간 또는 직전사업연도말 현재 대차대조표를 기준으로 다음 산식에 따라 계산한 가액에 1%를 곱하여 계산한 금액에 상당하는 금액(이하 "기준금액"이라 한다)에 미달하여 직접 공익목적사업에 사용한 경우

> 수익용 또는 수익사업용으로 운용하는 재산의 [총자산가액 - (부채가액 + 당기 순이익)]

(3) 공익법인이 출연받은 재산을 임대차 등에 의한 사용수익

공익법인 등이 출연받은 재산 등을 ① 출연자 및 그 친족, ② 출연자가 출연한 다른 공익법인 등 그리고 ① 또는 ②와 특수관계에 있는 자 등에게 해당 재산의 임대차, 소비대차(消費貸借) 및 사용대차(使用貸借) 등의 방법으로 사용·수익하게 하는 경우에는 대통령령이 정하는 가액을 공익법인 등이 증여받은 것으로 보고 즉시 증여세를 부과한다. 다만, 공익법인 등이 직접 공익목적사업과 관련하여 용역을 제공하고 정상적인 대가를 지급하는 경우에는 그러하지 아니하다.

(4) 미사용 금액의 가산세

① 세무서장등은 공익법인등이 다음 어느 하나에 해당하는 경우 각 부군에 따른 금액의 10%(주식 5% 이하 보유 공익법인) 또는 200%(주식 5% 초과 보유 공익법인)에 상당하는 금액을 가산세로 징수한다.
- 운용소득을 기준금액에 미달하여 사용한 경우 : 운용소득 중 미사용금액
- 출연재산 매각대금을 기준금액에 미달하여 사용한 경우 : 매각대금 중 미사용금액
- 다음 공익법인등이 기준금액에 미달하여 직접 공익목적사업에 사용한 경우
  - 가. 다음의 요건을 모두 갖춘 공익법인
    - 1) 내국법인의 주식등을 출연받은 공익법인일 것
    - 2) 주식등의 보유비율이 내국법인의 발행주식총수등의 5% 초과할 것
  - 나. 그 외 공익법인등(자산규모, 사업특성을 고려하여 대통령령으로 정하는 공익법인등은 제외)
② 출연자 또는 그와 특수관계에 있는 자가 대통령령으로 정하는 공익법인 등의 현재 이사 수(현재 이사 수가 5명 미만인 경우에는 5명으로 본다)의 5분의 1을 초과하여 이사가 되거나, 그

공익법인 등의 임직원(이사는 제외한다)이 되는 경우에는 가산세를 부과한다. 다만, 사망 등 대통령령으로 정하는 부득이한 사유로 출연자 또는 그의 특수관계인이 공익법인등의 현재 이사 수의 5분의 1을 초과하여 이사가 된 경우로서 해당 사유가 발생한 날부터 2개월 이내에 이사를 보충하거나 개임(改任)하는 경우에는 제78조 제6항에 따른 가산세를 부과하지 아니한다.

③ 공익법인 등(국가나 지방자치단체가 설립한 공익법인 등 및 이에 준하는 것으로서 대통령령으로 정하는 공익법인등과 성실공익법인 등은 제외한다)이 특수관계에 있는 내국법인의 주식 등을 보유하는 경우로서 그 내국법인의 주식 등의 가액이 총 재산가액의 100분의 30 (외부감사, 전용계좌의 개설 및 사용과 결산서류 등의 공시를 이행하는 공익법인[8] 등에 해당하는 경우에는 100분의 50)을 초과하는 경우에는 가산세를 부과한다.

④ 공익법인등이 특수관계에 있는 내국법인의 이익을 증가시키기 위하여 정당한 대가를 받지 아니하고 광고·홍보를 하는 경우에는 가산세를 부과한다.

(5) 공익법인 등이 주식 등의 출연·취득 및 보유 후 과세가액 산입

공익법인 등이 주식 등의 출연·취득 및 보유와 관련하여 다음에 해당하는 경우에는 대통령령으로 정하는 바에 따라 증여세 과세가액에 산입하거나 즉시 증여세를 부과한다.

① 공익법인 등이 내국법인의 의결권 있는 발행주식총수 등의 100분의 10을 초과하여 주식 등을 출연(출연받은 재산으로 주식 등을 취득하는 경우를 포함한다)받은 후 공익법인 등에 해당하지 아니하게 된 경우

② 출연받은 주식 등의 의결권을 행사하지 아니하거나 자선·장학 또는 사회복지를 목적에 출연하는 경우 100분의 20을 초과하여 보유하게 된 경우

③ 공익법인 등에 해당하지 아니하게 되거나 해당 출연자와 특수관계에 있는 내국법인의 주식 등을 해당 법인의 발행주식총수 등의 100분의 5를 초과하여 보유하게 된 경우

3. 장애인이 증여받은 재산의 과세가액불산입

장애인이 재산을 증여받고 그 재산을 본인을 수익자로 하여 신탁한 경우로서 해당 신탁이 다음의 요건을 모두 충족하는 경우 그 증여받은 재산가액은 증여세 과세가액에 산입하지 아니한다.

① 자본시장과 금융투자업에 관한 법률에 따른 신탁업자에게 신탁되었을 것

② 그 장애인이 신탁의 이익 전부를 받는 수익자일 것

③ 신탁기간이 그 장애인이 사망할 때까지로 되어 있을 것. 다만, 장애인이 사망하기 전에 신

---

[8] ① 자산규모 10억원 이상 법인 등(단, 종교법인은 제외), ② 수입금액 또는 기부받은 금액이 일정금액 이상인 공인법인 등

탁기간이 끝나는 경우에는 신탁기간을 장애인이 사망할 때까지 계속 연장하여야 한다.

타인이 장애인을 수익자로 하여 재산을 신탁한 경우로서 해당 신탁이 다음 요건을 모두 충족하는 경우 장애인이 증여받은 그 신탁의 수익은 증여세 과세가액에 산입하지 아니한다.

① 신탁업자에게 신탁되었을 것
② 그 장애인이 신탁의 이익 전부를 받는 수익자일 것. 다만, 장애인이 사망한 후의 잔여재산에 대해서는 그러하지 아니한다.
③ 다음 항목의 내용이 신탁계약에 포함되어 있을 것
　㉠ 장애인이 사망하기 전에 신탁이 해지 또는 만료되는 경우에는 잔여재산이 그 장애인에게 귀속될 것
　㉡ 장애인이 사망하기 전에 수익자를 변경할 수 없을 것
　㉢ 장애인이 사망하기 전에 위탁자가 사망하는 경우에는 신탁의 위탁자 지위가 그 장애인에게 이전될 것

위에 규정에 따른 그 증여받은 재산가액 및 타인신탁 원본의 가액을 합산한 금액은 5억원을 한도로 한다.

제8절 │ 증여세과세가액

1. 증여세과세가액의 계산

(1) 개요

증여세과세가액은 증여일 현재 증여재산가액의 합계액에서 해당 증여재산에 담보된 채무(해당 증여재산에 관련된 채무 등)로서 수증자가 인수한 금액을 차감한 금액으로 한다. 이러한 경우에 수증자가 증여일 현재 거주자인 경우에는 국내에 있는 증여재산과 국외에 있는 증여재산을 모두 과세가액에 산입하고, 수증자가 증여일 현재 비거주자인 경우에는 국내에 있는 증여재산에 대하여만 과세가액으로 한다.

> 증여세 과세가액 = 증여재산가액 - 채무인수액 - 비과세 증여재산 - 과세가액불산입 증여재산

(2) 재차증여재산의 합산과세

해당 증여일 전 10년 이내에 동일인으로부터 받은 증여재산가액의 합계액이 1천만원 이상인 경우에는 이를 합산과세하고, 합산된 증여재산에 대한 증여세는 증여세산출세액을 공제한다. 이 경우 동일인으로부터의 증여재산만 합산하므로 조부(祖父)의 증여재산과 부(父)의 증여재산은 합산하지 아니한다. 다만, 직계존속이 증여한 경우에는 직계존속의 배우자(예 : 부와 모로부터 증여받은 경우에는 부모 합산, 조부와 조모로부터 증여받은 경우에는 조부모 합산)도 동일인으로 보아 증여재산을 합산한다. 따라서 방계존속(예 : 백부와 백모)에 의한 증여재산은 합산하지 아니하며, 합산시 증여재산가액은 각 증여일 현재의 재산가액에 의한다.

🍎 예제 11. 증여세과세가액(1)

김은실氏가 다음과 같이 증여를 받았을 경우 증여세과세가액을 계산하라.

증여자	수증자	관계	증여일자	증여가액
김승훈		부	2025.2.2	1억원
양심껏	김은실	모	2023.3.3	1억원
김승리		숙부	2025.5.5	1억원
이기자		숙모	2025.6.6	1억원

▎풀이▎

증 여 자	관 계	증여일자	증여세과세가액	설 명
김승훈 양심껏	부 모	2025.2.2 2023.3.3	2억원	부모는 배우자관계이며, 수증자의 직계존속이므로 합산과세
김승리	숙부	2025.5.5	1억원	숙부모는 배우자관계이지만 수증자의 방계존속이므로 합산과세 않음
이기자	숙모	2025.6.6	1억원	

🍎 **예제 12. 증여세과세가액(2)**

다음 자료에 의하여 거주자 김현선氏의 2025년도 증여세과세가액을 계산하라.

⑴ 김현선(31세)氏는 2025년 1월 10일 부친으로부터 건물 2억원(기준시가)을 증여받았다. 단, 동 건물
  에는 은행으로부터 차입한 5천만원에 대한 저당권이 설정되어 있었으며, 김현선氏가 본 채무를 인수
  하기로 하다(채무는 객관적으로 확인되다).

⑵ 김현선氏는 2018년 5월 8일 모친으로부터 현금 1억원을 증여받았다.

┃풀이┃

  증여세과세가액 = 1억원(모친 증여액) + 1억5천만원(부친 재차증여재산 합산, 채무인수액은 객관적으로
  인정되므로 공제가능) = 2억5천만원

---

(3) 합산배제증여재산

다음의 이익은 증여세과세가액을 계산함에 있어서 합산하지 아니한다.

  ① 전환사채 등에 의하여 주식으로의 전환·교환 또는 주식의 인수를 하거나 전환사채 등을
    양도함으로써 얻은 이익

  ② 주식 또는 출자지분의 상장 등에 따른 이익

  ③ 합병에 따른 상장 등 이익

  ④ 미성년자 등 대통령령이 정하는 자가 재산을 취득하고 그 재산을 취득한 날부터 5년 이내
    에 개발사업의 시행, 형질변경, 공유물분할, 사업의 인·허가, 주식·출자지분의 상장 및
    합병 등 재산가치증가사유로 인한 해당 재산가치의 증가에 따른 이익

  ⑤ 명의신탁재산의 증여의제

  ⑥ 특수관계법인과의 거래를 통한 이익의 증여의제

  ⑦ 특수관계법인으로부터 제공받은 사업기회로 발생한 이익의 증여의제

2. 증여세과세가액에 공제되는 채무 및 부담금

(1) 부담부증여의 경우 증여세과세가액

채무가 담보된 부동산을 증여받은 경우 그 채무를 수증자가 부담하기로 약정하여 인수한 경우에
는 그 증여재산의 가액에서 그 채무액을 공제한 가액을 증여세과세가액으로 한다.

그러나 배우자간 또는 직계존비속간의 부담부증여(증여로 추정되는 경우를 포함)에 대하여는 수

증자가 증여자의 채무를 인수한 경우에도 해당 채무액은 수증자에게 채무가 인수되지 아니한 것으로 추정한다. 다만, 해당 채무액이 국가 및 지방자치단체에 대한 채무 등 객관적으로 인정되는 경우에는 그러하지 아니한다.

(3) 제3자의 채무로 담보된 재산증여의 경우 증여가액

제3자의 채무의 담보로 제공된 재산을 조건 없이 증여받는 경우 증여가액은 증여당시의 그 재산가액 전액으로 한다. 이 경우 해당 재산을 증여받은 수증자가 담보된 채무를 변제한 때에는 그 채무상당액을 채무자에게 증여한 것으로 본다. 다만, 담보된 채무를 수증자가 채무자를 대위하여 변제하고 채무자에게 구상권을 행사하는 경우에는 그러하지 아니하다.

(4) 부대비용의 증여세 과세가액 산입

증여재산을 취득하는데 소요된 부대비용을 증여자가 부담하는 경우에는 그 부대비용을 증여세 과세가액에 포함한다.

1. 증여세 계산과정

증여세는 먼저 증여재산가액에 증여추정과 증여의제를 가산하고, 비과세·과세가액불산입·채무 및 부담액을 차감하여 증여세과세가액을 구한다. 그리고 증여세과세가액에서 증여재산공제와 재해손실공제를 차감하여 증여세과세표준을 구하고, 다시 증여세과세표준에 세율을 곱하여 증여세산출세액을 계산하게 된다.

또한 증여세산출세액에서 기납부세액공제·외국납부세액공제·신고세액공제와 같은 세액공제를 차감하여 증여세자진납부세액을 계산하게 된다.

항 목	내 역
증 여 재 산 가 액	증여추정 및 증여의제 포함
(-)비 과 세·과 세 가 액 불 산 입	
(-)채 무 및 부 담 액	감정평가 수수료 차감
증 여 세 과 세 가 액	
(-)증 여 재 산 공 제 액	배우자 6억원, 직계존비속 5천만원(2천만원), 기타 친족 1천만원
(-)재 해 손 실 공 제	
(-)혼 인·출 산 증 여 재 산 공 제	
증 여 세 과 세 표 준	50만원 미만인 경우 증여세를 부과하지 아니한다.
(×)세 율	상속세 세율과 동일함
증 여 세 산 출 세 액	
(+)세대생략증여에 대한 할증과세	
(-)기 납 부 세 액 공 제	재차증여재산을 합산과세하는 경우 증여재산에 대한 증여세 산출세액
(-)외 국 납 부 세 액 공 제	외국증여재산에 대한 외국납부세액
(-)신 고 세 액 공 제	3%
(-)박물관자료에 대한 징수유예	
(+)가 산 세	
자 진 납 부 세 액	

【 증여세 계산과정 】

2. 증여공제

(1) 증여재산공제

증여재산공제[9]는 친족간의 소액증여에 대하여는 증여세의 과세를 배제하기 위하여 만든 제도이다. 이러한 증여재산공제는 증여자가 배우자인가, 직계존비속인가, 또는 기타 친족[10]인가에 따라서 공제금액이 달라진다. 이 경우 수증자를 기준으로 해당 증여 전 10년 이내에 공제받은 금액과 해당 증여가액에서 공제받을 금액의 합계액이 다음에 규정하는 금액을 초과하는 경우에는 그 초과하는 부분은 이를 공제하지 아니한다. 따라서 증여받은 지 10년이 지난 증여액은 합산하여 계산하지 아니하므로 증여재산공제는 10년에 한 번씩 공제를 받을 수 있다.

즉, 증여재산공제는 직계존비속 및 계부·계모로부터 증여를 받은 경우에는 5천만원을 공제한다. 다만, 미성년자가 직계존속 및 계부·계모로부터 증여를 받은 경우에는 2천만원으로 한다. 또한, 증여자 1인으로부터 여러 명이 증여받더라도 증여재산공제는 각 수증자별로 각각 적용한다.

증여자	수증자		공제액
배우자	배우자		600,000,000원
직계존속	직계비속	성년	50,000,000원
		미성년	20,000,000원
직계비속	직계존속		50,000,000원
기타친족	기타친족		10,000,000원

【 증여재산공제 】

증여재산공제에 있어서 배우자란 민법상 혼인으로 인정되는 혼인관계 있는 배우자를 말하며, 증여자가 직계존속인 경우에는 그 직계존속의 배우자를 포함한다. 직계존비속 여부는 자기의 직계존속과 직계비속인 혈족을 말한다. 출양한 자인 경우에는 양가 및 생가에 모두 해당하며, 출가녀인 경우에는 친가에서는 직계존속과의 관계, 시가에서는 직계비속과의 관계에만 해당한다. 또한, 외조부모와 외손자는 직계존비속에 해당한다. 계모[11]자 또는 적모[12]서자[13]관계는 직계존비속

---

9) 친족 이외의 다른 사람으로부터 증여를 받은 경우에는 공제하여 주지 않기 때문에, 증여재산공제를 친족공제라고도 한다.

10) 증여받은 사람을 기준으로 ① 6촌 이내의 부계혈족과 4촌 이내의 부계혈족의 처, ② 3촌 이내의 부계혈족과 남편 및 자녀, ③ 3촌 이내의 모계혈족과 배우자 및 자녀, ④ 처의 2촌 이내의 부계혈족 및 그 배우자, ⑤ 입양자의 생가의 직계존속, ⑥ 출양자 및 그 배우자와 출양자의 양가의 직계비속, ⑦ 혼인 외의 출생자의 생모 등 어느 하나에 해당하는 자를 말한다.

11) 계모(繼母) 아버지의 후처. 의붓어머니. 후모(後母).

12) 서자(庶子)가 '아버지의 정실(正室)'을 일컫는 말. 큰어머니.

13) 서자(庶子) 1.첩에게서 태어난 아들. 별자(別子). 얼자(孽子). ↔ 적자. 2. 중자(衆子).

에 해당하지 아니한다. 그러나 재혼 가정이 증가하는 사회변화 추세를 감안하여, 계부·계모로부터 증여를 받는 경우에도 직계존속과 동일하게 공제를 허용한다. 한편, 친족의 범위는 수증자를 기준으로 6촌 이내의 부계혈족과 4촌 이내의 부계혈족의 처, 처의 2촌 이내의 부계혈족 및 그 배우자, 입양자 생가의 직계존속, 혼인 외의 출생자의 생모를 말한다.

증여세 과세가액에서 공제할 금액의 계산은 다음의 방법에 의한다.

① 2 이상의 증여가 그 증여시기를 달리하는 경우에는 2 이상의 증여 중 최초의 증여세 과세가액에서부터 순차로 공제한다.

② 2 이상의 증여가 동시에 있는 경우에는 각각의 증여세 과세가액에 대하여 안분하여 공제한다.

🍎 예제 13. 증여재산공제 (1)

박하나(38세)氏는 2025년 8월 29일 아버지로부터 5,000만원, 오빠로부터 400만원, 작은아버지로부터 200만원을 증여받아 사업을 개시하였다. 이 경우 박하나氏의 증여세과세가액에서 공제할 친족공제금액을 계산하라.

┃풀이┃

(1) 직계존비속으로부터의 증여에 따른 증여친족공제 : 50,000,000원
(2) 기타 친족으로부터의 증여에 따른 증여친족공제 : 4,000,000원+2,000,000원
(3) 증여재산공제 : 50,000,000원 + 6,000,000원 = 56,000,000원

🍎 예제 14. 증여재산공제 (2)

안남일(1976년생)氏는 2025. 5. 30.에 아버지로부터 1억원과 어머니로부터 5천만원을 받은 경우 증여재산공제액은?

┃풀이┃

직계존속(그 배우자 포함)으로부터 증여받은 경우 증여재산공제액은 5천만원이다.

(2) 재해손실공제

타인으로부터 재산을 증여받은 경우로서 증여세 신고기한(증여일이 속하는 달의 말일로부터 3개월) 이내에 재산으로 증여재산이 멸실·훼손된 경우에는 그 손실가액을 공제한다. 그러나 그 손실가액에 대해서 보험금 등을 수령하거나 또는 구상권 등의 행사에 의하여 그 손실가액에 상당하는 금액을 보전 받을 수 있는 경우에는 공제하지 아니한다.

(3) 혼인 · 출산 증여재산공제

① 거주자가 직계존속으로부터 혼인일(혼인관계증명서상 신고일을 말함) 전후 2년 이내(총 4년)에 증여를 받는 경우에는 1억원을 증여세 과세가액에서 공제한다. 이 경우 그 증여세 과세가액에서 공제받을 금액과 수증자가 이미 전단에 따라 공제받은 금액을 합한 금액이 1억원을 초과하는 경우에는 그 초과하는 부분은 공제하지 아니한다.

② 거주자가 직계존속으로부터 자녀의 출생일(출생신고서상 출생일을 말함) 또는 입양일(입양신고일을 말함)부터 2년 이내에 증여를 받는 경우에는 1억원을 증여세 과세가액에서 공제한다. 이 경우 그 증여세 과세가액에서 공제받을 금액과 수증자가 이미 전단에 따라 공제받은 금액을 합한 금액이 1억원을 초과하는 경우에는 그 초과하는 부분은 공제하지 아니한다.

①과 ②에 따라 증여세 과세가액에서 공제받았거나 받을 금액을 합한 금액이 1억원을 초과하는 경우에는 그 초과하는 부분은 공제하지 아니한다.

3. 증여세의 과세표준

증여세의 과세표준은 증여세 과세가액에서 증여재산공제 및 재해손실공제를 한 금액을 말하며, 증여자별 · 수증자별로 과세표준을 계산한다.

● 예제 15. 과세표준(1)

2년 전에 직계존속으로부터 25,000,000원을 증여받아 증여세를 과세받은 사실이 있는 심우정氏가 다시 배우자 김봉재氏(결혼연수 10년)로부터 9억원을 증여받은 경우 증여세 과세표준금액을 계산하라.

▎풀이▎

재차증여재산의 합산은 동일인으로부터 증여받은 경우에 한하므로 본 문제는 합산대상이 아니다. 따라서 해당 증여분인 배우자로부터의 증여액 9억원에서 증여재산공제 6억원을 차감한 3억원이 증여세 과세표준이 된다.

🍎 예제 16. 과세표준(2)

2025년 3월에 배우자(결혼연수 10년)로부터 1억원을, 모친으로부터 2천만원을 증여받아 증여세를 과세받았던 박하나氏가 10개월 후에 다시 부친으로부터 4천만원을 증여받은 경우 증여세 과세표준금액은?

｜풀이｜

⑴ 증여세 과세가액 = 4천만원 + 2천만원(재차증여재산가액) = 6천만원

⑵ 증여세 과세표준 = 6천만원 - 5천만원(증여재산공제) = 1천만원

㈜ 배우자로부터의 수증분은 동일인이 아니므로 합산대상이 아니며, 직계존속이 증여자일 경우 그 직계존속의 배우자는 동일인으로 보므로 모친으로부터의 수증분을 합산하여 과세가액을 계산한다.

4. 증여세의 산출세액

(1) 과세최저한

과세표준이 50만원 미만일 때는 증여세를 부과하지 아니한다. 증여세 과세최저한은 수증자와 증여자간의 친족관계 유무에 불구하고 적용한다.

(2) 산출세액의 계산

> 증여세 산출세액 = 증여세 과세표준 × 세율

(3) 세율

증여세의 세율은 최저 10%부터 최고 50%의 5단계 초과누진세율구조로 구성되어 있다.

과 세 표 준	세 율	누진공제
~ 1억원	과세표준의 10%	-
1억원 ~ 5억원	1천만원 + 1억원 초과액의 20%	1천만원
5억원 ~ 10억원	9천만원 + 5억원 초과액의 30%	6천만원
10억원 ~ 30억원	2억4천만원 + 10억원 초과액의 40%	1억 6천만원
30억원 ~	10억4천만원 + 30억원 초과액의 50%	4억6천만원

(4) 직계비속에 대한 증여의 할증과세(세대생략증여에 대한 할증과세)

수증자가 증여자의 자녀가 아닌 직계비속(세대를 건너뛴 증여재산)인 경우에는 증여세산출세액의 30%(수증자가 증여자의 자녀가 아닌 직계비속이면서 미성년자인 경우로서 증여재산가액이 20억원을 초과하는 경우에는 40%)에 상당하는 금액을 가산한다. 다만, 증여자의 최근친인 직계비속이 사망하여 그 사망한 자의 최근친인 직계비속이 증여받는 경우에는 그러하지 아니하다. 증여세 할증과세 대상이 되는 직계존비속간인지 여부를 판정함에 있어서는 부계와 모계 모두 포함한다. 그리고 직계비속에 대한 증여세 할증과세 규정은 수증자가 거주자인 경우와 비거주자인 경우에도 모두 적용한다.

$$\text{산출세액에 가산할}\atop\text{할증세액} = \text{증여세}\atop\text{산출세액} \times \frac{\text{세대생략증여재산가액}}{\text{총증여재산가액}} \times \frac{30\%}{(40\%)}$$

확인문제 : 직계비속에 대한 증여의 할증과세 (세대생략증여에 대한 할증과세)

■ 할아버지가 소유하고 있는 부동산을 손녀인 김수진氏에게 직접 증여하였다. 만일, 수증자인 김수진氏이 위의 부동산을 그의 아버지로부터 증여받았다고 가정할 때의 증여세 산출세액은 1천만원이다. 증여당시에 김수진氏의 아버지는 생존하고 있으며, 갑은 해당 증여 전 최근 5년 이내에 직계존속으로부터 증여받은 사실이 없다. 위의 경우에 할아버지가 손녀인 김수진氏에게 증여한 부동산에 대한 증여세의 산출세액은?

① 1,000만원   ② 1,100만원
③ 1,200만원   ④ 1,300만원
⑤ 1,500만원

정답 : ④
해설 : 증여세 납세의무자가 증여자의 1촌 외의 직계비속인 경우에는 산출세액의 30%에 상당하는 금액을 가산한다.
　　　 1,000만원×130%＝1,300만원

(5) 중소기업 창업자금에 대한 증여세 과세특례

18세 이상인 거주자가 조특법상 창업감면업종과 일치한 창업중소기업을 창업할 목적으로 60세 이상의 부모(증여 당시 아버지나 어머니가 사망한 경우에는 그 사망한 아버지나 어머니의 부모를 포함한다)로부터 토지·건물 등을 제외한 재산[증여세 과세가액 50억원(창업을 통하여 10명 이상을 신규 고용한 경우에는 100억원)을 한도로 한다]을 증여받는 경우에는 증여세 과세가액에서 5억원을 공제하고 세율을 10%(증여세 최저세율)로 하여 증여세를 부과한다. 이 경우 창업자금을 2회 이상 증여받거나 부모로부터 각각 증여받는 경우에는 각각의 증여세 과세가액을 합산

하여 적용한다.

창업자금을 증여받은 자는 증여받은 날부터 2년 이내에 창업을 하여야 하며, 다음에 해당하는 경우는 창업으로 보지 아니한다. 또한, 창업자금을 증여받은 자는 증여받은 날부터 3년이 되는 날까지 창업자금을 모두 해당 목적에 사용하여야 한다.

① 합병·분할·현물출자 또는 사업의 양수를 통하여 종전의 사업을 승계하거나 종전의 사업에 사용되던 자산을 인수 또는 매입하여 같은 종류의 사업을 하는 경우

② 거주자가 하던 사업을 법인으로 전환하여 새로운 법인을 설립하는 경우

③ 폐업 후 사업을 다시 개시하여 폐업 전의 사업과 같은 종류의 사업을 하는 경우

④ 사업을 확장하거나 다른 업종을 추가하는 등 새로운 사업을 최초로 개시하는 것으로 보기 곤란한 경우

다만, 창업자금을 증여받아 창업을 한 자가 새로 창업자금을 증여받아 당초 창업한 사업과 관련하여 사용하는 경우에는 ③ 및 ④를 적용하지 아니한다. 그리고 창업자금을 증여받은 자가 창업하는 경우에는 대통령령으로 정하는 날에 창업자금 사용명세를 증여세 납세지 관할 세무서장에게 제출하여야 한다. 이 경우 창업자금 사용명세를 제출하지 아니하거나 제출된 창업자금 사용명세가 분명하지 아니한 경우에는 그 미제출분 또는 불분명한 부분의 금액에 1천분의 3을 곱하여 산출한 금액을 창업자금 사용명세서 미제출 가산세로 부과한다.

한편, 창업자금을 증여받은 경우로서 다음에 해당하는 경우에는 각 금액에 대하여 증여세와 상속세를 각각 부과한다. 이 경우 대통령령으로 정하는 바에 따라 계산한 이자상당액을 그 부과하는 증여세에 가산하여 부과한다.

① 창업하지 아니한 경우 : 창업자금

② 창업자금으로 창업자금중소기업에 해당하는 업종 외의 업종을 경영하는 경우 : 창업자금중소기업에 해당하는 업종 외의 업종에 사용된 창업자금

③ 새로 증여받은 창업자금을 당초 창업한 사업과 관련하여 사용하지 아니한 경우 : 해당 목적에 사용되지 아니한 창업자금

④ 증여받은 후 10년 이내에 창업자금(창업으로 인한 가치증가분을 포함)을 해당 사업용도 외의 용도로 사용한 경우 : 해당 사업용도 외의 용도로 사용된 창업자금 등

⑤ 창업 후 10년 이내에 해당 사업을 폐업하는 경우 : 창업자금 등

창업자금은 상속재산에 가산하는 증여재산으로 보며, 증여받은 날부터 상속개시일까지의 기간과 관계없이 상속세 과세가액에 가산하되, 상속세 산출세액에서 창업자금에 대한 증여세액을 공제한다. 이 경우 공제할 증여세액이 상속세 산출세액보다 많은 경우 그 차액에 상당하는 증여세액은 환급하지 아니한다. 한편, 창업자금에 대하여 증여세를 부과하는 경우에는 동일인(그 배우자

를 포함한다)으로부터 증여받은 창업자금 외의 다른 증여재산의 가액은 창업자금에 대한 증여세 과세가액에 가산하지 아니하며, 창업자금에 대한 증여세 과세표준을 신고하는 경우에도 신고세액공제 및 연부연납(年賦延納)을 적용하지 아니한다. 그리고 창업자금 증여세 과세특례를 적용받으려는 자는 증여세 과세표준 신고기한까지 대통령령으로 정하는 바에 따라 특례신청을 하여야한다. 이 경우 그 신고기한까지 특례신청을 하지 아니한 경우에는 이 특례규정을 적용하지 아니한다(중소기업 가업승계에 대한 증여세 과세특례와 중복하지 적용하지 아니한다).

(6) 가업의 승계에 대한 증여세 과세특례

18세 이상인 거주자가 가업을 10년 이상 계속하여 경영한 60세 이상의 부모(증여 당시 아버지나 어머니가 사망한 경우에는 그 사망한 아버지나 어머니의 부모를 포함한다)로부터 해당 가업의 승계를 목적으로 주식 또는 출자지분을 증여받고 가업을 승계한 경우에는 가업자산상당액에 대한 증여세 과세가액에서 10억원을 공제하고 세율을 10%(과세표준이 120억원을 초과하는 경우 그 초과금액에 대해서는 20%)로 하여 증여세를 부과한다. 다만, 가업의 승계 후 가업의 승계 당시 최대주주 또는 최대출자자에 해당하는 자(가업의 승계 당시 해당 주식 등의 증여자 및 해당 주식등을 증여받는 자는 제외한다)로부터 증여받는 경우에는 그러하지 아니하다.

주식 등을 증여받은 자가 가업을 승계하지 아니하거나 가업을 승계한 후 주식 등을 증여받은 날부터 5년 이내에 정당한 사유 없이 다음에 해당하게 된 경우에는 그 주식 등의 가액에 대하여 증여세를 부과한다. 이 경우 대통령령으로 정하는 바에 따라 계산한 이자상당액을 증여세에 가산하여 부과한다.

　① 가업에 종사하지 아니하거나 가업을 휴업하거나 폐업하는 경우

　② 증여받은 주식 등의 지분이 줄어드는 경우

중소기업 창업자금에 대한 증여세 과세특례와 중복하지 적용하지 아니하나 규정을 준용한다. 또한 주식 등의 증여 후 증여세 과세특례 적용 방법, 해당 주식 등의 증여 후 상속이 개시되는 경우의 가업상속공제 적용 방법, 증여자 및 수증자의 범위 등에 관하여 필요한 사항은 대통령령으로 정한다.

이 경우 증여가액은 계산은 다음과 같이 하는데, 이것은 사업용자산에 한정하여 세제지원이 될 수 있도록 하는 것이다.

$$증여한\ 주식가액\ \times \left(1 - \frac{업무무관\ 자산가액}{총자산가액}\right)$$

1. 증여세 과세표준 신고와 납부

증여받은 수증자는 증여받은 날이 속하는 달의 말일부터 3개월 이내에 수증자의 주소지 관할세무서에 다음과 같은 서류(해당되는 서류만)를 제출하여 증여세의 신고와 납부를 하여야 한다. 다만, 비상장주식의 상장 등에 따른 증여세 과세표준 정산신고기한은 정산기준일이 속하는 달의 말일부터 3개월이 되는 날로 한다.

  ① 증여재산신고서
  ② 증여세신고납부계산서
  ③ 연부연납(물납)허가신청서 또는 납세담보제공서
  ④ 기타 첨부서류 : 가족관계등록부, 등기부등본, 토지대장등본, 가옥대장등본 등 재산평가 관련 서류

납부할 때에는 증여세 산출세액에서 문화재자료 등의 징수유예 받은 금액 · 각종 세액공제 · 각종 감면금액 · 연부연납 신청금액 · 물납신청금액 등을 차감한 금액을 납부하여야 한다.

확인문제 : 상속세 및 증여세 신고기한

■ 다음은 상속세 및 증여세에 관한 설명이다. 틀린 것은?

  ① 본래의 상속재산이란 상속개시 당시 피상속인에게 귀속되고 있는 물권, 채권, 무체재산권 등을 말한다.
  ② 상속세 신고기한(6개월)과 증여세 신고기한은 동일하다.
  ③ 개인과 비영리법인은 상속세 납세의무를 부담하나 영리법인은 상속세와 증여세 납세의무가 면제된다.
  ④ 상속재산과 증여재산은 원칙적으로 시가(時價)로 평가한다.
  ⑤ 상속세 최고 세율은 50%이다.

정답 : ②
해설 : 상속세의 신고기한은 상속개시일로부터 6월 이내이며, 증여세의 신고기한은 증여일로부터 3월 이내이다.

2. 세액공제

(1) 기납부세액공제

증여세과세가액에 가산한 증여재산의 가액(2 이상의 증여가 있을 때에는 합계액)에 대하여 납부하였거나 납부할 증여세액(증여 당시의 해당 증여재산에 대한 증여세 산출세액)은 증여세 산출세액에서 공제한다. 즉, 해당 증여일 전 5년 이내에 동일인(직계존속인 경우에는 그 배우자 포함)으로부터 받은 증여재산가액의 합계액이 1천만원 이상인 재산을 가산하는 경우에 그 합산된 증여재산가액에서 증여재산공제를 한 과세표준에 세율을 적용하여 계산한 산출세액에서 가산한 증여재산가액에 대하여 납부하였거나 납부할 증여세액은 증여세 산출세액에서 공제한다. 다만, 증여세 과세가액에 가산하는 증여재산에 대하여 그 기간의 만료로 인하여 증여세가 부과되지 아니하는 경우에는 그러하지 아니하다.

(2) 외국납부세액공제

거주자가 타인의 증여에 의하여 재산을 취득하는 경우에 외국에 있는 증여재산에 대하여 외국의 법령에 의하여 증여세를 부과 받은 경우에는 그 부과 받은 증여세에 상당하는 금액을 증여세 산출세액에서 공제한다. 그러나 이 때에 공제받을 수 있는 금액은 외국의 법령에 의하여 부과된 금액을 초과하지 못한다.

$$외국납부세액공제 = 증여세\ 산출세액 \times \frac{재외증여재산}{총증여재산가액}$$

(3) 신고세액공제

증여세 과세표준을 신고기한 내에 신고서를 제출한 경우에는 증여세 산출세액(직계비속에 대한 증여의 할증과세 규정에 의하여 산출세액에 가산하는 금액을 포함)에서 문화재 자료 등의 징수유예액, 외국납부세액 및 기납부세액공제 등을 차감(공제)한 금액의 3%에 상당하는 금액을 공제한다. 신고서를 신고기한 내에 제출하고 세액의 납부를 하지 아니한 경우에도 신고세액공제를 적용한다.

$$신고세액공제 = \left(\begin{array}{c} 증여세 \\ 산출세액 \end{array} - \begin{array}{c} 문화재\ 자료\ 등의 \\ 징수유예액 \end{array} - \begin{array}{c} 외국 \\ 납부세액 \end{array} - \begin{array}{c} 기납부 \\ 세액공제 \end{array} \right) \times 3\%$$

3. 박물관자료에 대한 징수유예

박물관자료등에 대한 증여세의 징수유예에 관하여는 상속세 징수유예 규정 중 박물관자료 등 규정을 준용한다.

$$징수유예세액 = 증여세 \ 산출세액 \ \times \ \frac{박물관자료 \ 등에 \ 해당하는 \ 재산가액}{증여재산가액}$$

4. 가산세

증여세의 가산세에는 신고불성실가산세 · 납부불성실가산세 · 공익법인 등에게만 적용되는 가산세(보고서제출불성실가산세 · 주식보유기준초과가산세 · 보고 및 장부비치불성실가산세) 등이 있다.

(1) 신고불성실가산세

1) 무신고가산세
증여재산에 대하여 신고기한 이내에 과세표준신고서를 제출하지 아니한 경우에는 다음과 같이 계산한 금액을 산출세액에 가산한다.

$$일반무신고가산세액 \ = \ 산출세액(세대생략할증과세액을 \ 포함) \times 20\%$$

다만, 부당한 방법으로 무신고한 과세표준이 있는 경우에는 다음과 같이 계산한 금액을 산출세액에 가산한다.

$$가산세액 = ㉠ + ㉡$$
$$㉠ \quad 부당무신고가산세액 \ = \ 산출세액 \ \times \ \frac{부당무신고과세표준}{과세표준} \times \ 40\%$$
$$㉡ \quad 산출세액 \ \times \ \frac{과세표준 - 부당무신고과세표준}{과세표준} \times \ 20\%$$

여기서 부당한 방법이란 납세자가 국세의 과세표준 또는 세액계산의 기초가 되는 사실의 전부 또는 일부를 은폐하거나 가장하는 것에 기초하여 국세의 과세표준 또는 세액의 신고의무를 위반하는 것으로서 다음 중 어느 하나에 해당하는 경우를 말한다.
  ① 이중장부의 작성 등 장부의 허위기장

② 허위증빙 또는 허위문서(이하 '허위증빙 등'이라 함)의 작성

③ 허위증빙 등의 수취(허위임을 알고 수취한 경우에 한함)

④ 장부와 기록의 파기

⑤ 재산을 은닉하거나 소득·수익·행위·거래의 조작 또는 은폐

⑥ 그 밖에 국세를 포탈하거나 환급·공제받기 위한 사기 그 밖에 부정한 행위

2) 과소신고가산세

증여재산에 대하여 신고기한 이내에 과세표준신고서를 제출한 경우로서 신고한 과세표준이 세법에 따라 신고하여야 할 과세표준에 미달한 경우에는 다음과 같이 계산한 금액을 산출세액[14]에 가산한다.

$$\text{일반과소신고가산세액} = \text{산출세액} \times \frac{\text{과소신고과세표준}}{\text{과세표준}} \times 10\%$$

다만, 부당한 방법으로 과소신고한 과세표준이 있는 경우에는 다음과 같이 계산한 금액을 산출세액에 가산한다.

가산세액 = ㉠ + ㉡

㉠ $\text{부당과소신고가산세액} = \text{산출세액} \times \dfrac{\text{부당과소신고과세표준}}{\text{과세표준}} \times 40\%$

㉡ $\text{산출세액} \times \dfrac{\text{과세표준} - \text{부당과소신고과세표준}}{\text{과세표준}} \times 10\%$

(2) 납부불성실가산세

납부기한 내에 세액을 납부하지 아니하거나 납부하여야 할 세액에 미달하게 납부하는 경우에는 다음과 같이 계산한 금액을 산출세액에 가산한다.

$$\text{납부불성실가산세액} = \text{미납부·미달납부세액} \times \text{기간}^* \times 0.022\%$$

* 기간 : 납부기한 또는 환급받은 날의 다음날부터 자진납부일 또는 납세고지일까지의 기간

---

[14] 증여세법에 따른 산출세액에서 사전 증여재산에 대한 증여세액을 차감한 금액을 말한다.

(3) 공익법인 등에게만 적용되는 가산세

① 보고서제출불성실가산세

공익법인 등은 출연재산명세와 출연재산의 사용계획 및 진도현황 그리고 매각재산 및 그 사용명세(출연재산을 매각하고 그 매각대금의 80% 이상을 3년 이내에 직접 공익목적사업에 사용하지 아니한 경우에 한함) 보고서를 결산보고일까지 신고·제출하여야 한다.

만약 신고·제출할 보고서를 제출하지 아니하였거나 제출된 보고서가 불분명한 경우에는 다음과 같이 계산한 금액을 가산세로 하여 산출세액에 더하여 징수한다.

$$\text{보고서제출불성실가산세} = \text{보고서 미제출 부분 또는 불분명한 부분의 금액에 상당하는 상속세액} \times 1\%$$

② 주식보유기준초과가산세

공익법인 등이 1996년 말 현재 내국법인 주식을 5% 이상 보유한 경우에는 그 초과분이 5%~20% 이내인 경우에는 1999년 말까지, 20%를 초과하는 경우에는 2001년 말까지 5% 이하로 보유해야 한다.

그러나 기한 경과 후에도 주식 등을 5% 초과하여 보유하는 경우에는 기한의 종료일 현재 그 보유기준을 초과하는 주식 등에 대하여 매년 말 현재 시가의 5%에 상당하는 금액을 해당공익법인 등이 납부할 세액에 가산하여 부과한다. 이 경우 가산세의 부과기간은 10년을 초과하지 못한다.

$$\text{주식보유기준초과가산세} = \text{보유기준 초과 주식 등의 시가} \times 5\%$$

③ 보고 및 장부비치불성실가산세

공익법인 등이 외부전문가의 세무확인에 대한 보고의무와 장부의 작성·비치의무를 이행하지 아니한 경우에는, 소득세 과세기간 또는 법인세 사업연도의 수입금액과 해당 과세기간 또는 사업연도의 출연받은 재산가액의 합계액에 1만분의 7을 곱하여 계산한 금액을 상속세 또는 증여세로 징수한다. 다만, 공익법인 등의 특성·출연받은 재산의 규모·공익목적사업운용실적 등을 감안하여 다음과 같은 경우에는 가산세를 징수하지 아니한다.

    ㉠ 외부전문가의 세무확인을 받아야 하는 과세기간 또는 사업연도의 종료일 현재 재무상태표상 총자산가액의 합계액이 30억원 미만인 공익법인 등

    ㉡ 불특정다수인으로부터 재산을 출연받은 공익법인 등(출연자 1인과 특수관계에 있는 자와의 출연재산가액의 합계액이 공익법인 등이 출연받은 총재산가액의 5%에 미달하는 경우에 한함)

    ㉢ 국가 또는 지방자치단체가 재산을 출연하여 설립한 공익법인 등으로서 감사원법 또는

관련 법령의 규정에 의하여 감사원의 회계검사를 받는 공익법인 등(회계검사를 받는 연도분에 한함)

보고 및 장부비치불성실가산세 = (수입금액 + 출연받은 재산가액) × 0.0007%

---

5. 증여세의 납부

(1) 분납

납부할 증여세액이 1천만원 이상으로 너무 많은 경우에는 그 부담을 분할함으로써 납세의무의 원활한 이행을 보장하기 위하여, 일정액은 납부기한 내에 납부하고 나머지 금액은 납부기한 경과 후 2개월 이내에 나누어 낼 수 있도록 하였다. 그러나 3년 동안에 나누어 낼 수 있는 연부연납을 허가받은 경우에는 분납할 수 없다. 또한 이러한 분납은 다음의 요건을 충족해야 한다.

① 증여세 납부세액이 1천만원을 초과하여야 한다.

② 납세의무자가 신청하여야 한다.

납부세액 = 증여세 산출세액 − 박물관 자료 등의 징수유예 − 각종 세액공제금액 − 각종 감면금액 − 증여세신고세액공제 − 연부연납 신청금액 − 물납 신청금액

---

(2) 연부연납

납부할 증여세액이 많은 경우 일시납부에 대한 조세부담을 완화해 주기 위해 일정한 기간 동안 나누어 납부하게 하는 제도이다. 즉, 납부세액이 2천만원을 초과하여 연부연납을 신청하고자 하는 자는 증여세 과세표준 신고를 하는 경우(기한 후 신고를 하는 경우를 포함한다)에는 증여세 과세표준신고와 함께 연부연납신청서를 납세지 관할세무서장에게 제출하여야 한다. 다만, 과세표준과 세액을 결정통지를 받은 자는 해당 납세고지서의 납부기한(연대납세의무자가 통지를 받은 경우에는 납부통지서상의 납부기한을 말한다)까지 그 신청서를 제출할 수 있다.

연부연납시 첫회분(중소기업의 경우 5회)의 분납세액에 한하여 물납을 허용한다. 연부연납신청서를 받은 납세지 관할세무서장은 증여세 과세표준 신고기한이 경과한 날로부터 30일(과세표준과 세액의 결정통지의 경우에는 납부기한이 경과한 날로부터 14일)〈기한 후 신고를 한 경우에는 신고한 날이 속하는 달의 말일부터 3개월〉 이내에 신청인에게 그 허가여부를 서면으로 결정 통지하여야 한다. 이 경우 해당 기간까지 그 허가여부에 대하여 서면을 발송하지 아니한 때에는 허가한 것으로 본다. 한편 납세의무자의 신청에 의해 납세지 관할세무서장이 연부연납을 허가할 경우 납세의무자는 담보를 제공하여야 한다. 또한 신고 후 무납부한 경우에도 납세고지서상 납

부기한까지 연부연납 신청이 가능하다.

연부연납기간은 연부연납허가를 받은 날로부터 5년 이내로 한다. 각 회분의 분납세액은 1천만원이 초과되도록 연부연납기간이 정해져야 한다는 단서조항이 덧붙여짐으로써, 연부연납금액은 연부연납대상금액을 '연부연납기간 + 1'로 나눈 값으로 결정된다. 예를 들어, 납부세액 6천만원에 대해 5년간 연부연납하는 경우 1천만원을 납부기한까지 납부하고, 나머지 5천만원은 매년 1천만원을 연부연납기간 동안 납부하면 된다.

한편 납세지 관할세무서장은 다음의 경우에 연부연납 허가를 취소하고 연부연납에 관계되는 세액을 일시에 징수할 수 있다.

① 담보변경 기타 담보보전에 필요한 관할세무서장의 명령에 따르지 아니한 경우
② 국세징수법상 납기 전 징수사유에 해당되어 연부연납기한까지 연부연납세액을 징수할 수 없다고 인정되는 경우

그리고 연부연납의 허가를 받은 사람은 각 회분의 분납세액을 납부할 경우에는 다음과 같이 계산한 이자상당액을 가산하여 납부하여야 한다. 이 경우 가산금의 가산율은 금융시장에서 형성되는 평균이자율(1년 만기 정기예금)을 감안하여 정한다.

구 분	이자상당액
제1회 분납시	연부연납 총납부세액 × 신고기한 또는 납부기한 다음 날부터 1회의 분납기한까지의 일수 × 국세청장이 정하는 이자율(연 2.9%)
그 이후 분납시	(연부연납 총납부세액 - 기납부세액) × 직전 분납기한 다음 날부터 해당 분납기한까지의 일수 × 국세청장이 정하는 이자율(연 2.9%)

【 분납에 따른 이자상당액 】

한편 납세지관할세무서장은 연부연납의 의무를 이행하지 아니한 경우에 연부연납 허가를 취소하고 연부연납에 관계되는 세액을 일시에 징수할 수 있다.

(3) 물납

증여세액은 현금으로 납부하는 것이 원칙이나 납세지 관할 세무서장은 다음의 요건을 모두 갖춘 경우에는 납세의무자의 신청을 받아 물납을 허가할 수 있다. 다만, 물납을 신청한 재산의 관리·처분이 적당하지 아니하다고 인정되는 경우에는 물납허가를 하지 아니할 수 있다.

① 상속재산(상속재산에 가산하는 증여재산을 포함) 중 부동산과 유가증권(국내에 소재하는 부동산 등 물납에 충당할 수 있는 재산으로 한정)의 가액이 해당 상속재산가액의 2분의 1을 초과할 것
② 상속세 납부세액이 2천만원을 초과할 것

③ 상속세 납부세액이 상속재산가액 중 금전과 금융회사등이 취급하는 예금·적금·부금·계금·출자금·특정금전신탁·보험금·공제금 및 어음 등 금융재산의 가액을 초과할 것

다만, 물납신청한 재산의 관리·처분이 부적당하다고 인정되는 다음의 경우에는 물납허가를 인정하지 아니할 수 있다.

① 지상권·지역권·전세권·저당권 등 재산권이 설정된 경우
② 물납 신청한 토지와 그 지상건물의 소유자가 다른 경우
③ 토지의 일부에 묘지가 있는 경우
④ ①과 ③에 유사한 사유로 국세청장이 정하는 경우

그리고 물납할 수 있는 증여재산이 여러 가지가 있을 경우에는 다음과 같은 순서에 의하여 물납을 하여야 한다.

① 국채와 공채
② 주권 및 내국법인이 발행한 채권 또는 증권, 신탁회사·증권투자신탁업법에 의한 위탁회사·종합금융회사가 발행하는 수익증권으로서 증권거래소에 상장된 것
③ 국내에 소재하는 부동산(증여일 현재 수증인이 거주하는 주택 및 그 부수토지는 제외)
④ 내국법인이 발행한 채권 또는 증권, 신탁회사·증권투자신탁업법에 의한 위탁회사·종합금융회사가 발행하는 수익증권으로서 증권거래소에 상장되지 아니한 것
⑤ 상속개시일 현재 상속인이 거주하는 주택 및 그 부수토지

실무사례연구

1 증여세 종합사례

다음 자료를 이용하여 거주자 서한국氏의 2025년 증여세 납부세액을 계산하라.

(1) 합병시 증여

① (주)태양은 (주)계산을 1 : 2의 합병비율로 흡수합병하기로 2025년 4월 30일 결정하였다. 한편 양사는 특수관계자에 해당하며, 비상장법인이다.

② 합병 전 각 법인의 주식평가액은 다음과 같고, 서한국氏는 (주)계산의 주식을 32% 소유하고 있다.

구 분	주 식 수	1주당 평가액	총평가액
(주)태양	30,000주	30,000원	900,000,000원
(주)계산	10,000주	10,000원	100,000,000원

(2) 증자에 따른 증여

① 2025년 4월 25일에 증자하기로 결정한 (주)경인의 증자 전 지분비율은 다음과 같다.

주 주	보유 주식수	지분비율	비 고
서태양 (父)	50,000주	25%	증자 전 1주당 평가액 : 35,000원
서한국 (子)	90,000주	45%	
他人	60,000주	30%	
계	200,000주	100%	

② (주)경인은 100,000주를 액면가액 10,000원으로 발행하여 증자하기로 하였다.

③ 서태양氏와 타인들이 신주인수권을 포기하여 발생한 실권주를 재배정하지 아니하는 경우

(3) 전환사채 등에 대한 증여

① 계산(주)는 전환사채를 다음과 같은 조건으로 발행하였다.
  - 액면가액 총액 : 1억원
  - 전환조건 : 발행 3년 후부터 액면금액 10,000원당 신주 0.6주로 전환할 수 있다(총발행신주 : 6,000주)
  - 전환사채의 원금과 이자는 5년 후에 일시에 지급된다. 이자율은 5%로 하되 만기까지 전환권을 행사하지 않는 경우에는 시장이자율로 한다. 전환사채의 만기금액을 5%와 시장이자율로 현재가치 평가한 차액은 2,000,000원으로 가정한다.

② 전환사채 발행당시 계산(주)의 주가를 감안한 전환사채의 평가액은 액면 10,000원당 18,000원임.

③ 위 전환사채는 회사의 최대주주인 김주주氏의 4촌 동생인 서한국氏가 액면가액으로 전부 인수하였으며, 서한국氏는 회사의 주주가 아니다.

④ 서한국氏는 4년째 되는 2024년 5월 2일에 전환사채 중 60%를 주식으로 전환하였으며, 40%는 특수관계인인 김대출氏에게 액면 10,000원당 24,000원에 양도하였다. 전환사채를 전부 주

식으로 전환하였을 경우 계산(주)의 주식가액은 1주당 34,000원이다.

(4) 주식 또는 출자지분의 상장 등에 따른 이익에 대한 증여

① 서한국氏는 비상장법인인 인천(주)의 최대주주인 부친 서태양氏로부터 2022.10.24 동 회사의 주식 10,000주(1주당 액면가액 1,000원, 상속·증여세법상 평가액 6,000원)를 액면가액으로 매입하였으며, 2023.2.8에는 동 회사의 주식 20,000주(1주당 액면가액 1,000원, 상속·증여세법상 평가액 9,000원)를 증여받았다.

② 인천(주)은 2025.4.5 상장되었으며, 상장 후 3개월이 되는 날 현재의 인천(주)의 주식가액은 1주당 15,000원이 되었다. 한편, 증여 받은 후의 기업가치 실질 증가액은 1주당 2,000원이다.

(5) 배우자 및 직계존속으로부터의 증여

2025년 5월초에 서한국氏는 배우자(결혼연수 10년)로부터 6억원을 증여받았고, 모친으로부터 8천만원이 들어있는 통장을 받았다.

풀이

(1)	1주당 평가액	(90,000,000 + 10,000,000) / (30,000 + 5,000) = 28,571	
	증여액	(28,571 - 20,000) × 5,000 × 32% =	13,713,600
(2)	1주당 평가액	{(35,000×200,000) + (10,000×100,000)} ÷ 300,000 = 26,667	
	증여액	(26,667 - 10,000)×{(90,000+45,000)÷(200,000+45,000)}×25,000 =	229,596,429
(3)	취득시 증여액	(18,000 - 10,000) × 10,000 = 80,000,000	
	전환시 증여액	(34,000 - 16,667)×6,000×60% - 2,000,000 - 80,000,000 = △19,601,200(불인정)	
	양도시 증여액	(24,000 - 18,000) × 10,000 × 40% = 24,000,000	104,000,000
(4)	22년 증여액	(6,000 - 1,000) × 10,000주 = 50,000,000	
	23년 증여액	(9,000 - 0) × 20,000주 = 180,000,000	
	22년 상장증여액	(15,000 - 6,000 - 2,000) × 10,000주 = 70,000,000	
	23년 상장증여액	(15,000 - 9,000 - 2,000) × 20,000주 = 80,000,000	380,000,000
(5)	배우자 증여액	600,000,000	
	모친 증여액	80,000,000	680,000,000
(6)	증여세과세가액	(1)+(2)+(3)+(4)+(5)=	1,407,310,029
(7)	증여재산공제		650,000,000
	배우자	600,000,000	
	직계존비속	50,000,000	
(8)	증여세과세표준	(6)-(7)=	757,310,029
(9)	세율		30%
(10)	증여세산출세액	90,000,000 + 257,310,029 × 30% =	167,193,009
(11)	신고세액공제	(10)×3%	5,015,790
(12)	증여세납부세액	(10) - (11)	162,177,219

상속 및 증여재산의 평가

1. 재산평가의 의의

재산평가란 재산의 경제적 가치를 화폐척도로 계량화하는 것을 말한다. 일반적으로 과세물건인 상속재산 또는 증여재산은 각양각색의 이질적인 재화나 용역으로 구성되어 있기 때문에 그 가치를 객관적으로 평가한다는 것은 쉬운 일이 아니며, 과세관청과 납세의무자 사이에 서로 통일되지 아니한 방법으로 재산을 평가한다는 것도 조세공평의 관점에서 볼 때 바람직하지 못하다. 따라서 상속세 및 증여세법에서는 재산평가에 있어서 상속개시일 또는 증여일 현재의 시가에 의한 평가를 원칙으로 하되, 시가를 산정하기 어려운 때에는 과세행정의 획일성·신속성을 위하여 시가에 갈음할 수 있는 보충적 평가방법을 적용한다.

2. 재산평가의 중요성

상속세와 증여세의 과세대상이 되는 재산은 환가성 내지 이전성이 있어야 한다. 상속재산 또는 증여재산은 금전 이외의 유형·무형의 재산이 대부분을 차지하며, 이러한 재산을 경제적 가치의 척도로써 화폐액으로 표시하여야 한다.

그러나 상속재산과 증여재산의 형태가 다양하고, 상속재산 및 증여재산을 모두 평가하여 현금화하는 것은 매우 복잡하고 객관성이 결여되기 쉽다. 따라서 상속 및 증여재산의 평가문제는 상속 및 증여재산을 어떻게 평가할 것인가 하는 평가기준과 함께 과세가액을 확정하기 위한 중요한 문제가 된다.

3. 재산평가의 기준

(1) 원가주의

재산의 평가기준을 취득원가로 하는 것이다. 여기서 취득원가란 그 재산의 취득가액과 취득에 소요된 모든 비용을 가산한 실제 구입원가를 말하며, 해당 재산을 제작한 경우에는 제조원가를 의미한다. 이러한 원가주의는 계산의 확실성이 있으나 재산의 현재가치를 나타내지 못하는 단점이 있다.

(2) 시가주의

재산의 평가기준을 시장가격으로 하는 것이다. 여기서 시장가격이란 거래 시세가 있는 것은 거래가격에 의하고, 거래가격이 없는 경우에는 그에 준하는 추산한 가격으로 하는 것을 의미한다. 이러한 시가주의에 의하면 현재의 시장가격을 기준으로 하여 재산을 평가하므로 재산의 가장 정당한 현재가치를 표시할 수 있다. 그러나 시가주의에 의하면 고정자산과 같이 공정한 거래시세가 없는 것은 계산의 불확실성과 절차의 곤란성 및 평가에 있어서 자의성이 내재할 가능성이 있다는 단점이 있다.

(3) 저가주의

원가와 시가를 비교하여 둘 중 낮은 가액으로 평가하는 것이다. 다시 말해 시가가 원가보다 낮을 때에는 시가로 평가하고, 반대로 원가가 시가보다 낮을 때에는 원가로 평가하는 것을 말한다.

4. 상속세 및 증여세법의 평가

원가주의는 계산의 확실성이 있으나 재산의 시가변동이 무시될 수 있고, 저가주의는 기업의 계속성을 전제로 하여 그 확실성이 중요시 취급되었으나 일시성을 가진 상속 및 증여 과세재산의 평가기준으로는 적절하지 못하다고 할 수 있다. 따라서 상속세 및 증여세법에서는 과세재산의 평가에 있어서 시가주의를 원칙으로 하고 있다.

1. 재산평가의 원칙

상속세 및 증여세가 부과되는 재산의 가액은 상속개시일 또는 증여일(평가기준일) 현재의 시가에 의한다. 다만, 평가기준일 전후 6개월(증여재산의 경우에는 평가기준일 전 6개월부터 평가기준일 후 3개월까지로 한다) 이내의 기간 중 매매·감정·수용·경매 또는 공매가 있는 경우에 한하여 다음의 가액을 시가로 본다.

(1) 해당 재산에 대해 매매사실이 있는 경우에는 그 거래가액

해당 재산에 대해 매매사실이 있는 경우에는 거래가액을 시가로 본다. 다만, 그 거래가액이 특수관계자와의 거래 등으로 그 가액이 객관적으로 부당하다고 인정되는 경우를 제외한다.

(2) 해당 재산에 대하여 2이상의 공신력 있는 감정기관이 평가한 감정가액이 있는 경우에는 그 감정가액의 평균액

해당 재산에 대하여 둘 이상의 공신력 있는 감정기관이 평가한 감정가액이 있는 경우에는 평균액을 시가로 본다. 이 경우 감정가격을 결정할 때에는 둘 이상의 감정기관에 감정을 의뢰하여야 한다. 이 경우 감정기관이 평가한 감정가액이 다른 감정기관이 평가한 감정가액의 100분의 80에 미달하는 등의 사유가 있는 경우에는 1년의 범위에서 기간을 정하여 해당 감정기관을 시가불인정 감정기관으로 지정할 수 있으며, 시가불인정 감정기관으로 지정된 기간 동안 해당 시가불인정 감정기관이 평가하는 감정가액은 시가로 보지 아니한다. 또한, 시가로 보는 가액이 2이상인 경우에는 평가기준일로부터 가장 가까운 날에 해당하는 가액에 의한다. 그러나 다음과 같은 감정가액은 제외한다.

① 상속세의 납부목적에 적합하지 아니한 감정가액. 평가기준일 현재 해당 재산의 원형대로 감정하지 아니한 경우의 해당 감정가액은 시가로 인정하는 감정가액에서 제외한다.

② 해당 감정가액이 보충적 평가방법에 의하여 평가한 금액의 90%에 미달하는 경우에는 세무서장이 다른 감정기관에 의하되, 그 가액이 상속세의 납세의무자가 제시한 감정가액보다 낮은 경우에는 그러하지 아니한다.

③ 납세의무자가 제시한 감정기관의 감정가액이 기획재정부령이 정하는 기준에 미달하는 경우에는 이를 시가로 인정하는 감정가액으로 보지 아니한다.

(3) 수용 · 경매 또는 공매

해당 재산에 대하여 수용 · 경매 또는 공매 사실이 있는 경우에는 그 보상가액 · 경매가액 · 공매가액을 시가로 본다.

(4) 상속재산에 가산한 증여재산의 가액

증여일 현재의 시가에 의하고, 상속개시일을 기준으로 다시 평가하지 아니한다.

─ 확인문제 : 상속재산에 가산한 증여재산의 가액 ─

■ 상속세법상 상속 · 증여재산의 평가에 관한 설명으로 옳지 않은 것은?

① 상속세 또는 증여세가 부과되는 재산의 가액은 시가에 의함을 원칙으로 한다.
② 상속세 및 증여세를 과세할 때 적용되는 상업용건물의 기준시가는 전국지역에 적용된다.
③ 상속재산의 가액에 가산할 증여재산의 가액은 상속개시일 현재 시가에 의한다.
④ 시가로 보는 가액이 2 이상인 경우에는 평가기준일로부터 가장 가까운 날에 해당하는 가액으로 한다.

정답 : ③ (∵증여일 현재의 시가에 의하고, 상속개시일을 기준으로 다시 평가하지 아니한다.)

(5) 유사매매사례가액

해당 재산과 면적 · 위치 · 용도 및 종목이 동일하거나 유사한 다른 재산에 대한 매매가액[상속세 또는 증여세 과세표준을 신고한 경우에는 평가기준일 전후 6개월(증여의 경우에는 평가기준일 전 6개월부터 평가기준일 후 3개월까지로 한다)부터 신고일까지의 가액을 말한다]이 있는 경우에는 당해 가액을 시가로 본다. 다만, 평가기간 밖의 매매사례가액 등도 평가위원회 자문을 거치는 경우에는 시가로 인정할 수 있으며, 다음에 해당하는 경우에는 시가로 인정하지 않는다.
   ① 특수관계인과 거래 등 그 가액이 객관적으로 부당하다고 인정되는 경우
   ② 소액의 비상장주식 거래[1](다만, 정당한 사유가 있는 경우 제외한다)

2. 토지 및 건물의 평가

(1) 토지

토지는 평가기준일 현재 고시되어 있는 개별공시지가에 의하여 평가한다. 그러나 개별공시지가가 없는 토지의 가액은 인근 유사 토지의 개별공시지가를 참작하여 해당 토지와 지목 · 이용상황

---

1) 거래된 주식의 액면가액이 〈Min(발행주식총액(자본금)의 1%, 3억원)〉보다 작은 경우에 해당된다.

등 지가형성요인이 유사한 인근 토지의 개별공시지가를 기준으로 한 비교표에 의하여 납세지관할세무서장이 평가한 금액으로 하고, 각종 개발사업 등으로 지가가 급등하거나 급등할 우려가 있는 지역으로서 국세청장이 지정한 지역의 토지에 대하여는 배율방법(倍率方法)[2]에 의하여 평가한 가액으로 한다.

상속 및 증여재산 중 토지에 대한 평가를 함에 있어서 환지예정지, 도로 등은 다음과 같은 특례조항을 적용한다.

① 환지예정지 : 법률에 의해 환지처분이 예정된 토지의 가액은 환지 등으로 새로이 취득하는 토지의 지목·지적에 의하여 평가한다. 이때의 환지예정지의 가액은 환지권리면적에 의하여 산정한 가액에 의한다.

② 도로 등의 평가 : 불특정 다수인이 공용하는 사실상의 도로 및 하천(河川)·제방(堤防)·구거(溝渠) 등은 상속재산 또는 증여재산에 포함되나 평가기준일 현재 개별공시지가 또는 보상가격 등이 없는 경우로서 재산적 가치가 없는 것으로 인정되는 경우에는 그 평가액을 영(0)으로 한다.

확인문제 : 평가방법 (토지)

▣ **상속재산 중 토지의 평가방법으로 맞는 것은?**

① 시장·군수·구청장이 재산의 종류, 규모, 거래상황을 참작하여 평가한 고시가액에 의한다.
② 시가표준액에 의한다.
③ 개별공시지가에 의한다.
④ 실지거래가액에 의한다.

정답 : ③ (∵ 지정지역은 배율방법에 의한 평가가액으로, 지정지역 외의 지역은 개별공시지가에 의함.)

(2) 건물

건물의 신축가격·구조·용도·위치·신축연도 등을 참작하여 매년 1회 이상 국세청장이 산정·고시하는 가액으로 평가한다. 그리고 건물에 부수되는 토지를 공유하고, 국세청장이 지정하는 지역 안에 있는 건물을 구분 소유하는 공동주택에 대하여는 재산의 종류·규모·거래상황 등을 참작하여 매년 1회 이상 국세청장이 토지와 건물의 가액을 일괄하여 산정·고시하는 가액으로 평가한다.

---

2) 개별공시지가에 국세청장이 평가기준일 현재의 개별공시지가에 지역마다 그 지역에 있는 가격 사정이 유사한 토지의 매매시례가액을 감안하여 고시하는 배율을 곱하여 계산한 금액에 의하여 산정하는 방법을 말한다.

구 분		평 가 방 법
토 지	지정지역 외의 토지	• 개별공시지가 • 개별공시지가가 없는 경우 – 토지의 지목·이용상황등 지가형성 요인이 유사한 인근 토지의 개별공시지가를 참작하여 관할세무서 장이 평가한 가액[3]
	지정지역의 토지	• 배율방법에 의하여 평가한 가액
건 물	건물	• 건물의 신축가격·구조·용도·위치·신축연도 등을 참작하여 매 년 1회 이상 국세청장이 산정·고시하는 가액
	지정지역내 공동주택	• 재산의 종류·규모·거래상황 등을 참작하여 매년 1회 이상 국세 청장이 토지와 건물을 일괄하여 산정·고시하는 개별 또는 공동주 택가격

【 토지 및 건물의 평가방법 】

(3) 오피스텔 및 상업용 건물

건물에 딸린 토지를 공유(共有)로 하고 건물을 구분 소유하는 것으로서 건물의 용도·면적 및 구분 소유하는 건물의 수(數) 등을 고려하여 대통령령으로 정하는 오피스텔 및 상업용 건물(이들 에 딸린 토지를 포함한다)에 대해서는 건물의 종류, 규모, 거래 상황, 위치 등을 고려하여 매년 1회 이상 국세청장이 토지와 건물에 대하여 일괄하여 산정·고시한 가액으로 평가한다.

(4) 주택

「부동산 가격공시 및 감정평가에 관한 법률」에 따른 개별주택가격 및 공동주택가격(국세청장이 결정·고시한 공동주택가격이 있는 때에는 그 가격을 말하며, 이하에서 "고시주택가격"이라 한 다). 다만, 다음에 해당하는 경우에는 납세지 관할세무서장이 인근 유사주택의 고시주택가격을 고려하여 대통령령으로 정하는 방법에 따라 평가한 금액으로 한다.

① 해당 주택의 고시주택가격이 없는 경우
② 고시주택가격 고시 후에 해당 주택을 「건축법」에 따른 대수선 또는 리모델링을 하여 고시 주택가격으로 평가하는 것이 적절하지 아니한 경우

---

3) 납세지 관할세무서장은 2 이상의 감정기관에 의뢰하여 해당 감정기관의 감정가액을 참작하여 평가할 수 있다.

3. 부동산에 관한 권리 · 선박 등 평가

(1) 부동산에 관한 권리

지상권의 가액은 지상권이 설정되어 있는 토지의 가액에 총리령이 정하는 율(2%)을 곱하여 계산한 금액을 해당 지상권의 잔존연수를 감안하여 총리령이 정하는 방법에 의하여 환산한 가액(특정 이자율로 할인한 현재가치)에 의한다.

부동산을 취득할 수 있는 권리(건물이 완성되는 때에 그 건물과 이에 부수되는 토지를 취득할 수 있는 권리를 포함) 및 특정 시설물을 이용할 수 있는 권리의 가액은 평가기준일까지 불입한 금액과 평가기준일 현재의 프리미엄에 상당하는 금액을 합한 금액에 의한다. 다만, 해당 권리에 대하여 양도자산의 종류 · 규모 · 거래상황 등을 감안하여 총리령이 정하는 방법에 의하여 국세청장이 평가한 가액이 있는 경우에는 해당 가액에 의한다.

(2) 기타 시설물 및 구축물의 평가

기타 시설물 및 구축물(토지 · 건물과 일괄하여 평가되는 것은 제외)은 평가기준일에 그것을 다시 건축하거나 다시 취득할 경우에 소요되는 가액에서, 그것의 설치일부터 평가기준일까지의 감가상각비 상당액을 차감한 가액으로 한다.

(3) 선박 등과 기타 유형재산의 평가

① 선박 · 항공기 · 차량 · 건설기계 · 입목은 시가표준액에 의하여 평가한다.
　　㉠ 재취득가액 : 해당 자산을 처분할 때 다시 취득할 수 있다고 예상되는 가액
　　㉡ 장부가액 : 취득가액에서 감가상각비를 차감한 가액
　　㉢ 지방세법상 시가표준액
② 상품 · 제품 · 반제품 · 재공품 · 원재료 기타 이에 준하는 동산 및 소유권의 대상이 되는 동산의 평가는 그것을 처분할 때에 취득할 수 있다고 예상되는 가액에 의한다.
③ 판매용이 아닌 서화 · 골동품의 평가는 2인 이상의 전문가가 감정한 가액의 평균액에 의하여 평가한다. 다만, 그 가액이 지방국세청장이 위촉한 3인 이상의 전문가로 구성된 감정평가심의회에서 감정한 감정가액에 미달하는 경우에는 그 감정가액에 의한다.
④ 소유권의 대상이 되는 동물 및 기타 유형재산의 평가는 그것을 처분할 때에 취득할 수 있다고 예상되는 가액에 의한다.

4. 임대차 계약이 체결된 재산의 평가특례

평가기준일 현재 상속세 및 증여세법 제60조 제1항에 따른 시가가 없는 경우로서, 사실상 임대차계약이 체결되거나, 임차권이 등기된 부동산은 보충적평가금액과 임대료[4] 환산가액을 비교하여 큰 가액으로 평가한다.

> 재산평가액 : Max (①, ②)
> ① 보충적 평가방법에 의한 평가액
>
> ② Ⓐ 입목 및 그 외 유형자산 : 임대보증금 $+ \dfrac{\text{1년간 임대료 수입}}{\text{이자율}}$
>
>   Ⓑ 선박, 항공기, 차량, 기계장치 : 임대보증금 $+ \dfrac{\text{각 연도의 임대료 수입}}{(1+\text{이자율})^n}$

🍎 예제 I. 임대차 계약이 체결된 재산의 평가특례 (1)

박미선氏가 큰아들에게 다음과 같은 아파트를 증여하려고 할 때 증여재산가액은 얼마인가?

시가(매매가액)	평가기준일 현재 임대보증금	평가기준일 현재 월 임대료
1억5천만원	1억원	3백만원

┃풀이┃

1억5천만원 (∵상증법 60조 2항에 따른 시가가 없는 경우에만 임대료등의 환산가액을 적용함)

🍎 예제 2. 임대차 개약이 체결된 재산의 평가특례 (2)

유미영氏가 상증법 60조 2항에 따른 시가가 없는 다음과 같은 오피스텔을 증여하려고 할 때 재산평가액은 얼마인가? 단, 적용되는 이자율은 12%라고 가정한다.

상업용 건물 고시가액	평가기준일 현재 임대보증금	평가기준일 현재 월 임대료
1억5천만원	2억원	1백만원

---

[4] 부동산을 임대하는 조건으로 임차인으로부터 실제 수입하는 금액을 말하는 것으로서 자기가 사용하거나 임대하지 않은 면적에 대한 적정임대료 상당액을 포함하지는 않는 것이며, 일정액으로 고정되어 있는 있는 관리비 중 사실상 임차인이 부담할 관리비가 아닌 것으로 구분되는 금액과 건물 내 주차창으로서 임대인과 임차인의 계약에 따라 수입하는 주차료는 임대료에 포함한다.

3억원

재산평가액 : Max (①, ②)

① 보충적 평가방법에 의한 평가액 : 1.5억원

② 임대보증금 환산가액 = (임대보증금 + 1년간 임대료 / 12%) = 2억원+[(1백만원×12)/12%]

5. 유가증권의 평가

(1) 주권상장주식과 코스닥상장주식의 평가방법

주권상장주식과 코스닥상장주식은 평가기준일 이전·이후 각 2월간에 공표된 매일의 한국증권선물거래소 최종시세가액(거래실적의 유무를 불문)의 평균액으로 평가한다.

상장주식의 최종시세가액이란 거래실적유무를 불문하며, 평균액 계산에 있어서 평가기준일 이전·이후 각 2월의 기간 중 증자·합병 등의 사유가 발생하여 해당 평균액에 의하는 것이 부적당한 경우에는 증자·합병 등이 있는 날의 다음날부터 평가기준일 이후 2월이 되는 날까지의 평균액에 의한다. 평가기준일 이후에 증자·합병 등의 사유가 발생한 경우에는 평가기준일 이전 2월이 되는 날부터 동 사유가 발생한 날의 전일까지의 기간을 평균한 가액으로 하고, 평가기준일 이전·이후에 증자·합병 등의 사유가 발생한 경우에는 평가기준일 이전 동 사유가 발생한 날의 다음날부터 평가기준일 이후 동 사유가 발생한 날의 전일까지의 기간의 평균한 가액으로 한다.

(2) 상장되지 않은 주식(비상장주식)의 평가방법

상장되지 아니한 비상장주식도 다른 상속재산과 함께 시가로 평가하는 것이 원칙이지만, 상장주식과는 달리 증권회사에서는 매매가 되지 않기 때문에 그 거래가격이 형성되어 있지 아니하는 것이 일반적이므로 그 평가가 쉽지 않다.

따라서 상속세및증여세법에서는 비상장주식(출자지분 포함)에 대하여는 해당 법인이 보유하고 있는 자산가치와 미래에 대한 기대수익가치가 비상장주식에 영향을 미친다고 보아, 1주당 순손익가치와 1주당 순자산가치(단, 0원 이하인 경우에는 0원으로 간주한다)를 각각 3과 2의 비율로 가중평균한 가액에 의한다. 다만, 부동산과다보유법인의 경우에는 1주당 순손익가치와 1주당 순자산가치를 각각 2와 3의 비율로 가중평균한 가액으로 한다. 그리고 다음에 해당하는 경우에는 순자산가치에 의한다.

① 상속세 및 증여세 과세표준신고기한 내에 평가대상 법인의 청산절차가 진행 중이거나 사업자의 사망 등으로 인하여 사업의 계속이 곤란하다고 인정되는 법인의 주식 또는 출자지분

② 사업개시 전 법인, 사업개시 후 3년 미만의 법인과 휴·폐업 중에 있는 법인의 주식 등

③ 평가기준일이 속하는 사업연도 전 3년 내의 사업연도부터 계속하여 법인세법상 각 사업연도에 속하거나 속하게 될 손금의 총액이 그 사업연도에 속하거나 속하게 될 익금의 총액을 초과하는 결손금이 있는 법인의 주식 또는 출자지분

④ 부동산 평가액이 총자산의 80% 이상인 법인의 주식 또는 출자지분

또한 법인의 최대주주 또는 최대출자자 및 그와 특수관계에 있는 주주 또는 출자자가 보유하고 있는 주식 등에 대하여는 앞의 산식에 의해 계산한 주식평가액의 20%를 가산하되, 최대주주 등이 해당 법인의 발행주식총수 등의 50%를 초과하여 보유하는 주식에 대하여는 주식평가가액의 30%를 가산하여 평가액을 산정한다. 그 이유는 최대주주 지분에 내포된 경영권 프리미엄을 반영하여야 하기 때문이다. 다만, 다음에 해당하는 경우에는 할증평가를 하지 아니한다.

① 직전 3개년도 결손법인

② 평가기간 내 주식전부매각(매각가액 시가 인정시)

③ 증자·감자 등에 따른 이익

④ 사업개시 3년 미만으로 영업이익 결손법인

⑤ 청산 확정된 경우

⑥ 최대주주 등 외의 자에게 상속·증여분

⑦ 명의신탁 증여의제

⑧ 다른 회사의 주식을 출자·보유하고 있는 법인의 주식(1차 출자·보유분도 제외)

⑨ 중소기업 주식

구 분	대기업	중소기업
지분율 50% 이하	20%	10%
지분율 50% 초과	30%	15%

【 최대주주 할증율 】

1주당 가치 = Max〔 (순손익가치×3 + 순자산가치×2) ÷ 5, 순자산가치×80% 〕
※ 부동산과다보유법인은 순손익가치 2, 순자산가치 3의 비율을 사용한다.

$$1주당\ 순손익가치 = \frac{1주당\ 최근\ 3년간의\ 순손익액의\ 가중평균액}{순손익가치환원율}$$

$$1주당\ 순자산가치 = \frac{해당법인의\ 순자산가액}{발행주식총수}$$

여기서 1주당 순손익가치[5]를 계산하는데 적용되는 요소는 다음과 같이 산출한다.

① 3년간 순이익의 1주당 가중평균액

$$\text{3년간 순이익의 1주당 가중평균액} = \left(\begin{array}{c} \text{평가기준일 전} \\ \text{1차 연도의} \\ \text{1주당 순이익} \end{array} \times 3 + \begin{array}{c} \text{평가기준일 전} \\ \text{2차 연도의} \\ \text{1주당 순이익} \end{array} \times 2 + \begin{array}{c} \text{평가기준일 전} \\ \text{3차 연도의} \\ \text{1주당 순이익} \end{array} \times 1 \right) \div 6$$

② 순손익가치환원율 (10%)

금융기관이 보증한 3년 만기 회사채의 유통수익률을 감안하여 국세청장이 정하는 고시하는 이자율을 말한다.

한편, 평가대상 비상장법인이 소유한 다른 비상장법인의 주식평가시 그 주식이 발행주식총수의 10% 이하인 경우 시가를 우선적으로 적용하여 평가하고, 시가평가가 곤란한 경우 취득가액으로 평가한다.

🍎 예제 3. 주식의 평가(1)

다음 자료에 근거하여 수증자 권지민氏의 증여재산에 포함될 상장주식 및 비상장주식의 평가액을 계산하라.

(1) 증여주식의 내역은 다음과 같다.

① 상장법인인 삼송전자(주) 주식 15,000주를 증여받았으며, 삼송전자(주)의 1주당 평가액은 다음과 같다.

㉠ 증여개시일 현재의 최종시세가액	18,000원
㉡ 증여개시일 전 3월간의 최종시세가액의 평균액	16,500원
㉢ 증여개시일 전·후 각 2월간의 최종시세가액의 평균액	16,000원

② 비상장법인인 경인상사의 주식 20,000주(1주당 액면가액 5,000원)를 증여받았으며, 경인상사의 총발행주식수는 38,500주이다. 한편 경인상사는 협회등록법인이 아니다.

(2) 증여일은 2025. 1. 10이며, 경인상사의 증여개시 전 3년간의 주당순이익은 다음과 같다.

① 2022년 : 1,200원

② 2023년 : 1,400원

③ 2024년 : 1,600원

(3) 증여당시 경인상사의 세무상 자산과 부채의 현황

① 자산총액 : 500,000,000원

② 부채총액 : 269,000,000원

---

[5] 순손익가치 계산할 때 각 사업연도소득에 가산 또는 차감되는 항목은 다음과 같다.
  ① 가산항목 : ㉠ 국세, 지방세 과오납금 및 환급금 이자, ㉡ 수입배당금 중 익금불산입금액 등
  ② 차감항목 : ㉠ 벌금, 과료, 과태료, 가산금, ㉡ 손금용인되지 않은 공과금, ㉢ 업무와 관련 없는 지출, ㉣ 접대비 한도초과액, ㉤ 법인세 총결정세액 등, ㉥ 외국법인세액으로서 손금에 산입되지 아니한 세액

(4) 권지민氏는 삼송전자(주)의 최대주주는 아니나, 경인상사의 최대주주(지분율 52%)에 해당한다.

(5) 국세청장이 정하는 이자율은 10%이며, 계산과정에서 발생하는 소수점 이하는 반올림한다.

▎풀이▎

(1) 상장주식 : 15,000주 × 16,000원 = 240,000,000원

(2) 비상장주식

　① 1주당 평가액 : (14,670원×3 + 6,000원×2) ÷ 5 = 11,202원

　　㉠ 1주당 순손익가치 = 1,467원* ÷ 10% = 14,670원

　　　* 계산근거 : (1,600원×3+1,400×2+1,200×1)×1/6 = 1,467원

　　㉡ 1주당 순자산가치 = (531,000,000원 - 31,000,000원 - 269,000,000원) ÷ 38,500주

　　　　　　　　　　　　= 6,000원

　　　* 법인세법상 이연자산(사용수익기부자산가액 제외)의 가액은 이를 자산에서 차감하여 계산

　② 비상장주식의 평가액 : (11,202원 × 130%) × 20,000주 = 291,252,000원

　　* 최대주주의 지분율이 50%를 초과하므로 평가액의 30%를 가산하여 평가한다.

✎ 예제 4. 주식의 평가(2)

다음 자료에 근거하여 김지윤氏가 아버지로부터 증여 받을 증여재산 중 비상장법인 계산(주)의 주식평가액을 계산하라. 단, 중소기업에 해당하지 아니한다.

(1) 김지윤氏가 증여받을 비상장법인 계산(주)의 보통주식수 : 10,000주(최대주주이며, 지분율은 10%)

(2) 증여 당시 계산(주)의 평가액 : 자산 90억원, 부채 25억원

(3) 계산(주)의 발행주식총수 : 100,000주

(4) 최근 3년간 계산(주)의 1주당 순손익액

　　　　2022년 : 22,800원

　　　　2023년 : △3,600원

　　　　2024년 : 12,800원

(5) 정기예금이자율을 감안한 기획재정부령이 정하는 이자율 : 10%

▎풀이▎

(1) 1주당 가중평균 순손익액 = (12,800×3+△3,600×2+22,800×1)×1/6 = 9,000원

(2) 1주당 평가액 = (90,000원×3 + 65,000원×2) ÷ 5 = 80,000원

　① 1주당 손익가치 = 9,000원 ÷ 10% = 90,000원

　② 1주당 자산가치 = (90억 - 25억) ÷ 100,000주 = 65,000원

(3) 주식평가액 = (80,000원 × 120%) × 10,000주 = 960,000,000원

(3) 국채 · 공채 등 기타 유가증권의 평가

① 거래소에서 거래되는 국채 · 공채 및 사채는 상장주식의 평가규정을 준용하여 평가한 가액과 평가기준일 이전 최근일의 최종시세가액 중 큰 가액에 의하되, 평가기준일 이전 2월의 기간 중 거래실적이 없는 국채 등은 ②에 의한다.

② 위 ① 외의 국채 · 공채 및 사채는 다음의 가액에 의한다.

㉠ 타인으로부터 매입한 국채 등(국채 등의 발행기관 및 발행회사로부터 액면가액으로 직접 매입한 것을 제외)은 매입가액에 평가기준일까지의 미수이자 상당액을 가산한 금액

㉡ ㉠ 외의 국채 등은 평가기준일 현재 이를 처분할 경우에 받을 수 있다고 예상되는 금액. 다만, 처분예상금액을 산정하기 어려운 경우에는 해당 국채 등의 상환기간 · 이자율 · 이자지급방법 등을 참작하여 기획재정부령이 정하는 바에 따라 평가한 가액으로 할 수 있다.

(4) 예금 · 저금 · 적금 등의 평가

예금 · 저금 · 적금 등은 평가기준일 현재 예입총액과 같은 날 현재 이미 경과한 미수이자 합계액에서 소득세 원천징수세액 상당금액을 차감한 가액으로 평가한다.

구　분	평　가　방　법
상장 국공채 · 사채	Max[①, ②] ① 상장주식의 평가규정을 준용하여 평가한 가액 ② 평가기준일 이전 최근 일의 최종시세가액
비상장 국공채 · 사채	① 타인으로부터 매입한 국채 : 매입가액 + 미수이자 상당액(국채의 발행기관 및 발행회사로부터 액면가액으로 직접 매입한 것을 제외한다) ② ① 이외의 국채 등 : 평가기준일 현재 처분예상금액(처분예상금액의 산정이 곤란한 경우 기획재정부령이 정하는 바에 따라 평가한 가액으로 할 수 있다)
신종 사채	Max[①, ②] ① 일반적인 국공채 · 사채의 평가액 ② 해당 신종사채로써 전환 · 인수 · 교환할 수 있는 주식의 평가액
대부금 · 외상매출금 기타 채권	원본의 회수기간 · 약정이자율 및 금융시장의 평균이자율을 감안하여 평가한 가액 + 미수이자 상당액(채권의 전부 또는 일부가 평가기준일 현재 회수불능한 것으로 인정되는 경우에는 그 가액을 산입하지 아니한다)
증권투자신탁수익 분배금	평가기준일 현재의 거래소의 기준가격(평가기준일의 기준가격이 없는 경우에는 평가기준일 이전 가장 가까운 날의 기준가격)
예금 · 저금 · 적금	평가기준일 현재 예입총액 + 미수이자 - 원천징수세액상당액

【 국채 · 공채 · 예금 · 저금 · 적금 등의 평가 】

6. 무체재산권 · 기타 조건부권리 등의 평가

(1) 무체재산권 등의 평가

매입한 무체재산권의 가액은 취득가액에서 매입한 날부터 평가기준일까지의 법인세법상의 감가
상각비를 차감한 금액으로 평가한다. 그러나 매입한 무체재산권 이외의 공업소유권 등 기타 무
체재산권의 평가는 해당 재산의 취득을 위하여 소요된 가액 또는 장래의 경제적 이익 등을 감안
하여 다음과 같은 방법에 의하여 평가한 금액이 큰 경우에는 큰 금액으로 한다.

① 영업권

영업권의 평가는 다음의 산식에 의하여 계산한 초과이익금액을 평가기준일 이후의 영업권지
속연수(원칙적으로 5년으로 한다)를 감안하여 기획재정부령이 정하는 방법에 의하여 환산한
가액에 의한다. 그리고 자기자본을 확인할 수 없는 경우에는 다음의 산식에 의하여 계산한 금
액 중 많은 금액으로 한다.

> ㉠ 사업소득금액 ÷ 자기자본이익률
> ㉡ 수입금액 ÷ 자기자본회전율

여기서 자기자본이익률 및 자기자본회전율은 한국은행이 업종별 · 규모별로 발표한 자기자본
이익률 및 자기자본회전율을 말한다.

다만, 매입한 무체재산권으로서 그 성질상 영업권에 포함시켜 평가되는 무체재산권의 경우에
는 이를 별도로 평가하지 아니하되, 해당 무체재산권의 평가액이 환산한 가액보다 큰 경우에
는 해당 가액을 영업권의 평가액으로 한다.

> 영업권 평가액 = [최근 3년간(3년에 미달하는 경우에는 해당 연수)의 순손익액의 가중평균액의
> 50%에 상당하는 가액 - (평가기준일 현재의 자기자본 × 1년 만기 정기예금
> 이자율을 감안하여 기획재정부령이 정하는 율)] × 평가기준일 이후의 영업권
> 지속연수(원칙적으로 5년)

② 어업권

어업권의 평가는 영업권에 포함하여 계산한다.

③ 특허권 · 실용신안권 · 상표권 · 의장권 및 저작권 등

특허권 · 실용신안권 · 상표권 · 의장권 및 저작권 등은 그 권리에 의하여 장래에 받을 각 연도의
수입금액을 기준으로 기획재정부령이 정하는 바에 의하여 계산한 금액의 합계액에 의한다. 이
각 연도의 수입금액이 확정되지 아니한 것은 평가기준일 전 3년간의 각 연도 수입금액의 합계액
을 기획재정부령이 정하는 바에 따라 평균한 금액을 각 연도의 수입금액으로 할 수 있다.

④ 광업권 및 채석권 등

광업권 및 채석권 등은 평가기준일 이후 채굴가능연수에 대하여 평가기준일 전 3년간 평균소득(실적이 없는 경우에는 예상순소득으로 한다)을 각 연도마다 기획재정부령이 정하는 방법에 의하여 환산한 금액의 합계액을 그 가액으로 의한다. 다만, 조업할 가치가 없는 경우에는 설비 등에 의하여만 평가한 가액으로 한다.

(2) 기타 조건부 권리 등의 평가

① 조건부 권리

조건부 권리는 본래의 권리의 가액을 기초로 하여 평가기준일 현재의 조건내용을 구성하는 사실, 조건성취의 확실성 기타 여러 사정을 감안한 적정가액

② 존속기간이 불확정한 권리

존속기간이 불확정한 권리의 가액은 평가기준일 현재의 권리의 성질, 목적물의 내용연수 기타 제반사항을 감안한 적정가액

③ 소송 중인 권리

소송 중인 권리의 가액은 평가기준일 현재의 분쟁관계의 진상을 조사하고 소송진행의 상황을 감안한 적정가액

④ 신탁의 이익을 받을 권리

㉠ 원본과 수익의 수익자가 동일한 경우

원본과 수익의 수익자가 동일한 경우에는 상속세및증여세법에 의하여 평가한 신탁재산의 평가액과 평가기준일 현재 신탁계약의 철회·해지·취소 등을 통해 받을 수 있는 일시금 중 큰 금액

㉡ 원본과 수익의 수익자가 다른 경우

ⓐ 원본의 이익을 수익하는 경우에는 상속세 및 증여세 법에 의한 재산평가방법에 따른 재산평가액(신탁수익 평가액)과 평가기준일 현재 신탁계약의 철회·해지·취소등을 통해 받을 수 있는 일시금 중 큰 금액

ⓑ 수익의 이익을 수익하는 경우에는 평가기준일 현재 기획재정부령이 정하는 방법에 의하여 추산한 장래 받을 각 연도의 수익금에 대하여 수익의 이익에 대한 원천징수세액 상당액 등을 감안하여 기획재정부령이 정하는 방법에 의하여 환산한 가액과 평가기준일 현재 신탁계약의 철회·해지·취소 등을 통해 받을 수 있는 일시금 중 큰 금액

여기서 "기획재정부령이 정하는 방법에 의하여 추산한 장래 받을 각 연도의 수익금"이라 함은 평가기준일 현재 신탁재산의 수익에 대한 수익률이 확정되지 아니한 경우 원본의 가액에 10%를 곱하여 계산한 금액을 말한다.

⑤ 정기금(定期金)[6]을 받을 권리

  ㉠ 유기정기금

    그 잔존기간에 각 연도에 받을 정기금액을 기준으로 기획재정부령이 정하는 바에 의하여
    계산한 금액의 합계액에 의한다. 다만, 1년분 정기금액의 20배를 초과할 수 없다.

  ㉡ 무기정기금

    그 1년분 정기금액의 20배에 상당하는 금액

  ㉢ 종신정기금

    그 목적으로 된 자의 75세까지의 기간 중 각 연도에 받을 정기금액을 기준으로 기획재정
    부령이 정하는 바에 의하여 계산한 금액의 합계액에 의한다.

    그리고 ㉠과 ㉢에 의한 정기금은 다음 산식에 의하여 환산한 금액의 합계액으로 한다.

$$\frac{\text{각 연도에 받을 정기금액}}{(1+\text{금융기관이 보증한 3년 만기 회사채 유통수익률을 감안하여 국세청장이 정하여 고시하는 이자율})^{n}}$$

n : 평가기준일부터의 경과연수

7. 저당권 등이 설정된 재산의 평가

담보로 제공된 재산 중 다음에 해당하는 재산에 대해서는 상속개시 당시 또는 상속세 부과 당시
의 가액과 다음의 가액 중 큰 금액에 의하여 평가한다.

① 저당권이 설정된 재산
저당권(공동저당권·근저당권 제외)이 설정된 재산의 가액은 해당 재산이 담보하는 채권액

② 공동저당권이 설정된 재산
공동저당권이 설정된 재산의 가액은 해당 재산이 담보하는 채권액을 공동 저당된 재산의 평가
기준일 현재의 가액으로 안분하여 계산한 가액

③ 근저당권이 설정된 재산
근저당권이 설정된 재산의 가액은 평가기준일 현재 해당 재산이 담보하는 채권액

④ 질권이 설정된 재산 및 양도담보재산
질권이 설정된 재산 및 양도담보재산의 가액은 해당 재산이 담보하는 채권액

---

6) 연금 등과 같이 일정한 기간동안 정기적이고 반복적으로 금전이나 기타의 물건의 급부를 받을 것을 목적으로 하
  는 계약에 따라 받는 금액을 말한다.

⑤ 전세권이 등기된 재산

전세권이 등기된 재산의 가액은 등기된 전세금(임대보증금을 받고 임대한 경우에는 임대보증금) 재산을 평가함에 있어서 해당 재산에 설정된 근저당의 채권최고액이 담보하는 채권액보다 적은 경우에는 채권최고액으로 하고, 해당 재산에 설정된 물적 담보 외에 기획재정부령이 정하는 신용보증기관의 보증이 있는 경우에는 담보하는 채권액에서 해당 신용보증기관이 보증한 금액을 차감한 가액으로 하며, 동일한 재산이 다수의 채권(전세금채권과 임대보증금채권을 포함)의 담보로 되어 있는 경우에는 그 재산이 담보하는 채권액의 합계액으로 한다.

⑥ 담보신탁 계약이 체결된 재산

"담보 신탁계약"이란 수탁자가 위탁자로부터 「자본시장과 금융투자업에 관한 법률」의 재산을 위탁자의 채무이행을 담보하기 위하여 수탁으로 운용하는 내용으로 체결되는 신탁계약을 말한다.

🍎 **예제 5. 저당권등이 설정된 재산의 평가특례**
. . . .
서은화氏는 인천시 계양구 작전동에 소재하는 단독주택를 증여하고자 한다. 이 단독주택의 시가는 알 수 없으나 개별주택가격이 3.5억원이고, 은행에 근저당권을 설정(채권최고액 4억원, 평가기준일 현재 채무액 3억원)하였고, 해당 단독주택에 전세를 놓아 전세보증금 1억원을 받은 경우에 이 단독주택의 재산평가액은 얼마인가?

❙ 풀이 ❙

4억원
∴ Max (공시가격 3.5억원, 담보채무액 4억원[주1])
  [주1] 담보채무액 4억원 = 채무액 3억원 + 전세보증금 1억원

. . . .

8. 가상자산

「특정금융정보법」에 의한 가상자산은 다음과 같이 평가한다.

① 「특정금융정보법」상 가상자산사업자 중 국세청장이 고시한 사업자의 사업장에서 거래되는 가상자산

  고시된 사업장의 평가기준일 이전·이후 1개월간 공표된 일평균가격의 평균액

② ① 외의 가상자산

  「특정금융정보법」상 가상자산사업자 및 그에 준하는 사업자의 사업장의 평가기준일의 일평균가격 또는 종료시각에 공표된 시세가액 등 합리적으로 인정되는 가격

◆ 저자약력 ◆

이 선 표
● 약 력
- 중앙대학교 대학원 졸업(경영학박사)
- 한국세무학회, 한국회계정보학회, 대한회계학회 이사(전)
- 인천지방 국세청 국세심사위원(전)
- 전산세무회계 출제위원(현)
- 경인여자대학교 세무회계과 교수(현)

● 저서 및 연구논문
- 법인세법강의, 회계원리, 전산회계
- 부동산세제의 개선방안에 관한연구
- 부동산투자회사의 회계처리 및 조세에 관한 고찰
- 세무대리인의 세무신고에 영향을 미치는 요인 외 다수

이 성 구
● 약 력
- 서강대학교 대학원 졸업(경영학박사)
- 서강대학교, 아주대학교 강사
- 구로세무서 납세자보호위원회 위원(전)
- 동양미래대학교 세무회계과 교수(현)

● 저서 및 연구논문
- 기업특성별 조세혜택 측정치의 실증분석
- 이월결손금 소멸에 관한 연구
- 세법원리, 회계원리, 법인세법강의

김 범 건
● 약 력
- 한밭대학교 회계학과 졸업
- 서울시립대학교 대학원 경영학과 졸업
- 서강대학교 대학원 졸업(경영학박사)
- 동양미래대학교 경영학과 조교수(현)

● 저서 및 연구논문
- 사업다각화와 가결산 정보의 정확성간의 관련성에 관한 연구
- 직급별 감사시간과 보수주의간의 관련성에 관한 연구

2025년 개정세법 반영
재산세제의 이해
- 양도소득 · 상속증여 -

6 판 발 행	2025년 3월 5일
저 자	이선표 · 이성구 · 김범건
발 행 인	허병관
발 행 처	도서출판 어울림
주 소	서울시 영등포구 양산로 57-5, 1301호 (양평동3가)
등 록	제2-4071호
전 화	02-2232-8607, 8602
팩 스	02-2232-8608
정 가	26,000원
I S B N	978-89-6239-975-2　13320